**Hölderlin.
Eine Winterreise**

Thomas Knubben

Hölderlin.
Eine Winterreise

klöpfer, narr

Thomas Knubben, 1960 in Rottweil geboren, studierte Geschichte, Germanistik und Empirische Kulturwissenschaft an den Universitäten Tübingen und Bordeaux und promovierte an der Universität Essen. Er ist seit 2003 Professor für Kulturwissenschaft und Kulturmanagement an der Pädagogischen Hochschule Ludwigsburg.

Uli Braun, Gestalter des Bandes, 1962 in Heilbronn geboren, studierte Kommunikationsdesign an der Hochschule für Gestaltung Schwäbisch Gmünd und an der Ohio State University Columbus, USA. Seit 1991 führt er ein Atelier für visuelle Kommunikation in Konstanz, seit 1997 lehrt er als Professor für Typografie und Grafik-Design an der Hochschule Würzburg-Schweinfurt.

Je ne suis qu'un piéton, rien de plus.

Arthur Rimbaud

Die Hölderlin-Zitate folgen der Großen Stuttgarter Ausgabe, herausgegeben von Friedrich Beißner und Adolf Beck, Stuttgart 1946–1985; vereinzelt wurden Anpassungen an die heutige Schreibweise vorgenommen. Verse und Gedichte, die im Text nicht mit Autorennamen ausgezeichnet sind, stammen von Friedrich Hölderlin.
Auf dem Nachsatz des Buches wird die Karte aus dem Jahr 1806 wiedergegeben, die dem Verfasser als Orientierung für seine Wanderung diente und den Verlauf der Winterreise dokumentiert.

Inhalt

Vorwort 8

1 Die fatale Reise 11
2 Ins Offene 20
3 Andenken 31
4 Tübingen, Winterhimmel 43
5 Zur Kapelle 51
6 Himmelberg 60
7 Der Wanderer 72
8 Schwarzwald 78
9 Straßburg 87
10 Kaysersberg 100
11 Mömpelgard 106
12 Bon courage 116
13 Wegweiser 123
14 Gehen 127
15 Lyon 135
16 Durchs Gebirg 142
17 Mnemosyne 149
18 Menschen, in Frankreich 156
19 Entre-deux-mers 163
20 Bourdeaux 167
21 Port de la Lune 179
22 Finis terrae 191
23 Diotima 199
24 Heimkunft 215

Anhang 224

Vorwort

Ich wanderte durch fremdes Land, und wünscht'
Im Herzen oft, ohn Ende fort zu wandern.

Hölderlin: Hyperion, metrische Fassung

Anfang Dezember 1801 brach Friedrich Hölderlin zu einer Reise auf, die ihn ans Ende der Welt, an das Ende seiner Lebenswelt, führen sollte. Er machte sich von Nürtingen auf nach Bordeaux. Dort sollte er bei einer deutsch-französischen Kaufmannsfamilie die Stelle eines Hauslehrers antreten. Ihn trieb »die Herzens- und die Nahrungsnot«. In Frankreich hoffte er endlich die Existenz aufbauen zu können, die ihm zuhause immer versagt geblieben war. Das Vorhaben lässt sich gut an. Er wird freundlich empfangen und wohnt »fast zu herrlich«. Nach den ersten Wochen in Bordeaux schreibt er der Mutter: »Mir gehet es so wohl, als ich nur wünschen darf!« Doch schon kurz danach lässt er sich wieder einen Pass ausstellen und kehrt zurück. Sein Zustand ist trostlos. Die Freunde in Stuttgart erkennen ihn schier nicht wieder. Er ist vollkommen erschöpft und erregt zugleich, »leichenbleich, abgemagert, von hohlem wildem Auge, langem Haar und Bart, und gekleidet wie ein Bettler«. Was war ihm widerfahren?

Hölderlins Reise nach Bordeaux im Winter 1801/1802 stellt bis heute ein großes Rätsel dar Sicher ist nur: Sie wurde zum entscheidenden Wendepunkt in seinem Leben und Schreiben. Generationen von Hölderlinforschern haben sich mit ihr befasst, haben in Archiven und Bibliotheken nach Belegen recherchiert und Hölderlins Texte auf offene und versteckte Hinweise befragt. Ich musste daher einen neuen, einen experimentellen Weg gehen und bin der Route Hölderlins zu Fuß gefolgt. Von Nürtingen aus wanderte ich über die Alb, über den Schwarzwald, über Straßburg, Lyon und die Auvergne nach Bordeaux. Im Winter und allein. Es sollte eine poetische Wanderung sein. Ich wollte wissen, ob auf diese Weise Neues zu erfahren ist über Hölderlins »fatale Reise«. Und ob es gelingen kann, den in den Dichterolymp

Entschwundenen wieder ein Stück weit zurückzuholen in den Erfahrungshorizont der Gegenwart, ihn begreifbar zu machen in seiner alltäglichen poetischen Kraft und Imagination.

Manche Aufbrüche lassen lange auf sich warten. Die ersten Überlegungen zu diesem promenadologischen Versuch gehen zurück auf einen Studienaufenthalt in Bordeaux 1981/82, der mir durch ein Stipendium des DAAD ermöglicht wurde. Dass der Gang nach Bordeaux 25 Jahre später doch noch möglich wurde, verdanke ich nicht zuletzt einem Forschungssemester, das mir meine Hochschule und deren damaliger Rektor Hartmut Melenk ermöglicht haben.

Diese durchgesehene Sonderausgabe des 2011 erstmals publizierten Bandes erscheint zum Hölderlinjahr 2020. Sie nähert sich dem Thema in doppelter Form: in dem Essay, der die Erfahrung der eigenen Winterwanderung mit Hölderlins Winterreise verschränkt, sowie über zahlreiche Abbildungen und Dokumente, die die Lebenswelt Hölderlins um 1800 und seine persönlichen, oftmals in Briefen gelebten und bezeugten Beziehungen veranschaulichen. Für die Hilfe bei der Dokumentenerhebung danke ich dem Hölderlin-Archiv in der Württembergischen Landesbibliothek und ihrem Leiter Jörg Ennen, dem Deutschen Literaturarchiv Marbach, hier besonders Michael Davidis als ehemaligem Leiter der Bildabteilung, der Groupe d'Archéologie et d'Histoire de Blanquefort mit Jean Lafitte wie auch allen weiteren Archiven, Bibliotheken und Museen in Deutschland, Frankreich und der Schweiz, die Bildvorlagen bereit gestellt haben. Mein Dank gilt ferner Jutta Bechstein-Mainhagu, ehemalige Leiterin des Goethe-Institutes Bordeaux, für die Aufnahme und den Austausch nach der Ankunft, Georg Wallner, Capodimonte, für die großzügige Überlassung seiner eigenen Forschungsergebnisse, Hubert Klöpfer und den Kolleg*innen von Klöpfer, Narr für das Interesse und das Engagement des Verlages sowie Uli Braun für die gemeinsame, freudvolle Arbeit an der Gestaltung des Bandes. Mein erster und letzter Dank aber gilt, wem sonst, meiner Frau Carmen und unseren Kindern Hanna, Katharina und Lukas, die mich nicht nur auf diesem Weg ständig begleitet haben.

Thomas Knubben

Schattenriss Hölderlins von 1789, wohl als Titelblatt für sein Stammbuch entworfen
Der Tuschzeichnung wurde von Luise Nast, seiner Freundin in Maulbronn, große Ähnlichkeit zugesprochen: »So warst Du noch nie getroffen«.

I Die fatale Reise

So komm! Daß wir das Offene schauen,
daß ein Eigenes wir suchen, so weit es auch ist.

Hölderlin: Brot und Wein

Es sollte seine Schicksalsreise werden. Am 6. oder 7. Dezember 1801, so genau weiß man das nicht, brach Johann Friedrich Christian Hölderlin, von seinen Freunden knapp Hölder genannt, nach Frankreich auf. Von Nürtingen aus ging er nach Stuttgart und machte sich über den Schwarzwald, über Straßburg, Lyon und die Auvergne auf den Weg nach Bordeaux. Ihn trieb, wie er schrieb, »die Herzens- und die Nahrungsnot«. Im Ausland hoffte er als *homme de lettre* endlich die Existenz aufbauen zu können, die ihm zuhause immer versagt geblieben war.

Fast zur gleichen Stunde, an jenem 6. Dezember, schnürte sich 500 Kilometer weiter nordöstlich, in Grimma, auch ein anderer die Stiefel: Johann Gottfried Seume. Sein Ziel war noch weiter. Er wollte zu Fuß nach Sizilien – eine Reise, die er in seiner Rückbetrachtung leichthin seinen *Spaziergang nach Syrakus* nannte.

Zwei Dichter, zwei Aufbrüche. Jeweils im Winter. Sie könnten unterschiedlicher nicht sein. Während der eine in der Heimat keine Zukunft mehr für sich sieht und sich schmerzvoll ins Exil getrieben fühlt, unternimmt der andere eine Art Lustpartie, zumindest gibt er es vor. Und während der eine noch unterwegs einen ausführlichen Bericht verfasst und gleich nach seiner Rückkehr in Druck gibt, hinterlässt der andere von seiner längsten und folgenschwersten Reise im ganzen Leben gerade mal vier Briefe und eine Handvoll Gedichte.

Hölderlin und Seume waren freilich nicht die einzigen Dichter, die sich real oder in der Imagination im Winter auf den Weg machten und durch Schnee und Eis quälten. Auch Büchners Lenz und Heinrich Heine, Wilhelm Müller und in seiner Folge Franz Schubert fanden gerade in der

Friedrich Schiller (1759–1805), Pastellbild von Ludovike Simanowiz von 1793

Hölderlin lernte Schiller 1793 in Ludwigsburg kennen und fand in ihm einen freundschaftlichen Förderer. Während Schiller nach der ersten Begegnung bloß von der »Bekanntschaft einer halben Stunde« sprach, erlebte Hölderlin sie als »die Nähe eines großen Mannes«, die ihn »sehr ernst machte« und die ihn verpflichtete, »der Menschheit Ehre zu machen«.

Winterreise die passende Szenerie für ihre psychologischen und politischen Erkundungen. Es scheint gerade so, als sei der Winter die angemessene Zeit für die Deutschen, ihrer Seele im Wandern auf den Grund zu gehen. Nur Eichendorff schickt seinen Taugenichts zur Frühlingszeit ins Land der Pomeranzen, während Goethe bei seinem fluchtartigen Aufbruch nach Italien offensichtlich keine Erwägungen über den rechten Zeitpunkt mehr anzustellen vermochte. Er musste einfach fort und zwar so schnell wie möglich. Seine Harzreise freilich unternahm auch er im Winter und zum

> Altar des lieblichsten Danks
> Wird ihm des gefürchteten Gipfels
> Schneebehangner Scheitel.
>
> **Goethe: Harzreise im Winter**

Für Hölderlin wurde die Winterreise nach Bordeaux gleichfalls zu einem Scheitel-, zum endgültigen Wendepunkt in seinem Leben und Schreiben.

Titelblatt der Thalia von 1793
In der von Schiller herausgegebenen Zeitschrift veröffentlichte Hölderlin 1793 mit *Fragment von Hyperion* die erste Fassung seines Romans *Hyperion oder der Eremit in Griechenland*. Als er sich 1799 dann selbst mit der Herausgabe einer Zeitschrift trug und bei Schiller um Beiträge warb, riet dieser ihm wegen der großen finanziellen Risiken davon ab, »ein Aehnliches zu thun«.

Als er loszog, war er keineswegs in vorzüglicher Verfassung. Zu viele Pläne waren gescheitert. Der Versuch, sich als Schriftsteller zu etablieren, war misslungen. Zwar hatte sein Roman *Hyperion oder Der Eremit in Griechenland*, an dem er fast sieben Jahre gearbeitet hatte, den Beifall der Kollegen und der literarischen Öffentlichkeit gefunden. Leben ließ sich davon aber weder in materieller noch in seelischer Hinsicht. Und die Mutter drängte, er möge nun endlich in den Pfarrdienst wechseln, wie sie es schon seit seinen Kindertagen für ihn vorgesehen hatte, wofür sie ihn schließlich hatte studieren lassen und auch viel Geld, Gulden für Gulden peinlichst notiert, hatte aufwenden müssen.

Hölderlin ist bemüht, sich noch einmal zu entziehen. Er versucht sich an einem Zeitschriftenprojekt. *Iduna* soll das Journal heißen, nach der Göttin der Jugend und Unsterblichkeit in der nordischen Mythologie. Darunter tut er es nicht. Er wirbt um Beiträge bei berühmten Autoren – Schiller, Goethe und Schelling –, denn der Verleger Steinkopf in Stuttgart bedeutet ihm, nur mit klangvollen Namen ließe sich ein solches Projekt realisieren. Schiller jedoch winkt ab. Gerade Schiller, auf den sich seine

Hoffnung am stärksten gerichtet hatte, dem er sich schon immer besonders verbunden gefühlt und der ihn auch vielfach gefördert hatte. Schiller aber durchschaut die Mechanismen des Marktes und zeigt sie dem Adepten schonungslos auf:

> »Die Erfahrungen, die ich als Herausgeber von periodischen Schriften seit 16 Jahren gemacht, da ich nicht weniger als 5 verschiedene Fahrzeuge auf das klippenvolle Meer der Literatur geführt habe, sind so wenig tröstlich, daß ich Ihnen als ein aufrichtiger Freund nicht rathen kann, ein Aehnliches zu thun. Vielmehr komme ich auf meinen alten Rath zurück, daß Sie sich ruhig und unabhängig auf einen bestimmten Kreis des Wirkens concentriren möchten. Auch selbst in Rücksicht auf das Lucrative, die wir Poëten oft nicht umgehen können, ist der Weg periodischer Werke nur scheinbar vortheilhaft und bey einem unbedeutenden Verleger, ohne einen gewissen Rückhalt von einigem Vermögen, der ihm verstattet, einen kleinen Stoß zu verschmerzen, ist es vollends nicht zu wagen.«

Auch sein Begehren, an der Jenaer Universität, wo die Lehrstühle mittlerweile von seinen Tübinger Studienkollegen Hegel und Schelling besetzt worden waren, Vorlesungen über griechische Literatur zu halten, geht ins Leere. Schiller, auch hier um Unterstützung gebeten, antwortet nicht einmal mehr auf seinen Brief, den letzten, den Hölderlin ihm schreiben wird. So bleibt kein anderer Ausweg, als sich erneut als Hofmeister, als Privatlehrer für Zöglinge reicher Familien, zu verdingen. Kant hatte das getan und Hegel und auch Fichte. Der hatte als junger Hauslehrer in Zürich freilich die Meinung vertreten, bevor man die Kinder erziehe, müsse man zuallererst die Eltern erziehen.

Bei vier verschiedenen Familien hat sich Hölderlin in seinem gerade mal zwölfjährigen Berufsleben auf diese Weise durchzuschlagen versucht. Die Anfänge waren jedes Mal vielversprechend, das Ende immer heillos. Als Erzieher der Kinder der Charlotte von Kalb im fränkischen Waltershausen – die Stelle hatte ihm Schiller verschafft – schwängerte er die Gouvernante; bei der Familie Gontard in Frankfurt fand er in der Hausherrin die Liebe seines Lebens, willig erwidert, aber unmöglich, weil unstatthaft. Und

Friedrich Jakob Ströhlin (1743–1802), Ölbild

Ströhlin, Professor für klassische Sprachen und Französisch am Stuttgarter Gymnasium, vermittelte Hölderlin die Stelle in Bordeaux, wo er selbst für längere Zeit Hofmeister gewesen war.

Christian Landauer (1769–1845), Miniaturmalerei auf Elfenbein, um 1820

Der Stuttgarter Kaufmann Christian Landauer wurde für Hölderlin einer der wichtigsten Freunde um 1800.

im schweizerischen Hauptwyl, wo er im Frühjahr 1801 unterkam, wurde er von seinen Auftraggebern schon nach wenigen Wochen höflich, aber ohne nähere Begründung, wieder entlassen. Die Umstände hätten sich geändert.

Im Herbst 1801 erhält er nun das Angebot, im Hause des Weinhändlers und Hamburgischen Konsuls Daniel Christoph Meyer in Bordeaux die Erziehung der Kinder zu übernehmen. Das Gehalt ist mit 50 Louis d'or oder rund 450 Gulden recht stattlich bemessen und entspricht in etwa der Hälfte des Vermögens, das eine Nürtinger Handwerkerfamilie im Laufe ihres ganzen Lebens zusammenbringen konnte. Hölderlin sollten zudem die Reisekosten mit weiteren 25 Louis d'or erstattet werden. Er hat keine akzeptable Alternative und lässt sich auf die weite Reise in der Erwartung ein, das Vaterland »vielleicht auf immer« zu verlassen.

Brief Christian Landauers an Hölderlin vom 22. Oktober 1801

In diesem Schreiben informierte Landauer den Freund über das Stellenangebot aus Bordeaux: »Ich melde Dir nur mit wenigem, mein Lieber, daß gestern Prof Ströhlin bey mir war ... Er hat Briefe von Bordeaux erhalten, deren Innhalt Dich vollständig zufrieden stellen wird, da Du vor der Hand von Predigen dispensirt bist, 25. Ld'ors ReißGeld erhältst nebst der Versicherung, daß Dein jährlicher Gehalt auf 50. Ld'ors sich belaufen werde ...«

Der Abschied von den Freunden und der Familie fällt ihm schwer. In mehreren Briefen gibt er kurz vor der Abreise einen Einblick in seine gespannte Seelenlage: »So viel darf ich gestehen, daß ich in meinem Leben nie so fest gewurzelt war ans Vaterland ... Aber ich fühl es, mir ists besser, draußen zu sein.«

Das Unternehmen Bordeaux lässt sich zunächst prächtig an. Nach rund achtwöchiger, heil überstandener, »beschwerlicher und erfahrungsreicher« Reise wird er im Hause seines neuen Dienstherrn überaus freundlich willkommen geheißen: »Sie werden glücklich sein, sagte beim Empfange mein Konsul. Ich glaube er hat recht.« Einige Zeit danach bestätigt er in einem Brief an die Mutter noch einmal die guten Eindrücke bei der Ankunft: »Mir gehet es so wohl, als ich nur wünschen darf!« Keine vier Wochen später plant er aber urplötzlich die Rückkehr, lässt sich einen Pass ausstellen, der ihm erlaubt, in Frankreich frei zu zirkulieren, und verlässt Mitte Mai »die schöne Garonne«.

Über Paris, wo er die Antikensammlung sieht, und Straßburg, wo ihm am 7. Juni ein Ausreise-Visum erteilt wird, kehrt er Mitte Juni/Anfang Juli 1802 nach Schwaben zurück.

Die Freunde in Stuttgart erkennen ihn fast nicht wieder. Er ist vollkommen erschöpft und erregt zugleich, »leichenbleich, abgemagert, von hohlem wildem Auge, langem Haar und Bart, und gekleidet wie ein Bettler«. Sein Bruder Carl bemerkt, da er bei der Familie in Nürtingen erscheint, die »deutlichsten Spuren seiner Geisteszerrüttung«. Fortan ist er nur noch schwer zurechnungsfähig. Zwar verfasst er noch einige seiner bedeutendsten Gedichte, doch ist unverkennbar, dass ihn die Reise in seinem Tiefsten verändert hat.

Im Juni 1803, just ein Jahr nach seiner Rückkehr aus Bordeaux, taucht Hölderlin bei seinem alten Stubengenossen Schelling, der gerade die Eltern in Murrhardt besucht, auf. Er kommt von Nürtingen her zu Fuß, »querfeldein wie durch Instinkt geführt«. Der geübte Wanderer findet seinen Weg noch immer. Schelling aber ist erschüttert vom Erscheinungsbild des Freundes und teilt dies Hegel mit:

> »Der traurigste Anblick, den ich während meines hiesigen Aufenthalts gehabt habe, war der von Hölderlin. Seit seiner Reise nach

Frankreich …, seit dieser fatalen Reise ist er am Geist ganz zerrüttet, und obgleich noch einiger Arbeiten, z.B. des Übersetzens aus dem Griechischen bis zu einem gewissen Punkte fähig, doch übrigens in einer vollkommenen Geistesabwesenheit. Sein Anblick war für mich erschütternd: er vernachlässigt sein Äußeres bis zum Ekelhaften und hat, da seine Reden weniger auf Verrückung hindeuten, ganz die äußeren Manieren, die in diesem Zustand sind, angenommen.«

Im Rückblick, vierzig Jahre später, wird er seinen Eindruck noch einmal unterstreichen:

»Ich überzeugte mich bald, dass dieses zart besaitete Instrument auf immer zerstört sei … Aber ich habe an ihm erfahren, wie groß die Macht angeborner, ursprünglicher Anmut ist.«

Ursprüngliche Anmut einst, unheilbare Zerstörung nun, dazwischen die fatale Reise. Man hat immer wieder und bis heute über die Ursachen des überraschenden Aufbruchs in Bordeaux und über die tieferen Gründe der Verwirrung spekuliert. Schelling hat Hölderlins »ganz falschen Vorstellungen von dem, was er bei seiner Stelle zu thun hätte«, angeführt. Andere haben Hölderlins Erschütterung auf den Tod seiner großen Liebe Susette Gontard, der Diotima seiner Gedichte, zurückgeführt. Hölderlin selbst macht in einem bedeutenden Brief an seinen Freund Böhlendorff vom November 1803 auch nur unklare Andeutungen:

»Mein Theurer!
Ich habe Dir lange nicht geschrieben, bin indeß in Frankreich gewesen und habe die traurige einsame Erde gesehn, die Hirten des südlichen Frankreichs und einzelne Schönheiten, Männer und Frauen, die in der Angst des patriotischen Zweifels und des Hungers erwachsen sind.

Das gewaltige Element, das Feuer des Himmels und die Stille der Menschen, ihr Leben in der Natur, und ihre Eingeschränktheit und Zufriedenheit, hat mich beständig ergriffen, und wie man Helden

nachspricht, kann ich wohl sagen, daß mich Apollo geschlagen …
Es war mir nöthig, nach manchen Erschütterungen und Rührungen
der Seele mich festzusetzen, auf einige Zeit, und ich lebe indessen in
meiner Vaterstadt …«

Die Frankreich-Reise, so viel ist sicher, hat ihn im Innersten berührt, und was er physisch und psychisch erlebte und erfuhr, hat ihn förmlich niedergestreckt. Dass die Erschütterungen und Rührungen der Seele nicht zuletzt auch mit dem Tod und dem Abschied von Susette Gontard, seiner Diotima, zusammenhingen, dürfte gewiss sein. Allein wie er von ihm erfuhr und wie er ihn erlebte und was noch zu seinem Zusammenbruch hinzugekommen sein mag, das wissen wir nicht.

So unsicher die Hintergründe der Reise indes noch immer sind, so sehr eignen sind ihr doch schicksalhafte Züge. Ich will mich daher auf den Weg nach Bordeaux machen – im Winter, zu Fuß und allein – und will sehen, was mir Hölderlin auf dem Weg mitzuteilen hat, denn:

> Wer das Dichten will verstehen
> Muß ins Land der Dichtung gehen;
> Wer den Dichter will verstehen
> Muß in Dichters Lande gehen.
>
> **Goethe: Westöstlicher Divan**

Wie lassen sich die Wahrnehmungen des Dichters nach so langer Zeit erfahrbar machen? Wie die vielen Lücken in der Überlieferung schließen? Durch eine Wiederholung der Reise! Indem man den Weg des Dichters noch einmal geht. Alle Welt pilgert auf Jakobswegen. Hölderlin verdient es, auch seinen Spuren zu folgen, das Land des Dichters mit den Füßen zu suchen. Schon einmal, vor 25 Jahren, war ich ihm auf den Fersen, habe die Archive in Bordeaux nach Hinweisen auf seinen Aufenthalt durchforscht und den Landsitz der Meyers in Blanquefort aufgesucht, wo alte Damen am Kamin Bridge spielten, vor dem der Dichter Bleibendes stiftete.

2 Ins Offene

If you gotta go, go now.

Bob Dylan

Ich nehme meinen Wanderstab in die Hand, und wir gehen. Ohne den Haselnussstecken will ich es nicht tun. Wir brauchen uns gegenseitig. Ich halte ihn, dass er nicht umfällt. Er stützt mich, wenn's den Berg hinauf und hinunter geht. Er gibt meinem Schritt Takt und Schwung. Und hilft gegen streunende Hunde sowie stiere Autolenker. Aber das lerne ich erst unterwegs. Auch Seume musste sich bei seinem Spaziergang nach Syrakus auf einen »guten, schwerbezwingten Knotenstock« verlassen. Mit ihm konnte er, wenn Wegelagerer oder marodierende Soldaten ihn bedrohten, »tüchtig schlagen und noch einige Zoll in die Rippen nachstoßen«. So dachte er zumindest. Am Ende hatte er ihn dafür freilich nicht gebraucht, als Krücke für die Moral war er ihm und ist er mir jedoch ein unerlässlicher Wandergenosse.

Seit einem Vierteljahrhundert habe ich diese Reise im Sinn. Und dann wird's am Ende doch wieder knapp. Der 13-Uhr-Zug fährt ohne mich los, auch der um 15 Uhr geht raus. Den um 15.49 muss ich aber nehmen, denn ich werde in Nürtingen erwartet. Ich schalte den Computer ab, schultere den Rucksack und setze die Mütze auf. Ich bin bereit.

Lasst alles los,
Lasst eure Frau, eure Geliebte los,
Lasst eure Hoffnungen und eure Ängste fahren,
Setzt eure Kinder am Waldrand aus.
Lasst eure Beute liegen, um eurem Schatten nachzujagen,
Gebt notfalls euer angenehmes Leben auf,
Was immer man euch dafür in Zukunft bieten wird.
Macht euch auf den Weg.

André Breton, 1922

Ansicht von Nürtingen, Lithografie, ca. 1869
Nürtingen war Hölderlins eigentliche Heimatstadt. Hier wuchs er auf, ging zur Schule und streifte durch die Neckarlandschaft, die er in seinen Gedichten immer wieder besang. Hier, bei seiner Mutter und seiner Schwester, fand er auch immer eine Rückzugsmöglichkeit, wenn seine Pläne und Projekte wieder einmal nicht aufgingen und selbst die Freunde ihm nicht weiterhelfen konnten.

Die Wanderung beginnt in Nürtingen und mitten im Winter. Hier ist Hölderlin nicht nur aufgewachsen. Hier war auch, bevor er den Turm in Tübingen bezog, seine ständige, seine letzte Rückzugsmöglichkeit, wenn seine Pläne und Projekte wieder einmal nicht aufgingen und selbst die Freunde ihm nicht mehr weiterhelfen konnten. In Nürtingen lebten und versorgten ihn die Mutter und seine Schwester. Auch dieses Mal, im Winter 1801.

Im Stadtarchiv Nürtingen liegt die berühmte Liste der Ausgaben, die Hölderlins Mutter »für den lieben Fritz« begann, als er 14 Jahre alt war und die sie über fast 40 Jahre hinweg bis zu ihrem Tod führte. Penibel hat sie darin alles notiert, was sie an Barem für den Unterhalt des Sohnes aufwandte, vom ersten Schulgeld, das sie pflichtschuldig nachtrug, über die frühen Ausgaben für den täglichen Klavierunterricht, die Studienaufwendungen und Reisegelder bis hin zu den Kosten für die jahrzehntelange Unterbringung beim Schreinermeister Zimmer in Tübingen. Insgesamt

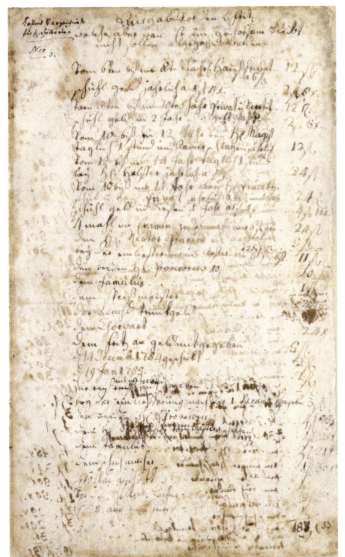

Johanna Christiana Hölderlin, die Mutter des Dichters (1748–1828), Ölgemälde von 1767

Hölderlins Mutter führte über die Ausgaben für das Studium und den Lebensunterhalt ihres Sohnes über 40 Jahre hinweg genauestens Buch. Die Liste mit ihren rund 400 Posten gibt auch Aufschluss über die Kosten, die für die Reise nach Bordeaux angefallen sind. Sie ist überschrieben: »Ausgaben vor den L. Fritz, welche aber wan Er im gehorsam Bleibt nicht sollen abgezogen werden.«

rund 400 Posten. Die 11 Seiten bilden in ihrer peinlich genauen Auflistung einen seltsamen Kontrast zum poetischen Weltentwurf Hölderlins, holen ihn zurück auf den Boden nüchterner Tatsachen eines Lebens in Württemberg um 1800. Die Mutter sah sich zu dieser akkuraten Buchführung wohl dreifach verpflichtet: als Beleg einer ordnungsgemäßen Verwaltung des Erbes ihrer verstorbenen zwei Ehemänner, aus Gerechtigkeitssinn gegenüber den anderen Kindern und als fromme Rechtfertigung gegenüber einer pietistisch geprägten Umgebung, die gerade in Gelddingen hochsensibel war.

In der Liste spiegelt sich in letzter Konsequenz freilich auch die ganze Tragik von Hölderlins Leben. Um dem Pfarrdienst in der Kirche zu entgehen und zumindest in Ansätzen seine Idee einer dichterischen Existenz zu verwirklichen, sah er sich genötigt, als Hofmeister immer wieder neue Stellungen anzutreten und, nachdem er regelmäßig dabei gescheitert war, publizistische Projekte zu entwickeln, die ihm seinen Lebensunterhalt sichern sollten. Dabei wäre sein väterliches Erbe durchaus groß genug gewesen, ihm auch ein Auskommen als freier Schriftsteller mit nur gelegentlichen Zusatzeinkünften zu ermöglichen. Das zeigt sich, als er mit gerade mal 36 Jahren tatsächlich unfähig wird, auch nur im Geringsten selbst für sich zu sorgen. Plötzlich war der Unterhalt anscheinend kein Problem mehr. Seine Pensionskosten wurden größtenteils aus dem Erbe bestritten, gnädigst aufgebessert durch eine Unterstützung des württembergischen Königs von jährlich 150 Gulden »bis zu deßen Wiederherstellung«. Allein sein dichterischer Elan war mittlerweile erloschen, seine Laufbahn als Schriftsteller zu Ende gegangen und an eine Wiederherstellung nicht mehr zu denken. Als er schließlich ein halbes Leben später stirbt, hinterlässt er den Geschwistern noch immer 12.959 Gulden, ein beträchtliches Vermögen. Um wie viel leichter hätte er es gehabt, wenn ihm vergönnt gewesen wäre, selbst darüber zu verfügen. Die materiellen Grundlagen für die ersehnte poetische Existenz waren mehr als ausreichend, der pietistische Geist der Mutter hat sie jedoch verwehrt. Das ist die wirkliche Tragik in Hölderlins Leben.

Nun, Ende des Jahres 1801, ist es noch nicht so weit. Anfang Dezember notiert die Mutter in dieser Ausgabenliste 55 Gulden als Reisegeld nach »Burdon«, 43 Gulden für Stoffe sowie 29 Gulden für den Schneider, den Schuhmacher und weitere Kleidungsstücke. Insgesamt also 127 Gulden an Sonderausgaben für das Bordeaux-Abenteuer. So beträchtlich die Summe zunächst scheint, sie deckt nicht einmal im Ansatz den Aufwand der Reise. Schon ein paar Tage später leiht sich Hölderlin bei seinem Freund Landauer in Stuttgart weitere 33 Gulden in bar. Auch sie sind bald schon aufgebraucht, so dass er sich in Straßburg noch einmal den doppelten Betrag anweisen lassen muss. Als Deckung dürften die 25 Louis d'or gedient haben, die ihm als Reisegeld versprochen waren und von deren Eintreffen er den Zeitpunkt des Aufbruches abhängig gemacht hatte. Ich ahne, dass auch meine Reise mich teuer zu stehen kommen wird, und stelle mich auf den ausgiebigen Gebrauch meiner Kreditkarte ein.

Susanne Ackermann, die Nürtinger Kulturamtsleiterin, und ihre Kollegin Ellen Eisele holen mich am Bahnhof ab. Zusammen gehen wir in die Altstadt hinauf und überqueren den Alten Friedhof, wo Hölderlins Mutter und seine Schwester begraben wurden. Heute ist an dieser Stelle ein Kinderspielplatz. Im *Haus Vier*, einem alten, schmalen Steingebäude mitten in der Altstadt, finde ich Quartier. Ein Bilderbuchquartier: Im Erdgeschoss hat Tiina Kirsi Kern, die Besitzerin, ihre Webwerkstatt eingerichtet, im ersten Stockwerk sind zwei kleine Ausstellungsräume und im zweiten meine Stadtwohnung für eine Nacht: 1 ½ Zimmer mit einer Chaiselongue, einem Holztisch, zwei Stühlen und zwei Stoffsesseln aus den fünfziger Jahren. Auf dem Bücherbord stehen Hölderlins Gedichte und Härtlings Hölderlin-Biographie. Die Wände sind mit fein gemusterten Tapeten bezogen, jeder Raum in einer anderen Farbe. Der gesamte Eindruck ist biedermeierlich und so wirken auf dem schönen groben Dielenboden, obwohl sie jünger sind, auch die Möbel.

Die beiden Frauen entführen mich zum Hölderlin-Haus. Aber nicht in die oberen Geschosse, die nach dem Auszug seiner Familie zur Schule umgebaut und Anfang des 20. Jahrhunderts noch aufgestockt wurden, sondern die Treppen hinunter in den Keller. Hier hat Johann Christoph Gock, Hölderlins Stiefvater, seinen Weinhandel betrieben, und der junge Fritz hat ihm eifrig dabei zugesehen. Es ist ein imposantes Gewölbe, mindestens drei Mann hoch. Kupferleitungen laufen die Mauern entlang, von der Decke hängt ein schwerer Flaschenzug, und in der Mitte steht ein Öltank. Ein Hölderlinort für echte Aficionados. Um ihn zu feiern, haben die beiden Brezeln und Croissants bereitgestellt, eine hübsche Liaison. Dazu zwei Bouteillen Bordeaux.

> Es reiche aber,
> Des dunklen Lichtes voll,
> Mir einer den duftenden Becher,

**Das Schulhaus in Nürtingen.
Plan des Umbaus von 1767**
Hölderlin besuchte von 1776 bis 1784 die Nürtinger Lateinschule, das letzte Jahr zusammen mit Friedrich Wilhelm Joseph Schelling, mit dem er später im Tübinger Stift wieder zusammentraf.

– wir entscheiden uns für Château Le Cluzeau aus Mérignas, ein biologisches Hochgewächs von 2002, gelesen also im 200. Jahr nach der fatalen Reise. Wir schaffen nur die Hälfte. Den Rest nehme ich mit in meine Biedermeierklause –

> Damit ich ruhen möge; denn süß
> Wär unter Schatten der Schlummer.

Andenken

Ich muss an den Theaterspaziergang denken, als vor ein paar Jahren das Theater Lindenhof den Nürtingern ihren Sohn zurückgebracht hat. In einer langen Prozession zogen die Theaterbesucher einen Sommer lang vom Neckar kommend über die Plätze durch die Kirche in die Keller und wieder heraus auf die Höfe, ließen den Dichter lebendig werden in ergreifenden poetischen Bildern. Hölderlin durfte seine Heimkunft feiern in der Stadt, die ihm oftmals letzter Halt war, die sich aber auch immer etwas schwer getan hat mit ihrem berühmten Sohn. Nun aber konnte er endlich heimisch werden und in einen neuen Dialog treten mit seinen nachgeborenen Mitbürgern:

> »Hölderlin war ein Typ für die Masse, das hat man lange nicht erkannt, er war ein großer Familiendichter; das sind Werke, die man auch mal locker am Strand zwischendurch lesen kann.«
>
> **Harald Schmidt, 2002**

Ich habe es versucht, an den Gestaden des Mittelmeeres, es geht vorzüglich.

Von der Kirchstraße 17 breche ich auf. In diesem stattlichen Gebäude hat Hölderlins Mutter um 1800 gelebt, nachdem sie den Schweizerhof, das heutige Hölderlinhaus, aufgegeben und sich neu eingerichtet hatte. Später war hier auch Mörikes Mutter zu Hause. Sie hat ihre letzte Ruhestätte wiederum an der Seite von Schillers Mutter in Cleversulzbach gefunden. Nicht nur die Söhne, auch die schwäbischen Dichtermütter scheinen schicksalhaft miteinander verbunden.

Meine Wanderkarte führt mich aus der Stadt zum Neckar hinunter und den Gegenhang wieder hinauf. Hier am Fluss, der Lauffen und Nürtingen, den Ort seiner Geburt und die Stadt seiner Jugend, miteinander verbindet, hier beginnt alles, die Erkundung der Welt und die Erkundung des Dichterischen.

> In deinen Thälern wachte mein Herz mir auf
> Zum Leben, deine Wellen umspielten mich,
> Und all der holden Hügel, die dich
> Wanderer! kennen, ist keiner fremd mir.
>
> **Der Neckar**

Am Neckar sind sie alle aufgereiht, die Städte, die ländlichschönen wie Stuttgart und Heidelberg, denen er Gedichte widmete, und jene, denen er sie versagte. Immer sind es Flüsse, die ihn inspirieren, der Rhein, der Main und der Ister, die Saale und die Garonne. Am Fluss, am Neckar, wird es

Neckarlandschaft bei Stuttgart. Stahlstich um 1835

In Stuttgart fand Hölderlin den ersten Anschluss an die literarische Szene. Hier verbrachte er im Sommer 1800 auch eine der glücklichsten und fruchtbarsten Perioden seines Lebens. Den Weg von Tübingen und später von Nürtingen nach Stuttgart legte er gewöhnlich zu Fuß zurück.

Denkendorf: Klosterkirche von Osten. Zeichnung von Carl Alexander von Heideloff, um 1830

Im Alter von 14 Jahren bezog Hölderlin die Klosterschule in Denkendorf, eines der niederen Seminare der evangelischen Landeskirche, rund sieben Kilometer von Nürtingen entfernt. »Weggerissen ... aus dem lieben elterlichen Haus«, fühlte er den ihm liebsten »Teil seines Herzens«, im Kloster »am ärgsten mißhandelt«.

auch enden, im Turm zu Tübingen, wenn der Wanderer seine exzentrische Bahn gezogen hat.

Der Himmel ist bedeckt, noch ist es trocken und mit acht Grad für den Dezember etwas zu warm. Mein Tagesziel ist Stuttgart. Ich nehme jedoch nicht die direkte Verbindung über die Fildern, sondern leiste mir einen kleinen Umweg über Denkendorf. Die zehn Kilometer zur Klosterschule in Denkendorf, einem der niederen Seminare der evangelischen Landeskirche, musste Hölderlin als Jugendlicher zwei Jahre lang immer wieder zurücklegen.

Anfangs finde ich ohne Mühe den richtigen Weg. Bald schon wird die Lage aber unüberschaubar. Straßensysteme, Gewerbegebiete und Rundwanderwege, die nirgends in der Karte zu finden sind, irritieren. Unterwegs begegnet mir eine Kindergartenschar. Die Jungs und Mädels haben alle kleine Säckchen um den Hals hängen. Heute ist Nikolaustag. Sie bewundern meinen großen Wanderstecken und wollen am liebsten gleich mitkommen. Ich frage sie, ob sie den Rattenfänger von Hameln kennen, da lachen sie.

Punkt 12 Uhr habe ich mein erstes Date: Um die Reise auch in ihrem objektiv-nüchternen Verlauf zu dokumentieren, habe ich beschlossen, jeden Tag genau zur Mittagszeit von dem Punkt aus, an dem ich mich gerade befinde, meine Umgebung abzulichten und damit meinen jeweiligen Standort, das Wetter, das Licht und eben auch die unspektakulären, beiläufigen Begegnungen festzuhalten. Vier High-noon-Fotos von allen vier Himmelsrichtungen. Der erste Ort ist gut getroffen. Ich stehe genau vor der Kreuzung von Hölderlins Schulweg und der A 8 von München nach Stuttgart. Besser lässt sich der Zeitsprung, die Gleichzeitigkeit des Ungleichzeitigen, nicht erfassen.

Im Kloster gibt es keine Schenke mehr, nur ein Café alle Sonntage. Ich gehe daher in die Kirche, wo der Mesner gerade den Boden und die Bänke wachst.

Ich: »Das riecht aber gut.«

Er: »Die Leute mögen's nicht so.«

Trotzdem muss er es jedes halbe Jahr wiederholen, der Unglückliche. Auch Hölderlin wurde hier nicht glücklich. »Weggerissen ... aus dem lieben elterlichen Haus«, fühlte er den ihm liebsten »Teil seines Herzens«, im Kloster »am ärgsten mißhandelt«.

Im Gasthaus Krone sitzt der Wirt gerade im Flur und ruht sich von der Arbeit aus. Er mustert mich knapp und fragt:

»Sind Sie ein Jakobspilger?«
»Nein«, sage ich, »ich gehe weiter!«

Das ist geographisch zwar nicht ganz korrekt, stimmt aber trotzdem. Weil der Jakobsweg so nahe liegt, liegt auch das Ziel nahe. Meinen Weg kennt jedoch keiner, nicht einmal ich selbst, also ist er weiter.

Beim Studium der Speisekarte finde ich eine neue Regel. Ich beschließe, in den Gasthäusern immer das Tagesgericht zu nehmen. So bekomme ich stets das Typisch-Alltägliche jeder Region zu essen. Heute also: Fleischkäse mit Kartoffelsalat, 5 Euro 80. Bevor ich aufbreche, lasse ich mir noch einen Stempel in mein Wanderbuch geben. Der Wirt folgt mir zum Ausgang.
»Saget Se, wohin ganget Se und wem ganget Se nach?«
Ich erzähle ihm von Hölderlin und dass er in Denkendorf Klosterschüler gewesen sei. Da meint er mit leichter Empörung:
»Wisset Se, ich bin ein alter Denkendorfer. Aber des hab ich net gwisst. Was mer in der Schul alles net lernt, wenn mer net aufpasst!«
Und notiert sich den Dichternamen.

Ich gehe das Körschtal entlang, das parallel zur Autobahn verläuft. Hier muss einmal eine Landesgartenschau gewesen sein, denn am Wegrand werden pausenlos alte Sträucher- und Baumsorten erklärt. Eine gefällt mir besonders: St. Julien-Pflaume. Sie lässt mich an die Weine im Médoc und das Ziel meiner Wanderung denken, die vor gerade mal drei Stunden begonnen hat. Als die Wegführung einmal unklar ist, frage ich einen Bauern. Er karrt gerade eine Wagenladung Äpfel in die Scheuer. Er hat ein verlockendes Exemplar in der Hand. Ich wage es aber nicht, ihn zu bitten – noch nicht.

Mein Wanderstab ist ein markantes Zeichen für die Leute, die mir begegnen. Eine Frau, die ein Pferd und zwei Kinder mit sich führt, spricht mich an:
»Wohin sind denn Sie um diese Jahreszeit unterwegs?«
»Nach Bordeaux, an den Atlantik.«
»Ich weiß schon, wo das liegt. Hört sich spannend an.«
»Wollen Sie ein Stück mitkommen?«
»Vielleicht bis zur Straße da vorne.«
Sie lässt es dann doch, aber ich weiß, die Zeichen stimmen.

Beim Berg zum Hohenheimer Schloss hinauf geht mir beinahe die Puste aus. Es rächt sich, dass ich mir kein Wasser mitgenommen habe, weil ich das zusätzliche Kilogramm nicht auch noch schleppen wollte und sicher war, unterwegs genug zu trinken zu bekommen. Über Birkach und den Asemwald geht es Schönberg und Degerloch zu. Plötzlich phantasiere ich: Ich laufe in Bordeaux in den Allées de Tourny ein. Dort liegt nicht nur das Haus von Hölderlins Dienstherrn Konsul Meyer, sondern auch die elegante Brasserie Noailles. Während des Studiums habe ich mir den Besuch dort nicht leisten können. Nun aber ist sie ein festes Ziel. Ich stelle mir vor, ich komme dorthin in meiner abgefahrenen Wanderkluft, mit rauschendem Bart und zotteligen Haaren und werde vom Kellner in Frack und Fliege schnurstracks hinauskomplimentiert. In meiner Phantasie hebe ich umgehend zu einer feurigen Verteidigungsrede an: »Que vous permettez-vous? J'ai fait millecinq-cent kilomètres à pied de Stuttgart jusqu' à Bordeaux sur les traces du grand poète Hölderlin qui a vécu dans cette allée. Je suis allé sous neige et dans la boue. J' ai eu faim et j'ai eu soif. Et maintenant vous voulez que je quitte cet établissement?! Si vous insistez, Dieu vous enverra dans le purgatoire éternelle.« *

So sprach ich im Geiste. Am Abend beim Wein wird mir bewusst, wie gut katholisch ich mit meinem Fegefeuer gedacht habe.

Den Schönberg komme ich kaum mehr hoch. Oben verschafft das Vereinsheim der Stuttgarter Kickers Rettung. Immerhin bringe ich genug Disziplin auf, das eiskalte Mineralwasser glasweise die Gurgel runterzuschicken. In Degerloch bin ich bereit, die Zahnradbahn in die Stadt hinunter zu nehmen. Da ich aber nicht weiß, ob sie rechts oder links meines Weges liegt, gehe ich geradeaus und treffe eine junge Frau beim Tai-Chi mitten auf der Straße. Sie weicht nicht aus, als ein Auto kommt, und ist tief versunken, da ich an ihr vorbeischleiche. Später überholt sie mich in leichtfüßigem Lauf. Auf der Wielandshöhe komme ich am Sterne-Restaurant von Vincent Klink vorbei. Ich versage es mir aber zu schauen, was er auf der Tageskarte hat.

* Was erlauben Sie sich. Ich bin 1.500 km zu Fuß von Stuttgart nach Bordeaux gelaufen – auf den Spuren des großen Dichters Hölderlin, der in dieser Allee gewohnt hat. Ich bin im Schnee gewandert und im Schlamm. Ich habe gehungert und ich habe gedürstet. Und jetzt wollen Sie mich hier hinauswerfen? Wenn Sie darauf beharren, wird Sie der Herr ins ewige Fegefeuer verdammen.

3 Andenken

Zeit – Raum
Plastisches Schweigen

Wolfgang Rihm

Ein Projekt wie diese Wanderung braucht einen richtigen Beginn und ein definitives Ende. Sonst ist es nach den Regeln der Deutschen Industrie-Norm 69901 kein Projekt. Das Ende steht fest, das Ziel heißt Bordeaux. Es ist erreicht, wenn ich auf dem Pont de Pierre über die Garonne gehe. Ein letzter Übergang, ein letzter *rite de passage* auf dieser Strecke mit ihren vielen Brücken und Bergen.

Wie aber beginnen? Ich starte dort, wo die poetische Hinterlassenschaft Hölderlins buchstäblich greifbar ist: im Hölderlin-Archiv der Württembergischen Landesbibliothek in Stuttgart. Dort liegt der Gral. Dort werden 2.524 Handschriften des Dichters aufbewahrt. Das sind gut vier Fünftel der ganzen Hinterlassenschaft, die nachgewiesen ist. Derzeit werden sie digitalisiert und nach und nach für die weltweite Hölderlinforschung zusammen mit weiteren Materialien ins Netz gestellt. Ursprünglich war der Plan, dass Typistinnen in China die gesamte historisch-kritische Edition der Hölderlin-Texte, die sogenannte Stuttgarter Ausgabe, hätten abschreiben sollen. Er wurde aufgegeben. Aber ob sie sich jemals gefragt hätten, wer ihnen diese Buchstabensuppe eingebrockt hat, die sie nun auslöffelten? Und was es bedeuten soll? Größer jedenfalls lässt sich der Abstand zwischen Poesie und Technik kaum vorstellen. Hölderlin erlaubt Grenzerfahrungen ganz eigener Art.

Zum Bestand des Archivs gehört auch die Handschrift des Gedichtes *Andenken*. In ihm hat Hölderlin seine Bordeaux-Erfahrung am reichsten und am geschlossensten in Verse gebracht. *Andenken* ist die poetische und poetologische Quintessenz seiner eigenen Erinnerung. Die Handschrift muss daher der Ausgangspunkt der Spurensuche sein. Ein schöner Gedanke.

Aber der Zugang zu Fort Knox ist leichter zu knacken als der Tresor im Hölderlin-Archiv. Der erste Versuch, Zutritt zu erhalten, scheitert. Die Handschrift sei zu empfindlich, die Betreuung zum gewünschten Zeitpunkt nicht möglich. Nachdem ich das Projekt im Detail schildere, klappt es dann doch.

Am Freitag, 7. Dezember, um 14 Uhr, habe ich mein Rendezvous mit Hölderlins Handschrift. Gut eine Stunde vorher mache ich mich auf den Weg ins Archiv. Ich will noch beim Haus von Christian Landauer, dem Freund und Helfer Hölderlins, vorbeischauen. Er hat den Kirchendienstverweigerer im Jahr 1800 angestellt, vorgeblich um seine Kinder erziehen zu lassen, in Wirklichkeit jedoch, um ihn vor den Nachstellungen des Konsistoriums zu schützen. Statt ein Gehalt für seine vermeintlichen Erziehungsleistungen zu erhalten, zahlte Hölderlin ein Kostgeld und erhielt dafür die Schaffensruhe, die er sich immer gewünscht hatte:

> Nur Einen Sommer gönnt, ihr Gewaltigen!
> Und einen Herbst zu reifem Gesange mir,
> Daß williger mein Herz, vom süßen
> Spiele gesättigt, dann mir sterbe.

An die Parzen

Die Familie Landauer: Schattenrisse des Ehepaars Landauer und ihrer vier Kinder

Bei seinem Freund Christian Landauer fand Hölderlin im Sommer 1800 eine fingierte Hauslehrerstelle. Vorgeblich angestellt, um die Kinder der Familie zu unterrichten, bezahlte der Dichter in Wirklichkeit Kostgeld und erhielt dafür die Schaffensruhe, nach der es ihn immer verlangt hatte und die ihm eine reiche dichterische Ausbeute bescherte.

Landauers Haus in Stuttgart, Stich von Wenzel Pobuda nach einer Zeichnung von Friedrich Keller, um 1800
Von Landauers Haus – dem mittleren der drei Giebelhäuser – brach Hölderlin im Dezember 1801 nach Bordeaux auf. Das Geburtstagsfest des Hausherrn Christian Landauer, zu dem dieser immer so viele Gäste einlud, wie er Jahre zählte, wurde zugleich ein Abschiedsfest für Hölderlin.

Den Sommer und den Herbst bekam er gewährt. Aber dann musste er doch wieder los, eine richtige Hofmeisterstelle antreten, in Hauptwyl in der Schweiz. Sie endete wie alle zuvor und jene letzte danach mit einer abrupten Auflösung, nicht unfreundlich, aber doch nicht so geplant, eben unbefriedigend für beide Seiten. Von Landauers Haus ist er in die Schweiz aufgebrochen und von hier tritt er auch seine Reise nach Frankreich an. Der Geburtstag des Hausherrn am 11. Dezember, den er im Jahr zuvor mit einem langen Festgedicht geadelt hatte, dient ihm jetzt als Abschiedsfeier, und die Verse, die er dem Freund der Freunde dichtete, sind wieder aktuell:

> Das Fest verhallt, und jedes gehet morgen
> Auf schmaler Erde seinen Gang.
>
> **An Landauer**

Landauers Haus steht in der heutigen Gymnasiumstraße an der Ecke zur Königstraße und trägt die Nummer 1. Ich komme von hinten, von der Hospitalstraße her und passiere so auch gleich noch das Haus von Gustav Schwab. Er hat zusammen mit Wilhelm Waiblinger, dem eifrigsten Bewunderer während der Turmzeit, die erste Buchausgabe von Hölderlins Gedichten herausgebracht, sein Sohn Christoph Theodor Schwab zwanzig Jahre später dann die erste Gesamtausgabe. Aus dessen Nachlass kamen die Handschriften 1883 in die Landesbibliothek und nun via Internet in die ganze Welt. Heute ist in dem Haus Landauer das Juweliergeschäft Christ untergebracht, ein hübscher Name für den Fluchtort eines Theologen, der in guter lutherischer Tradition seine Freiheit suchte. Als ich das Haus fotografiere, baut sich ein junger, äußerst korrekt gekleideter Herr mit dunklem Teint und reichlich Pomade im Haar neben mir auf:
»Darf ich fragen, was Sie hier fotografieren?«
»Ich fotografiere das Straßenschild.«
»Wieso denn das?«
Ich erkläre ihm, dass hier einmal ein großer Dichter gewohnt habe, und eigentlich ein Hinweis angebracht gehöre. Er weiß von nichts, aber Platz sei ja genug da.
»Wenn Sie mir nur nicht unsere Schaufenster ablichten.«

Pünktlich um 14 Uhr treffe ich im Hölderlin-Archiv ein und werde von Frau Schütz auch schon erwartet. Sie ist die *grande dame* des Hauses und betreut die Sammlung seit Urzeiten. Sie hat schon alles hergerichtet: Die große Stuttgarter Ausgabe mit den Kommentaren, eine Ansicht des bereits mit Blitzableiter ausgerüsteten Landauer-Hauses von 1814 und reichlich Sekundärliteratur. Für die Handschrift selbst aber müssen wir ins Innerste der Bibliothek hinunter, zum Tresor, wo die Handschriften ihre letzte Ruhestätte gefunden haben.

Ich hatte eine Reinschrift des Gedichtes *Andenken* erwartet und bekomme stattdessen nur das Konzept für die letzten 11 Verse vorgelegt. Mehr ist nicht erhalten von dem 5-strophigen Gedicht mit seinen insgesamt 59 Zeilen. Die Endfassung muss verlorengegangen sein, als Leo Freiherr von Seckendorf das Gedichtblatt für den von ihm herausgegebenen *Musenalmanach für das Jahr 1808* auslieh. Denn Seckendorf schreibt an seinen Freund Justinus Kerner am 7. Februar 1807:

Brief von Hölderlins Studienfreund Leo von Seckendorf an Justinus Kerner vom 7. Februar 1807
Darin erkundigt sich Leo von Seckendorf nach dem Befinden des Dichters und kündigt die Veröffentlichung der späten Gedichte an.

»Hölderlins Schicksal geht mir sehr nahe, aber wie alle Welt soll er ohne Umgang, ohne Aufsicht, ohne Befriedigung für sein gequältes Herz durch Erquickungen der Freundschaft zurecht kommen? Das ist sehr traurig – gerade die tötende Einsamkeit, das ewige Brüten hat ihn so zerstört! Grüßen Sie ihn doch recht herzlich von mir, wenn er der Erinnerung empfänglich ist – kann er vernehmen und Antheil nehmen? Er weiß nichts, daß von seinen Gedichten etwas im Almanach gedruckt ist, denn als ich Sinklair davon schrieb, war er unzugänglich. Ich habe sie mit äußerster Schonung, aber doch hie und da verändern müssen, um nur Sinn hineinzubringen.«

Seine Fassung von *Andenken* lautet:

> Der Nordost wehet,
> Der liebste unten den Winden
> Mir, weil er feurigen Geist
> Und gute Fahrt verheisset den Schiffern.
> Geh aber nun und grüsse
> Die schöne Garonne,
> Und die Gärten von Bourdeaux
> Dort, wo am scharfen Ufer
> Hingehet der Steg und in den Strom
> Tief fällt der Bach, darüber aber
> Hinschauet ein edel Paar
> Von Eicheln und Silberpappeln;
>
> Noch denket das mir wol und wie
> Die breiten Gipfel neiget
> Der Ulmwald, über die Mühl',
> Im Hofe aber wächset ein Feigenbaum.
> An Feiertagen gehen
> Die braunen Frauen daselbst
> Auf seidnen Boden,
> Zur Märzenzeit,
> Wenn gleich ist Nacht und Tag,
> Und über langsamen Stegen,
> Von goldnen Träumen schwer,
> Einwiegende Lüfte ziehen.
>
> Es reiche aber,
> Des dunkeln Lichtes voll,
> Mir einer den duftenden Becher,
> Damit ich ruhen möge; denn süss
> Wär' unter Schatten der Schlummer.
> Licht ist es gut,
> Seellos von sterblichen
> Gedanken zu sein. Doch gut

Ist ein Gespräch und zu sagen
Des Herzens Meinung, zu hören viel
Von Tagen der Lieb'
Und Thaten, welche geschehen.

Wo aber sind die Freunde? Bellamin
Mit den Gefährten? Mancher
Trägt Scheue, an die Quelle zu gehen;
Es beginnet nemlich der Reichtum
Im Meere. Sie,
Wie Mahler, bringen zusammen
Das Schöne der Erd' und verschmähn
Den geflügelten Krieg nicht, und
Zu wohnen einsam, jahrlang, unter
Dem entlaubten Most, wo nicht die Nacht durchglühen
Die Feiertage der Stadt,

Und Saitenspiel und eingeborener Tanz nicht.
Nun aber sind zu Indiern
Die Männer gegangen,
Dort an der lustigen Spiz'
An Traubenbergen, wo herab
Die Dordogne kommt,
Und zusammen mit der prächt'gen
Garonne meerbreit
Ausgehet der Strom. Es nehmet aber
Und gibt Gedächtnis die See,
Und die Lieb' auch heftet fleisig die Augen,
Was bleibet aber, stiften die Dichter.

Seckendorf hat also, wie er schreibt, in den Text der von ihm veröffentlichten Gedichte eingegriffen, »um Sinn hineinzubringen«. Leider hat er auch viel Unsinn hineingebracht, dank einiger kapitaler Druckfehler. Da wurden Eichen zu Eicheln, der Mast zum Most, die luftige Spitz zur lustigen, und statt »*Nicht* ist es gut / Seellos von sterblichen / Gedanken zu sein« steht da

»*Licht* ist es gut …«. Kein Wunder, dass die Leser den Dichter für verrückt halten mussten. Die Drucklegung ist typisch für die Überlieferungsproblematik von Hölderlins Werk. Da er außer dem *Hyperion* keines seiner Werke selbst für den Druck einrichtete, fehlt oft eine von ihm autorisierte Fassung. Mehr noch: Weil er seine Arbeit als einen niemals endenden Prozess der Reflexion und Selbstbildung verstand, konnte es gar kein endgültiges Werk, sondern immer nur Fassungen eines bestimmten Zustandes geben. Daher die langwierige und komplizierte Entstehungsgeschichte seines im Grunde kurzen *Hyperion*-Romans. Daher auch die ungeheuren philologischen Mühen der vielen Herausgeber um fundierte Fassungen seiner Texte.

Die elf Zeilen, die vor mir liegen, machen das Problem augenscheinlich. Und ich schätze mich glücklich, dass ich keine Reinschrift, sondern diesen ungeheuer spannenden Einblick in den Arbeitsprozess bekomme. Natürlich hätte auch eine Reinschrift ihre Aura entfaltet, aber was ich hier zu sehen bekomme, ist entschieden mehr. Es ist der Einblick in die Dichterwerkstatt, in das Allerheiligste des künstlerischen Schaffensprozesses und ein Beleg für das Ringen Hölderlins um jedes Wort, jeden Laut. Das ist Eduard Mörike bereits aufgefallen, als er 1843 Hölderlins Schwester Rike in Nürtingen besuchte und darum bat, Handschriften von ihm einzusehen:

> »Ich fand merkwürdige CONCEPTE seiner (zumeist gedruckten) Gedichte mit vielen Correkturen; mehrfach variierende reinliche Um- und Abschriften der gleichen Stücke (Schwab hat, wie ich aus Zeichen seiner Hand bemerkte, die Redaction nach eben diesen Papieren besorgt u. zwar, so viel ich nur verglich, mit feinem Sinn). Dann: Übersetzungen des Sophokles (zum Theil gedruckt), Euripides und Pindar; dramaturgische Aufsätze; Briefe von unbedeutenderen Freunden (Sigfr. Schmid, Neuffer &c.) auch einige von ihm, und eine Spur, wie ich vermuthe, von der Hand derjenigen die wir als DIOTIMA kennen; Aushängebogen der ersten Ausgabe des Hyperion, wie frisch aus der Presse. Besonders rührend waren mir so kleine verlorene Wische aus seiner Homburger u. Jenaer Zeit, die mich unmittelbar in sein trauriges Leben und dessen Anfänge versezten.«

Erstdruck des Gedichtes Andenken im Musenalmanach für das Jahr 1808, herausgegeben von Leo von Seckendorf

Der Erstdruck enthält bedauerlich viele Druckfehler. Die zugrunde gelegte Handschrift Hölderlins ist verschollen.

»Merkwürdige Concepte« und »kleine verlorene Wische« – als Mörike diese Papiere in Händen hielt, lebte ihr Urheber noch, wenn auch nur für wenige Monate. Mörike hatte ihn mehrfach im Turm besucht. Nun musste ihm das Vorläufige und Unfertige der Manuskripte genauso weit entfernt erscheinen von der Makellosigkeit der veröffentlichten Gedichte wie der alte und kranke Dichter von dem berühmten Pastellbild des Zweiundzwanzigjährigen, das er bei gleicher Gelegenheit zu sehen bekam. Angerührt war er, der Petrefaktensammler, der sich an den kleinsten Objekten erfreuen konnte, dennoch, vielleicht sogar umso mehr, da er gespürt haben dürfte, dass jedes Wort, das Hölderlin aus der Feder floss und von ihm kritzelnd auf das

Papier gebracht wurde, zur Urzelle eines ungeheuren Komplexes aus Gedanken, Bildern, Rhythmen und Lauten werden konnte.

Seine Mutter berichtet, wie Hölderlin sich nach seiner Rückkehr aus Bordeaux, da er wieder halbwegs zu sich gefunden hatte, für Wochen und Monate einschloss und bis zur vollkommenen Erschöpfung an seinen Versen arbeitete: »Da er sich durch Arbeiten öfters sehr anstrengt, und wenig sich Bewegung macht, auch … mit niemand keinen Umgang hat, so ist leider wenig Hoffnung« für einen Besuch in Homburg, zu dem ihn sein Freund Sinclair eingeladen hatte. Aus dieser Zeit, wohl dem Frühjahr 1803, stammt auch *Andenken*. Die im Entwurf überlieferte letzte Strophe steht auf einem rauen, bräunlichen, gerippten Doppelbogen; die restlichen drei Seiten enthalten den Entwurf des Gedichtes *Ister*. Ich wage kaum, das Blatt zu berühren, gar das Wasserzeichen zu suchen. Dafür müsste ich es gegen das Licht halten. Ein Sakrileg. Also bleibt das kostbare Blatt flach und unangetastet in seiner Hülle von Seidenpapier und doppeltem Karton liegen.

Hölderlins Handschrift ist weder besonders groß und schwungvoll, noch klein oder zierlich, weder schlampig noch akkurat, keineswegs genialisch, sondern – ziemlich alltäglich. Zwei Tintenflecken zeugen sympathisch von der behänden Arbeit. Trotz des flüssigen Duktus' meint man noch das Kratzen der Feder auf dem rauen, fasrigen Papier hören zu können. Die Tönung der Tinte wechselt von Wort zu Wort und verknäult sich teilweise heftig in den Versen. Auch drücken von hinten die Buchstaben des anderen Gedichtes durch, was die Entzifferung nicht leichter macht. So entsteht an manchen Stellen ein Palimpsest, das fast nicht mehr zu entwirren ist. Die Striche, mit denen Hölderlin einzelne Worte verwirft, wirken wie beiläufig. Manche Ausdrücke stehen auch gleich gültig neben- und übereinander: »ausgehet« oder »endiget der Strom«? Kommt die Dordogne »an Traubenbergen« oder »des Rebenlandes herab«? Noch hat sich der Dichter nicht entschieden. Der Schlussvers hingegen scheint festzustehen: »Ein Bleibendes aber stiften die Dichter«. So habe ich ihn jedoch nicht im Ohr und auch die Welt kennt ihn anders. Denn in der Druckfassung wird er lauten: »Was bleibet aber, stiften die Dichter.«

»Wieder ein Glück ist erlebt«, heißt es in der Ode *Stuttgart*. Genau so geht es mir, als ich die Landesbibliothek verlasse. Just an diesem Abend lädt das Wilhelma-Theater noch zu einer Rezitation. Die Ankündigung dafür ist süffisant: »Hölderlin??? Ich komm' trotzdem!«

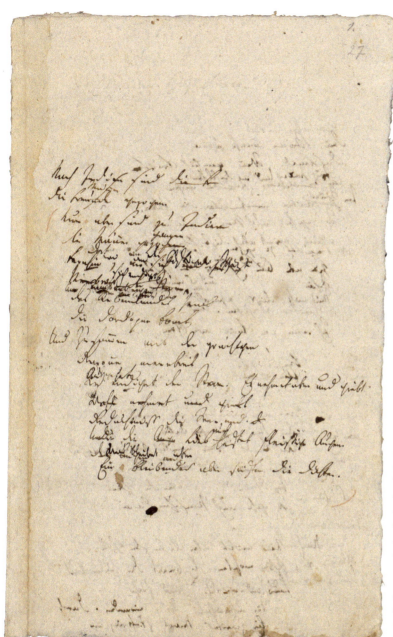

Handschrift Hölderlins des Gedichtes Andenken

Von den 59 Versen des Gedichtes sind nur die letzten 11 in der Handschrift des Dichters erhalten. Der Entwurf erlaubt spannende Einblicke in den Schaffensprozess. Bei mehreren Versen stehen verschiedene Fassungen über- und nebeneinander. Auch der berühmte Schlussvers hat noch nicht seine endgültige Formulierung gefunden. Hier steht: »Ein bleibendes aber stiften die Dichter.« In der Endfassung wird es dann heißen: »Was bleibet aber, stiften die Dichter.«

Tübingen zu Hölderlins Studienzeit
Aquarell um 1790 von Johann Friedrich Partzschefeldt aus dem Stammbuch des Hölderlin-Freundes Christian Friedrich Hiller. Über der Neckarbrücke ist, auf die Stadtmauer gesetzt, das Haus mit dem Turm zu erkennen, in dem Hölderlin von 1807 bis zu seinem Tod lebte.

4 Tübingen, Winterhimmel

Hier ist Fallen das Tüchtigste.

Rilke: An Hölderlin

Auf dem Weg aus Stuttgart hinaus stelle ich den Walkman an und höre Werner Herzogs Bericht von seiner Paris-Wanderung. *Vom Gehen im Eis.* Die Dissonanz von Zeit und Raum ist bizarr. Er übers Land, ich durch die Stadt. Er in den 1970er-Jahren, noch mitten im Kalten Krieg, ich lange danach, als sich die Kriege zwischen Ost und West in den Irak und wieder nach Afghanistan verschoben haben. Bei Herzog düsen ständig Starfighter durch die Luft, das wenigstens ist inzwischen vorbei.

Im Sieben-Mühlen-Tal beginnt es zu nieseln, der Weg jedoch ist idyllisch. Wenn nur die Bundesstraße nicht wäre, die immer in Hörweite bleibt. Bei der fünften Mühle stolziert ein Hahn durch seinen Harem. Ich denke mir: Auf, zeig, wozu du geboren bist. Da packt er auch schon eine Henne, setzt sich drei Sekunden auf sie und ein neues Hähnchen ist auf den Weg gebracht. Die Henne schüttelt sich kurz und pickt ungerührt weiter.

Im Schönbuch warnt mich ein Schild: »Achtung. An diesem Waldrand verteidigt ein Mäusebussard sein Revier. Es kann vorkommen, dass Jogger und Spaziergänger von diesem Greifvogel zum Schein angegriffen werden. Bei diesen ›Angriffen‹ kann es unter Umständen zu Hautverletzungen am Kopf kommen. Das Tragen einer Kopfbedeckung bzw. Meidung dieses Wegabschnittes wird empfohlen. Das Landratsamt Böblingen – Forstamt.« Ich bin für den Mäusebussard gewappnet. Ich trage nicht nur eine Schildmütze, ich habe auch einen langen Stock dabei! Er ist gewarnt und zeigt sich zunächst nicht.

Am Eingang von Dettenhausen hat ein wackerer Schwabe die württembergische Fahne gehisst mit ihrem Motto *Furchtlos und treu.* Das Ferrari-Banner und Schwarz-Rot-Gold sind wir inzwischen ja gewohnt, der Landeswimpel aber ist neu. Mal abwarten, ob sich auf der badischen Seite ein Pendant findet. In der Ortsmitte stoße ich auf die *Alte Post*, die ursprünglich *Lamm* hieß und im 19. Jahrhundert zur Poststation auf dem Weg zwischen Stuttgart und Tübingen aufstieg. Hier muss Hölderlin häufig vorbeigekommen sein. Während ich die Strecke in zwei Etappen bewältige, ist er sie manchmal frühmorgens in einem Stück, gewissermaßen noch vor dem Frühstück, gelaufen. Und am Abend wieder zurück. Ich erkenne jedoch die Zeichen der Zeit, halte an, kehre ein und fühle mich beim italienischen Postmeister Sciandrone für die Nacht bestens aufgehoben.

Schon vor neun ziehe ich wieder los. Es ist Sonntag. Vor der Kirche spielt der Posaunenchor. Ich rufe hinüber: »Danke, das ist aber ein freundlicher Empfang.« Die Bläser nicken entgegenkommend.

Es geht durch den Schönbuch, der seinem Namen alle Ehre macht. Der Boden ist mit welken Buchenblättern bedeckt. Ich wate knöcheltief darin. Der Regenhimmel wird immer wieder von Sonnenfeldern durchbrochen, die durch die Baumstämme hereinleuchten. Der Weg ist gut ausgeschildert. Nur ab und zu gibt es Lücken, die mich in die verkehrte Richtung gehen lassen und zur Umkehr zwingen.

An einer Stelle aber, wo zu entscheiden ist, ob gemütlich geradeaus oder teuflisch steil im Gelände hoch, da lassen die Wegemacher mir keine Wahl. Gleich vier Zeichen zwingen den Berg hinauf und lassen keine Ausrede zu. Wieder einmal bewährt sich der Wanderstab. Oben treffen sich fünf Wege. Auf einem ist mittendrin ein Jägersitz aufgestellt. Weh dem Wild, das sich in diese hohle Gasse verirrt.

Bald stoße ich auf das Gatter der Wildruhezone. Das große Tor lässt sich leicht öffnen und gibt den Durchgang frei. Ich frage mich, ob mir wohl noch ein Fuchs oder ein Hase begegnen wird? Da knackst es neben mir und ein großes Hinterteil schiebt sich durch die Buchenschonung. Hier gibt es das Rotwild, das dem württembergischen Wappen mit seinen Hirschstangen die Berechtigung verlieh. Das Tier dreht aber ab und versagt mir den Blick auf das Geweih, das, nach dem Hinterteil zu urteilen, gewaltig sein muss.

Nach knapp zwei Stunden erreiche ich Bebenhausen. In dem Bau, in dem heute die Forstdirektion untergebracht ist und früher die Abtsküche lag, hat Schelling, der Studienfreund Hölderlins, seine Kinder- und Jugendjahre verbracht. Eine Tafel verkündet frohes Angedenken: »Schon viele selige Stunden, die ich hier gewesen«, soll er gesagt haben. Von den unseligen ist keine Rede.

Hinter Bebenhausen beginnt wieder der Regen, erst nieselnd, dann immer heftiger. Nach Tübingen geht es den Hang hinauf. Oben warnt ein Schild vor dem Stück Weg, das ich gerade hinter mir lasse: »Heute Jagdbetrieb!«

In Waldhäuser-Ost hat die Großmannssucht der 1970er-Jahre zugeschlagen. Betonburgen säumen den Weg. Der Rhythmus der umgepflügten Ackerschollen geht seltsam parallel mit der Struktur der Treppenbauten der Hochhäuser. Die Jogger, die mir hier entgegenkommen, zumeist grauhaarige Männer zwischen 50 und 60, machen einen gequälten Eindruck: der eine läuft ganz schlaff, der andere reißt die Hacken bis zum Hintern hoch, kommt aber auch nicht schneller voran.

Den Weg in die Stadt suche ich über Treppen, die zwischen den an die Hügel gelehnten Straßen ins Tal führen. In der Engelfriedshalde, dem bekannten Wohnquartier Tübinger Professoren, öffnet sich vor mir eine Tür. Ein wacher, silberhaariger Mitsechziger will zu seinem weißen Mittelklasse-Benz. »Herr Herrmann?«, frage ich.
»Ja? Woher kennen wir uns?«
»Wir haben uns zuletzt vor zwei Jahren in der Schiller-Ausstellung in Marbach getroffen. Ich war früher einmal wissenschaftliche Hilfskraft bei Ihnen.«
»Wo Sie das sagen, erkenne ich Sie. Aber Schiller-Ausstellung, war ich dort? Ach ja, da haben sie diese Unterhosen gezeigt. Ich weiß auch nicht, wozu das dienen sollte. [Tatsächlich waren es Schillers Socken!] Und was haben Sie vor?«
»Ich gehe auf Hölderlins Spuren nach Bordeaux.«
»Aber da weiß man doch gar nicht, wie er hingekommen ist, und noch weniger wie wieder zurück. Zurück dürfte er wohl über Straßburg und Frankfurt gegangen sein.« – »Ob er tatsächlich in Frankfurt war, ist ja nicht bewiesen.«
»Bewiesen vielleicht nicht, aber das dürfte doch klar sein: Waiblinger, oder wer es war, hat ihn bei seiner Rückkehr doch ganz verstört beschrieben. Das kann nur die Begegnung mit der kranken oder schon toten Susette gewesen sein. Der Volker Schäfer, der Universitätsarchivar, den müssen Sie doch noch kennen, hat viel über Hölderlin geforscht. Der wollte immer mal die Postkutschenstationen nachfahren und die Meldezettel suchen. Wenn Sie wieder zurück sind, dann müssen wir uns – Sie, der Schäfer und ich – mal zusammensetzen und uns besprechen. Wie sagt man, wenn man Ihnen eine gute Reise wünschen will? Buen camino!«

So geht ein Gespräch zwischen Tür und Angel am Sonntagmorgen in Tübingen. Es regnet noch immer. Am Gästehaus der Universität vorbei steure ich auf den Stadtfriedhof zu. Mir geht es mit Hölderlin wie Wolf Biermann einst mit Heine:

> Auf dem Friedhof am Montmartre
> Weint sich aus der Winterhimmel
> Und ich spring mit dünnen Schuhen
> Über Pfützen, darin schwimmen
> Kippen, die sich langsam öffnen
> Kötel von Pariser Hunden
> Und so hatt' ich nasse Füße
> Als ich Heines Grab gefunden.

Auch bei Hölderlins Beerdigung hat es heftig geregnet. Ein Stiftler, der dabei war, notierte:

> »Wir wußten lange nicht, wie wir's mit seinem Begräbnis halten sollten. Der Himmel hat es auch hier zum Besten gefügt und einen tüchtigen Gewitterregen hereinsprühen lassen, daß nur diejenigen sich an den Zug anschlossen, die wahres Interesse für den Verstorbenen hegten. Der Zug sah freilich still und arm genug aus; nur die Lorbeergewinde des Sarges waren ausgezeichnet; dafür aber blieb das profane Gewühl von müßigen Leuten, Mägden und schreienden Kindern fern vom geweihten Grabe. Der Regen und Sturm war aufs höchste angewachsen, als man den lorbeerbekränzten Sarg in die Tiefe senkte. Aber es war eine heitere Regenhelle und die Gegend stand frisch und üppig, und bald darauf brach die volle Sonne aus den Wolken.«

Hölderlins Tod am Mittwoch, 7. Juni 1843, war überraschend gekommen. Zwar hatte ihn eine Erkältung geschwächt und auch eine heftige Unruhe befallen. »An das Sterben dachte freilich kein Mensch«, wie Lotte Zimmer, die ihn jahrzehntelang betreut hatte, berichtet. Sie hat ihn auch in den letzten Stunden begleitet:

> »Er … spielte diesen Abend noch und aß in unserem Zimmer zu Nacht, nun ging er ins Bett, mußte aber wieder aufstehen und sagte zu mir, er könne vor Bangigkeit nicht im Bett bleiben, nun sprach ich ihm doch zu und ging nicht von der Seite. Er nahm kurz einige Minuten noch Arznei, es wurde ihm aber immer banger, ein Hausherr war auch bei ihm und ein anderer Herr, welcher ihm gewacht hätte mit mir, nun verschied er aber so sanft, ohne noch einen besondern Todeskampf zu bekommen.«

»Um seiner Freunde willen«, ordnet Professor Gmelin, angesehener Mediziner und gleichsam Hausarzt Hölderlins, eine Leichenöffnung an. Sie ergibt »sehr interessante Resultate«. Als akute Todesursache wird ein Lungenödem festgestellt:

> »Wir fanden die beiden Lungensäcke mit Wasser ganz überfüllt … Ferner waren die halbmondförmigen Klappen der großen Pulsader völlig verknöchert und dick, was ohne Zweifel langsam entstanden und die Ursache der langsam und unmerklich eingetretenen Brustwassersucht war.«

Mehr als die unmittelbare Todesursache interessieren den Professor freilich die Gründe für Hölderlins Erkrankung. Auch hier meint er, fündig geworden zu sein:

> »Das Gehirn war sehr vollkommen und schön gebaut, auch ganz gesund, aber eine Höhle in demselben, der *Ventriculus septi pellucidi*, war durch Wasser sehr erweitert, und die Wandungen desselben ganz verdickt und fest geworden, nehmlich sowohl das *Corpus callosum* als der *fornix* und die seitlichen Wandungen. Da man sonst gar keine Abweichung im Gehirn vorfand, so muß man diese, mit der jeden Falls ein Druck auf die edelsten Gehirnteile verbunden war, als die Ursache seiner 40-jährigen Krankheit ansehen.«

Die Leiche wurde wieder geschlossen und zur Beerdigung samstags um 10 Uhr freigegeben. Etwa hundert Studenten folgten dem Sarg, der von den Hausgenossen im Turm getragen wurde. Von der Professorenschaft war kei-

Der Hölderlin-Turm um 1830
Aquarell möglicherweise von der Hand des Schreinermeisters Ernst Friedrich Zimmer, der Hölderlin 1807 in sein Haus aufgenommen und versorgt hat. Zimmer kannte Hölderlin bereits als Dichter und hatte sogar seinen Hyperion, der ihm gut gefiel, gelesen.

Ferdinand Gottlob Gmelin (1782–1848)
Der angesehene Mediziner und Hausarzt Hölderlins nahm nach dem Tod Hölderlins am 7. Juni 1843 »um seiner Freunde willen« eine Leichenöffnung vor. Ihn interessiert weniger die Todesursache als die Ursache seiner 40-jährigen Krankheit. Er findet »sehr interessante Resultate«.

ner gekommen. Ludwig Uhland, der selbst verhindert war, den von ihm hoch Verehrten aber häufig besucht hatte, meinte, von den Professoren würden sowieso »nur sehr wenige Hölderlins Gedichte gelesen haben«. Die Tübinger Liedertafel sang vor und nach der Beerdigung ein Lied, Christoph Schwab, der kurz zuvor mit seinem Vater die zweite Ausgabe der Gedichte herausgegeben hatte, hielt die Trauerrede. Alles war »feierlich und ergreifend«.

Hölderlins Grab liegt ganz allein. Keiner scheint sich in seine Nähe zu trauen. Respekt? Angst? Zufall? Mein Blick fällt auf seine Lebensdaten. Mich trifft fast der Schlag. Statt Friedrich steht da Friederich. Und auch das Geburtsdatum ist falsch. Statt 20. März heißt es 29. März 1770. Hat sich da der Steinmetz verhauen? Oder wie ist das Missgeschick zu erklären. Und warum wurde es nie behoben?

Dass Hölderlin am 20. März, dem Tag des Frühlingsbeginns geboren wurde, ist unzweifelhaft gesichert. Das belegt das Taufregister von Lauffen am Neckar. Ebenso gewiss ist freilich auch, dass unzählige, auch amtliche Dokumente bereits zu seinen Lebzeiten den 29. März als Geburtstag nennen: so die Liste seines Schuljahrgangs in Denkendorf, das Magisterverzeichnis der Universität Tübingen und das Tübinger Totenbuch. Selbst in die Familienbibel soll Hölderlins Mutter als Geburtstag ihres Sohnes das falsche Datum eingetragen haben. Und Carl Gok, der Stiefbruder, hat es dann für den Grabstein übernommen. Offensichtlich hat der Geburtstag in der Familie keine nennenswerte Rolle gespielt. Hölderlin geht niemals auf ihn ein, erwähnt ihn nicht einmal, und ebenso wenig tun es seine Freunde, seine Geschwister oder Susette, die Geliebte. Gefeiert wurde er jedenfalls nicht. Das ist schade, denn des Geburtstages anderer, etwa des Freundes Landauer, hat Hölderlin durchaus gedacht und ihm das Gedicht *Gang aufs Land* gewidmet. Und so bleiben folglich die Verse aus *Andenken*

> An Feiertagen gehen
> Die braunen Frauen daselbst
> Auf seidnen Boden,
> Zur Märzenzeit,
> Wenn gleich ist Nacht und Tag,

eine reine Anrufung des Frühlings, der Wiedergeburt der Natur, ohne geheimen Bezug zum immer auch wiederkehrenden Geburtstag des Anrufenden, des Dichters selbst.

Es ist gerade 12 Uhr, also mache ich am Grab mein Foto in alle vier Himmelsrichtungen. Im Regen geht es weiter in die Altstadt, durch die Belthlestraße, wo ich drei Jahre gewohnt habe, die Haaggasse entlang, an den Kneipen und Antiquitätenläden vorbei und den Klosterberg hinunter zum Hölderlinturm. Kurz davor liegt noch immer der Frauenbuchladen.

Und noch immer haben nur Frauen Zugang: »Öffnungszeiten für Frauen: Mo – Fr 10.00 – 19.00, Sa 10.00 – 14.00«. Wir müssen draußen bleiben. In Tübingen scheint die Zeit gelegentlich stillzustehen.

Am Hölderlinturm freilich hat sich etwas getan. Die Graffiti haben sich vermehrt. Der Klassiker aber ist wie vor zwanzig Jahren noch immer da: »Dr Hölderlin isch net verruckt gwä.« Daneben aber hat ein Witzbold gesprüht: »Currywurst macht überglücklich«, und ein dritter hat ein Strichmännchen nach Art des legendären Zürcher Sprayers Harald Nägeli angebracht, signiert mit den Initialen des Turmbewohners.

Ich rufe Tom an, der mich eingeladen hat, bei ihm zu übernachten. Ich frage ihn, ob er schon einmal im Evangelischen Stift war, denn da fängt gleich die wöchentliche Führung an. Ich war auch noch nie drin, hab es immer als exterritoriales Gebiet begriffen. Wir verabreden uns. Wir sind die einzigen Besucher. Den Stipendiaten, der uns führt, stört das nicht. Er bringt uns ins Refektorium, zeigt uns den Garten und den Karzer, in dem auch Hölderlin gesessen hat. Zuletzt besuchen wir auch den Teil des Stifts, wo einmal die legendäre Genienstube von Hegel, Hölderlin und Schelling gelegen hat. Es muffelt nach Internat, was vor allem Tom sauer aufstößt, hat er doch eigene Erfahrungen damit gemacht.

Am Abend gehen Tom und Lonni mit mir zum Essen ins Casino. Es hat früher die Offiziere der französischen Armee versorgt. Heute schließt es um 21 Uhr. Genienstube Tübingen. Jetzt erst verstehe ich den Sprayer: »Die Erlösung liegt in der Currywurst«.

5   Zur Kapelle

… nur war es ihm manchmal unangenehm,
daß er nicht auf dem Kopf gehen konnte.

Georg Büchner: Lenz

Jeden Tag tut etwas anderes weh. Waren es anfangs die überreizten Fußgelenke und danach die wund geriebenen Oberschenkel, so ist es heute der fünfte Brustwirbel. Ich weiß natürlich nicht, ob es wirklich der fünfte ist und nicht der sechste, ich weiß nicht einmal wie viele Brustwirbel der Mensch überhaupt hat. Ich weiß aber, dass der Schmerz sehr konkret ist, also will er auch konkret benannt werden.

Tom und ich starten nach einem ausgiebigen Frühstück. Er trägt Turnschuhe und Jeans und immerhin auch eine Mütze. Es ist sonnig, aber recht frisch, Temperatur um den Gefrierpunkt. Er gibt den Hegel, ich den Hölderlin. Denn wir machen uns auf den Weg vom Tübinger Schlossberg zur Wurmlinger Kapelle. Die beiden sind ihn Mitte November 1790 gegangen, um dem großen Markttag auszuweichen, der die Stadt wie jedes Jahr zu Martini umtrieb und von Menschenmassen überquellen ließ.

»Ich werde«, so Hölderlin an seine Schwester, »statt mich von dem Getümmel hinüber und herüber schieben zu lassen, einen Spaziergang mit Hegel, der auf meiner Stube ist, auf die Wurmlinger Kapelle machen wo die berümte schöne Aussicht ist.«

Mochten andere Studenten sich in den Festtagstrubel stürzen, die beiden Stubengenossen suchten ihr Glück auf eigenem Weg. Aus schierer Lust zu wandern, um schlicht die Aussicht zu genießen, das war freilich eine Idee, auf die nur Studenten und Müßiggänger kommen konnten. Immerhin galt das Ziel bereits als berühmt, dass es so wenige nicht sein konnten, die es ansteuerten.

Worüber werden die beiden gesprochen haben? Über die Freunde und das Leben im Stift? Gewiss, denn Hölderlin bekundet in seinem Brief

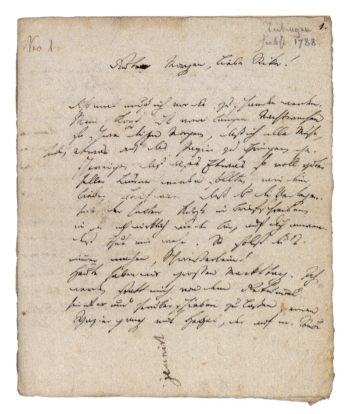

Friedrich Hölderlin, Getuschter Schattenriss, wohl 1797
Der Schattenriss befindet sich in Hölderlins Handexemplar des *Hyperion*. Das kurzgeschnittene, in die Stirn fallende Haar entspricht der Mode, wie sie mit der Französischen Revolution aufgekommen ist.

Brief Hölderlins an seine Schwester Rike von Mitte November 1790
»... Heute haben wir großen Markttag. Ich werde, statt mich von dem Getümmel hinüber und herüberschieben zu lassen, einen Spaziergang mit Hegel, der auf m. Stube ist, auf die Wurmlinger Kapelle machen wo die berümte schöne Aussicht ist.«

vom Morgen dieses Tages, dass er sich nach dem gerade bestandenen Magisterexamen gut aufgehoben fühle unter seinen Kommilitonen:

> »Wie mirs auf meiner Stube gefalle? Herrlich, liebe Rike. Mein Repetent ist der beste Mann von der Welt. Das Zimmer ist eins der besten, liegt gegen Morgen, ist sehr geräumig, und schon auf dem zwoten Stockwerk. Sieben von meiner Promotion sind drauf. Ich darf dir nicht erst sagen, daß das angenehmer ist, als 6 andere Unbekannte. Und die Wenigen andern sind auch brave Leute, darunter Breier und Schelling.«

Friedrich Wilhelm Joseph Schelling (1775–1854), Foto nach dem Pastellbild von Tieck
Hölderlin nannte Schelling »Freund meiner Jugend«. Tatsächlich hatten die beiden schon gemeinsam die Nürtinger Lateinschule besucht und zusammen mit Hegel eine Stube im Tübinger Stift bewohnt. Der geistige Austausch der drei Genies war enorm und mündete 1796 in das sogenannte *Älteste Systemprogramm des deutschen Idealismus*.

Georg Wilhelm Friedrich Hegel (1770–1831), Lithografie von F.W. Bollinger nach Christian Xeller
Hölderlin und Hegel lernten sich 1788 kennen, als sie gemeinsam im Tübinger Stift einzogen. Sie begeisterten sich beide für die Ideen der Französischen Revolution. Seine Kommilitonen hielten Hegel gar »für einen derben Jakobiner«. Als die beiden 1793 das Stift verließen, trennten sie sich unter der »Losung: Reich Gottes!« – ein Reich, das sie freilich schon auf Erden verwirklicht sehen wollten.

Mindestens zu zehnt sind sie also in ihrem Saal. Darunter der erst 15-jährige, geistig frühreife Schelling und der so systematisch denkende Hegel, der sich in der offiziellen Jahrgangswertung einen Platz vor Hölderlin geschoben hat. Die berühmte Genienstube, ein Massenlager.

Von dieser Stube sollten wahrlich weltbewegende Impulse ausgehen. Und dies nicht nur, weil jeder einzelne von den dreien als Philosoph oder als Dichter weltweit bedeutsam wurde, sondern auch wegen ihres brillanten Zusammenspiels. 1913 tauchte in einer Auktion in Berlin ein Manuskript auf, das von seinem ersten Herausgeber Franz Rosenzweig mit *Ältestes*

Das Evangelische Stift in Tübingen. Kupferstich von Rupp, um 1820
Nach dem Magisterexamen 1790 bezog Hölderlin im Stift eine neue Stube. Er berichtet seiner Schwester im obigen Brief: »Wie mirs auf m. Stube gefalle? Herrlich, liebe Rike. Mein Repetent ist der beste Mann von der Welt. Das Zimmer ist eines der besten, liegt gegen Morgen, ist ser geräumig, und schon auf dem zwoten Stokwerk. Sieben von meiner Promotion sind drauf. Ich darf Dir nicht erst sagen, daß das angenemer ist, als 6 andere Unbekannte.«

Systemprogramm des deutschen Idealismus betitelt wurde. Ein Text von gerade mal zwei Seiten aus der Feder Hegels. Das Besondere daran: Er schien nicht von ihm, schon gar nicht von ihm allein, verfasst zu sein. Der Herausgeber nahm vielmehr an, dass er von Hegel nur abgeschrieben worden war, eigentlich aber von Schelling stammte, der ihn wiederum nach intensiven Gesprächen mit Hölderlin verfasst habe. Wer auch immer für den Entwurf letztlich verantwortlich gewesen sein mag, hervorgegangen ist er aus einem Diskurs, der alle drei Freunde im Innersten berührte und an dem jeder von ihnen auf seine Weise Anteil nahm.

Datiert wird das Manuskript auf den Jahreswechsel 1796/97. In den vorangehenden Monaten hatten Schelling und Hölderlin tatsächlich einen intensiven Austausch bei mehreren Treffen und auf gemeinsamen Spaziergängen gepflegt, Hölderlin hatte Hegel eine Hofmeisterstelle in Frankfurt vermittelt, und auch Schelling und Hegel hatten Fragen, die in dem Systemprogramm auftauchen, brieflich miteinander verhandelt.

Der Text selbst ist Manifest eines gehörigen Selbstbewusstseins und ungeheurer Kühnheit. Er gibt vor, lediglich eine Ethik entwickeln zu wollen, spannt den Bogen aber in kantischer Tradition über das ganze Feld der kritischen Philosophie und dies mit einem deutlich ausgeprägten Sendungswillen. Er will »nichts anderes sein als ein vollständiges System aller Ideen« und »die erste Idee ist natürlich die Vorstellung von mir selbst, als einem absolut freien Wesen«, aus dem »zugleich eine ganze Welt« hervortritt. Zwar könne diese »einzig wahre und gedenkbare Schöpfung« nur »aus dem Nichts« geschehen, doch soll sie sich keineswegs im Nichts verlieren. Deshalb erklärt der Verfasser, »auf die Felder der Physik herabsteigen« zu wollen und »unserer langsamen an Experimenten mühsam schreitenden Physik einmal wieder Flügel geben« zu müssen. Danach kommt das »Menschenwerk«, allem voran der Staat, in den Blick. Weil es aber »keine Idee vom Staat gibt, weil der Staat etwas mechanisches ist« und nur »was Gegenstand der Freiheit ist«, Idee heißen kann, »also soll er aufhören«. Nachdem auf diese Weise erledigt wird, was des Kaisers ist, folgt die Auseinandersetzung mit dem, was Gottes ist: »die Ideen von einer moralischen Welt, Gottheit, Unsterblichkeit« und die Ausrufung der absoluten »Freiheit aller Geister, die die intellektuelle Welt in sich tragen, und weder Gott noch Unsterblichkeit außer sich suchen dürfen«.

Zuletzt setzt das Systemprogramm auf »die Idee, die alle vereinigt, die Idee der Schönheit«, denn der »höchste Akt der Vernunft«, davon ist der Autor überzeugt, ist ein »ästhetischer Akt« und die Poesie »wird am Ende wieder, was sie am Anfang war – Lehrerin der Menschheit«. Was der oder die Verfasser hier zu stiften vorhaben, ist nichts weniger als eine »neue Religion«, eine »Mythologie der Vernunft«. Von ihr soll die »ewige Einheit« unter den Menschen hervorgehen, sollen »aufgeklärte und Unaufgeklärte sich die Hand reichen«. Die »Mythologie muss philosophisch werden, um das Volk vernünftig, und die Philosophie muß mythologisch werden, um die Philosophie sinnlich zu machen … Dann erwartet uns gleiche Ausbildung aller Kräfte …, dann herrscht allgemeine Freiheit und Gleichheit der Geister!«

So dachten, so schrieben die Stubengenossen in ihren philosophischen Höhenflügen. Bis dahin sollte es freilich noch ein paar Jahre dauern. Jetzt, auf dem Weg zur Wurmlinger Kapelle Ende 1790, ging es um andere Fragen.

Karl Friedrich Reinhard (1761–1837)
Reinhard hatte das Stift ein Jahrzehnt vor Hölderlin besucht und war 1787 gleichfalls als Hauslehrer nach Bordeaux gegangen. Dort erlebte er die Französische Revolution und berichtete im Schwäbischen Archiv ausführlich davon. Als Diplomat in französischen Diensten überstand er später alle politischen Machtwechsel vor, unter und nach Napoleon.

Die Nachrichten aus Frankreich, die Berichte vom dortigen Volksaufstand elektrisierten die Studenten und die ganze Öffentlichkeit. Die große Französische Revolution war in Deutschland zumindest in ihren Anfängen überwiegend positiv aufgenommen worden. Klopstock, eines der dichterischen Vorbilder Hölderlins, hatte Hymnen auf sie gedichtet. Seine Anrufung der »Freiheit! Silberton dem Ohre«, ursprünglich gar nicht auf Frankreich, sondern auf Dänemark gemünzt, sollte zum vielfach kopierten Motto in den Stammbüchern der Studenten in Stuttgart und Tübingen avancieren. Der eifrigste literarische Verfechter der Freiheit in Schwaben war freilich Schiller gewesen und er blieb es auch, nachdem er sein als tyrannisch erlebtes Heimatland längst verlassen hatte. Die Französische Republik dankte es ihm im Sommer 1792 mit der Ehrenbürgerschaft und die Studenten, indem sie seine Verse auf ihre eigene Knechtschaft projizierten: »Die Freiheit ist es, die alle großen Männer hervorgebracht hat. In der Sklaverei ist noch nie nichts Großes hervorgekommen«.

Im Herbst 1790 waren die ersten längeren Berichte von der Revolution in ganz Deutschland verfügbar, verfasst von aufgeklärten Zeitgenossen wie dem Pädagogen Joachim Heinrich Campe, der als einer von vielen Revolutionstouristen gleich nach dem Sturm der Bastille nach Paris gereist war. Hegel und Hölderlin konnten als Tübinger Studenten indes auf eine eigene Quelle zurückgreifen. Mit Karl Friedrich Reinhard hatten sie einen Stiftsgenossen, der ihnen direkt aus Frankreich berichtete. Er hatte sein Studium in Tübingen zwar schon 1783 beendet und war 1787 nach Bordeaux gezogen, um wie später Hölderlin eine Hofmeisterstelle zu bekleiden, er war aber immer mit seinem Jugendfreund Carl Philipp Conz in Verbindung geblieben, einem bekennenden Revolutionsanhänger. Und ausgerechnet der war nun als Repetent im Stift tätig, beliebt bei den Studenten und mit sichtbarem Einfluss auf den jungen Hölderlin.

Reinhard hatte seine Wahrnehmungen nicht nur den engsten Freunden offenbart, sondern als *Briefe über die Revolution in Frankreich* auch an das Schwäbische Archiv geschickt, wo sie 1790 auf immerhin 60 Seiten veröffentlicht wurden. Die beiden Wanderer auf dem Weg zur Wurmlinger Kapelle waren also wohl unterrichtet und an ihrer Begeisterung für das Geschehen in Frankreich kann kein Zweifel sein. Es wird aber noch ein paar Monate dauern, bis sie selbst mit ihren Einträgen in die Stammbücher der Mitstudenten Stellung beziehen und Hölderlin mit seiner *Hymne an die Freiheit*, die er 1791 als eine seiner ersten Veröffentlichungen in Druck gab, das Bekenntnis für ein »freies kommendes Jahrhundert!« abgibt:

    Wenn verödet die Tirannenstühle,
    Die Tirannenknechte Moder sind.

Hegels und Hölderlins Revolutionsbegeisterung kam nicht von ungefähr, denn es waren die Universitäten von Tübingen und Stuttgart, an denen sich die ersten Studentengruppen in Deutschland für die Ziele der Französischen Revolution formierten. Mainz und Jena und andere revolutionäre Hochburgen kamen erst hinterher. Gewiss hatten die Nähe zu Frankreich wie das ausgeprägt despotische Regime des Herzogs Carl Eugen von Württemberg besonderen Anteil daran. Nicht zuletzt gegen dessen Willkür richten sich die studentischen Proteste. Hölderlin ist daran an vorderster Front beteiligt, wenn er seiner Schwester aus Anlass neuer Statuten, die der Herzog in selbstherrlicher Manier für das Tübinger Stift erlassen will, schreibt: »Wir müssen dem Vaterlande und der Welt ein Beispiel geben, dass wir nicht geschaffen sind, um mit uns nach Willkür spielen zu lassen«. Auch angesichts des Krieges zwischen Frankreich und Österreich stellt er sich ganz auf die Seite der Revolution:

»Glaube mir, liebe Schwester, wir kriegen schlimme Zeit, wenn die Oestreicher gewinnen! Der Misbrauch fürstlicher Gewalt wird schröklich werden. Glaube das mir! und bete für die Franzosen, die Verfechter der menschlichen Rechte.«

Ihren symbolischen Höhepunkt fanden die Revolutionsfeiern in Tübingen an einem »schönen klaren Frühlingsmorgen« des Jahres 1793, also bereits nach der Hinrichtung des französischen Königs, als Studenten auf einer Wiese vor den Toren der Stadt einen Freiheitsbaum errichteten. Hegel und Schelling sollen dabei gewesen sein. Ob auch Hölderlin daran beteiligt war, lässt sich nicht mit Bestimmtheit sagen. Beide, Hölderlin wie Hegel, haben ihre Anhänglichkeit an die Ideale der Revolution aber zeitlebens bewahrt – Hölderlin in seinen Dichtungen und seiner volkserzieherischen Sendung, Hegel als späterer Staatsphilosoph hingegen in eher privater Reminiszenz. Alljährlich am 14. Juli genehmigte er sich ein Fläschchen guten Weins und stieß mit sich auf den Jahrestag der Revolution an.

Tom und ich haben keine Gelegenheit, auf unsere imaginären Wandergenossen anzustoßen. In einer Stunde sind wir auf dem Wurmlinger Kapellenberg und grüßen still ins Tal hinab. Die Kapelle ist geschlossen, uns geht es auch mehr um den Blick übers Land: Hirschau, Bühl, Kilchberg und Kiebingen. Nach Kiebingen wollen wir noch gemeinsam gehen. Eine Pflichtübung für alte Volkskundler aus Tübingen, denn in den 1970ern und 80ern sind die hiesigen Kulturwissenschaftler in Scharen über dieses bemitleidenswerte Dorf hergefallen und haben es zum besterforschten 1000-Seelen-Ort in Europa gemacht. Da wurden Heiratsstrukturen analysiert, Besitztümer zusammengerechnet, Schichtungsmodelle entworfen, Konflikte rekonstruiert, Erfahrungshorizonte abgesteckt, Geschlechterrollen und Sexualverhalten untersucht. Am Ende gingen die Forscher wieder nach Hause und das Dorf überlebte sich weiter. Nun liegt es vor uns. Wir müssen nur noch den Weg über den Neckar finden. Beim Elektrizitätswerk kommen wir jedenfalls nicht über den Fluss, doch unweit davon gibt es eine alte Stahlbrücke, wie ich sie auch von der Garonne bei Cadillac, etwas südlich von Bordeaux, kenne. Als wir in Kiebingen einziehen, läuten die Glocken Schlag elf. Nichts hält uns auf.

Am Ende des Dorfes trennen wir uns. Tom wird von Lonni abgeholt. Ich lehne die freundliche Mitfahrgelegenheit ab und ziehe weiter über den Rammert. Ich genehmige mir einen kleinen Abstecher nach Melchingen zum Theater Lindenhof auf die Schwäbische Alb. Hölderlin hatte keinen Grund dazu, ich schon, denn dort oben in Melchingen haben Hölderlin und die Winterreise zusammengefunden.

Eintrag Hölderlins in Hegels Stammbuch von 1791
»Göthe.
Lust und Liebe sind
Die Fittige zu großen Thaten.
Schriebs zum Andenk.
Dein Freund M. Hölderlin«

6   Himmelberg

*Wenn die Rätsel einander drängten und
kein Ausweg sich bot, half der Feldweg.*

Martin Heidegger: Der Feldweg

Es fängt wieder zu nieseln an. Steil geht es den Bühler Wald hinauf. Es regnet immer stärker und ich muss mein Mittagsbrot stehend unter einer Tanne am Wegesrand einnehmen. Auf der Höhe von Nehren geht es die Steinlach entlang. Hier bin ich in der Spur des Pfarrers Friedrich August Köhler bei seiner Albreise 1790. Der zwei Jahre ältere Stiftsgenosse Hölderlins hatte bereits in seiner Jugend die Leidenschaft fürs Wandern entdeckt und dabei immer eifrig Notizen gemacht. Sein Bericht von der Alb ist ein typisches Produkt der Aufklärung. Im Zählen und Messen, im Sammeln von Daten und teilnehmenden Beobachten findet er eine objektivierte Form der Wahrnehmung von Land und Natur. Im Laufe seines Lebens sollte er Regale voll Bücher und Zeitschriften exzerpieren und als sein gesammeltes Weltwissen mit winziger Schrift in Hunderten von kleinen Heftchen festhalten. Ein manischer Materialsammler und penibler Buchhalter der Bildung.

Schon 1792, auf seiner ersten Stelle als Vikar bei seinem Vater in Nehren, begann er Tag für Tag, morgens, mittags und abends, die Wetterlage zu notieren und er hat bis zu seinem Tod über 50 Jahre später in Marschalkenzimmern nicht mehr damit aufgehört. In seinen Tagebuchaufzeichnungen finde ich auch Angaben über die Witterungsverhältnisse im Tübinger Raum zu Beginn von Hölderlins Winterreise. Schon vor dessen Aufbruch in Nürtingen Anfang Dezember 1801 war es demnach »trüb«, »unlustig«, »regnerisch« und »windigt« gewesen, eine »elende unbeständige Witterung«. Der ständige Regen hat die Bäche so sehr anschwellen lassen, dass am 5. und 6. Dezember der Neckar in Tübingen über die Ufer trat. Bei Hölderlins Abschied in Stuttgart am 12. Dezember begann sich das Wetter allmählich aufzuhellen. Dafür wurde es frisch und kalt. In der Nacht zum

14. Dezember – Hölderlin passierte gerade den Schwarzwald – begann es zu schneien, es gefror und der Schnee blieb drei Zoll hoch liegen. Das war für Fußgänger sehr gefährlich, denn das Gehen im Schnee ermüdete kolossal und konnte schnell zur vollkommenen Erschöpfung führen. Wie bei jenem Metzgerknecht, der, so Köhler, nach weiteren heftigen Schneefällen am Silvestertag 1801 zwischen Stuttgart und Feuerbach »vor Ermüdung erfror«. »Man suchte und fand ihn noch Abends. Sein Hund treu neben ihm, 3 Kälber aber 1 Strecke zurück an einem Baum angebunden.«

Jetzt bin ich also auf der Höhe von Köhlers Wetterstation. Die Steinlach hat ein ordentlich tiefes Bett. Die vielen Papier- und Plastikfetzen an der Uferböschung zeigen an, wie hoch das Wasser steigen kann. Wenn es dazu kommt, wird der stille Bach zum dröhnenden Ungeheuer. Ich gehe die Steinlach bis zur Quelle hoch. In Ofterdingen, das ich bisher nur von der Durchfahrt und seiner Tankstellen-Allee kenne, empfängt mich ein Seniorenhaus mit dem sehnsuchtsgetränkten Namen *Mauritiusblick*. Das kann nur ein Heim für Demenzkranke sein, deren innere Weitsicht das Grau der unmittelbaren Umgebung gnädig transzendiert.

In Talheim stoße ich auf einen imposanten Rinderstall. Die Viecher werden gerade gefüttert. Fast 40 Ochsen, Kühe und Kälber stehen parallel im Gatter und fressen sich satt. Sie sind alle monochrom rotbraun, wie die Salers-Rinder, die ich in der Auvergne kennen gelernt habe. Der Bauer karrt eine Fuhre Mist weg. Ich hole ihn ein und frage ihn nach der Rasse.

Er sagt: »Limousine«.

Ich erzähle ihm, dass ich justament auf dem Weg ins Limousin bin. Wir kommen ins Gespräch. Er habe diese Rasse schon seit zehn Jahren. Sie seien, was das Fleisch angeht, unübertrefflich. Erst heute habe er wieder eines geschlachtet. Herrliches Fleisch, nicht so rot wie beim Fleckvieh, aber weitaus zarter und schmackhafter. Davor habe er auch Charolais gehabt. Aber der Bulle, der habe 28 Zentner gewogen, und außerdem habe es ständig Probleme mit dem Kalben gegeben. Immer wieder seien die Jungen von ihren Müttern erdrückt worden.

Ich frage ihn nach den Salers-Rindern und ob die mit den Limousines vergleichbar seien. Da erzählt er, der Nachbar oben, der habe ein Salers mit diesen typischen weit auskragenden Hörnern gehabt. Das habe aber

»wegen dem Tierschutz« zum Metzger gemusst. Sie hätten es dann in den Wagen schaffen sollen. Das sei aber unmöglich gewesen. Erst als man ihm die langen Hörner abgesägt habe, sei es ruhiger geworden und habe sich in den Karren verfrachten lassen. Die Frau des Metzgers aber, die sei von einem solchen Salers-Vieh mal auf der Weide verfolgt worden und von oben bis unten grün und gelb und blau herausgekommen. Der Züchter heißt Albert Möck und ich verspreche ihm, die Heimat seiner Kühe von ihm zu grüßen.

Mit letzter Kraft geht es die Landstraße entlang hinauf nach Melchingen. Die Straße windet sich heftig, es gibt keinen Seitenstreifen. Da der Weg zu gefährlich ist, hangle ich mich an der Böschung der Steinlach entlang. An einer Kehre verlasse ich die Straße und biege in einen Waldweg zur Quelle ein. »Mancher trägt Scheue, an die Quelle zu gehen.« Die ist jedoch kaum zu erkennen, und ich lasse sie ohne viel Aufhebens rechts liegen. Es wird langsam dunkel, ich muss schauen, dass ich Land gewinne. Ich nehme daher die Direttissima den Berg hoch, durch den Wald und über die Felder. Melchingen liegt vor mir in der Dämmerung. Verse aus der *Winterreise* drängen sich in den Sinn.

> Drüben hinterm Dorfe
> Steht ein Leiermann,
> Und mit starren Fingern
> Dreht er, was er kann.

Ich bin glücklich, oben zu sein. Froh, überhaupt noch zu wissen, wo oben und wo unten ist. Den Leierkastenton im Ohr geht es über Feldwege im Zickzackkurs und an Abertausenden von Mäuselöchern vorbei ins Dorf. Die Kälte dringt unter die schweißnasse Kleidung.

> Barfuß auf dem Eise
> Wankt er hin und her;
> Und sein kleiner Teller
> Bleibt ihm immer leer.

Kein Mensch ist auf der Straße. Es ist erst 17 Uhr, aber kuhnacht, affendunkel, rabenschwarz. Was wohl die armen Kühe und Affen dafür können?

Keiner mag ihn hören,
Keiner sieht ihn an;
Und die Hunde knurren
Um den alten Mann.

Hier auf der Höhe, auf der Schwäbischen Alb, haben die Melchinger ihr großes Theaterwunder vollbracht, haben den Vergessenen und Verdrängten, den Aufsässigen und Gestrauchelten, den Eigensinnigen und Hilflosen, den Verrückten und Zurechtgestutzten, den Geschmähten und Ausgestoßenen, den Verlorenen und Verfolgten, einheimischen wie fremden, ihr großartiges und verblüffendes Trauer- und Sehnsuchtstheater, ihre luftigen und lustigen und listigen Stücke, ihr Menschenrettungstheater, geschenkt, haben Hexen und Räuber, Mörike und Schiller, Horvath und Kroetz auf die Bühne gebracht – und immer wieder Hölderlin. Den freilich zumeist im Tal, am Neckar, wo seine reale Lebenswelt mit seinen Versen und der Imagination der Theaterleute untrennbar verschmolz.

Die Bilder und Texte der Lindenhöfler, in all ihrer Spannung und Unerlöstheit, sind aus der Landschaft hier oben und den Tälern dort unten gewonnen und gut hegelianisch auf eine neue Ebene gehoben, in Poesie verwandelt, zu Stücken geronnen, den Menschen zurückgegeben worden und dem Land eingeschrieben. Seit der Inszenierung von Peter Härtlings *Melchinger Winterreise* hängen hier am Himmelberg Schuberts schaurige Lieder in der Luft, eigentümlich verfremdet in schiefe Akkordeonklänge. Dazu Bilder von einem Reiter, der an einem verlassen im Schnee stehenden Klavier vorbeitrabt, Bilder auch von einer seltsam weißen Gestalt, die sich als Engel der Geschichte ausgibt und hilflos mit ihren selbstgebastelten Flügeln auf und ab schlägt.

Ich schleiche, die *Winterreise* in bunter Fassung im Ohr, durch das dunkle Dorf. Am Lindenhof biege ich ab zu Hurms Haus. Sie erwarten mich schon – Gina, die vier Mädels und Janina, ihr Kindermädchen aus Hermannstadt. Gina hatte ihnen von meiner großen Wanderung erzählt. Als sich meine Ankunft hinzieht, fragt Antonia, eine der Zwillinge:
»Wann kommt er denn jetzt endlich, der Thomas, äh der Hölderlin?«

Gut, dass sie nicht Nikolaus sagte; der war aber, Gott sei Dank, schon da.

Zusammen mit Bernhard, dem Intendanten des Melchinger Theaters, gehen wir in die Kirche. Der Männergesangverein Liederkranz hat die Patenschaft für den Kindergarten übernommen. Gemeinsam gestalten sie nun die adventliche Besinnungsstunde – 16 wackere Sänger, deren Stimmen schon recht gebrechlich sind und den Ton nicht mehr so genau treffen und ebenso viele Kindergartenkinder, deren Stimmen noch aufblühen dürfen und die den Ton noch nicht so genau treffen. Ein anrührendes Cross-over-Projekt, das mich noch einmal an den Leiermann denken lässt:

> Wunderlicher Alter,
> Soll ich mit dir gehn?
> Willst zu meinen Liedern,
> Deine Leier drehn?
> <small>Wilhelm Müller / Franz Schubert: Winterreise</small>

Nachhause zurück gehen wir über den Friedhof. Hinter dem Chor der Kirche ist die Erde aufgeworfen und durchgepflügt, ein wahrer Gottesacker. Noch ein paar Schritte weiter, sehen wir Licht in der Leichenhalle. Gerade wird ein Leichnam überführt. Immer wenn das geschieht, läutet das Totenglöcklein, damit das ganze Dorf weiß, dass wieder jemandem die Stunde geschlagen hat. Und tatsächlich, ein paar Minuten später, durchtönt es den ganzen Ort. Nun beginnt das Rätselraten: Wer war krank? Wem ging es schlecht? Von wem hatte man gehört, dass es zu Ende gehen könnte? Oder hat es jemanden ganz überraschend getroffen? Aus heiterem Himmel?

Nach dem Abendessen im Viermädelhaus, dem turbulenten, holt Bernhard die Frankfurter Hölderlin-Ausgabe. Im Hintergrund singt Christoph Pregardien die *Winterreise*. Wir lesen ein paar Gedichte und den berühmten Brief Hölderlins an seinen Freund Böhlendorff:

> »Und nun leb wohl, mein Teurer! Bis auf weiteres. Ich bin jetzt voller Abschieds. Ich habe lange nicht geweint. Aber es hat mich bittre Tränen gekostet, da ich mich entschloß, mein Vaterland noch jezt zu verlassen, vielleicht auf immer. Denn was hab' ich lieberes auf der Welt? Aber sie können mich nicht brauchen. Deutsch will und muß ich übrigens bleiben, und wenn mich die Herzens- und Nahrungsnoth nach Otaheiti triebe.«

Casimir Ulrich Böhlendorff (1775–1825), Scherenschnitt
Hölderlin hat Böhlendorff in Homburg im Umkreis von Isaak von Sinclair kennen gelernt. Wie Hölderlin war auch er ein Gefährdeter. Er besaß dichterischen Ehrgeiz, konnte sich aber als Schriftsteller nicht durchsetzen und auch sonst nie Fuß fassen. An ihn sind Hölderlins wichtigste Briefe vor und nach seiner Bordeaux-Reise gerichtet.

Hölderlin an seinen Freund Casimir Böhlendorff vom 4. November 1801, in dem er von seinem Auswanderungsvorhaben berichtet:
»Und nun leb wohl, mein Teurer! bis auf weiteres. Ich bin jetzt voller Abschieds. Ich habe lange nicht geweint. Aber es hat mich bittre Thränen gekostet, da ich mich entschloß, mein Vaterland noch jezt zu verlassen, vielleicht auf immer. Denn was hab' ich lieberes auf der Welt? Aber sie können mich nicht brauchen. Deutsch will und muß ich übrigens bleiben, und wenn mich die Herzens- und Nahrungsnoth nach Otaheiti triebe.«

Isaak von Sinclair (1775–1815), Ölbild
Hölderlin und Sinclair sind sich erstmals in Jena begegnet. Trotz seiner zutiefst republikanischen Gesinnung trat der Freund in die Dienste des Landgrafen von Hessen-Homburg. Während der beiden Homburger Aufenthalte wurde er zur stärksten Stütze des Dichters. Der Brief an Böhlendorff ist nur in der Abschrift Sinclairs erhalten.

Bilder tauchen auf von Flucht und Vertreibung. Gina erzählt von ihrer Familie, von ihrem Vater, der aus Bessarabien stammt, und von ihrer Mutter, die es aus Schlesien auf die Alb verschlagen hat. Vieles von dem, was sie durchgemacht haben, steckt ungewollt und unausgesprochen in der *Melchinger Winterreise*. Zum Abschied gibt sie mir ein Foto von den vier Töchtern als ›Albengel‹ mit. Ich trag es im Rucksack mit mir bis nach Bordeaux.

Über Nacht hat es geschneit. Das Land ist ganz in Weiß getaucht. Die Wanderung wird nun tatsächlich zur Winterreise. Bernhard begleitet mich bis zur Salmendinger Kapelle. Ins Gespräch vertieft, verpassen wir prompt den rechten Aufstieg und müssen quer übers Feld, über die Winterfrucht hinweg den Kornbühl hinauf. An der 8. Station treffen wir endlich auf den Kreuzweg. Der Hauptraum der Kapelle ist verschlossen, ein Seitenraum aber erlaubt den Zugang.

Was Ludwig Uhland für die Wurmlinger Kapelle ist, das ist Gustav Schwab für die Salmendinger. Nur zehn Tage war der Dichterpfarrer und Sagenerzähler in den 1820er Jahren über die Alb gewandert. Die Zeit hat ihm jedoch gereicht, die Landschaft förmlich in sich aufzusaugen und sich mit einem dicken Buch als Gegengabe zu bedanken. Bevor wir uns trennen und jeder seinen Weg abwärts sucht, rezitiert Bernhard aus diesen Albschilderungen. Mit Schwabs romantisch kreisendem Blick schaut er ins Land, wo der benachbarte Höhenzug, der Farrenberg, »wie ein ungeheurer Sarg aus der Gruft der Unterwelt, fast schwebend hervorsteigt« und »heitere Dörfer« die Alb bevölkern. Die Kapelle selbst allerdings hat Schwab eher missfallen, »ein armseliges Nestgen, das nur von einem einsiedlerischen Glöckner bewohnt ist, der das gefahrvolle Amt hat, so lange ein Gewitter über dem Gipfel des Gebirges steht, zu läuten«.

Jetzt hätte er wieder einen guten Grund für sein Geläut. Das leichte Schneerieseln hat sich zu einem kleinen Sturm verdichtet, Nebel steigt auf, ich muss mir die Kapuze ins Gesicht ziehen. Der Weg zum Dreifürstenstein ist schmal und glitschig. Links von mir geht es steil hinab. Ich bin trotzdem nicht der erste, der diesen Weg heute geht. Vor mir war schon ein Hase im Schnee unterwegs. Plötzlich treffe ich auf weitere Spuren – Fußspuren eines größeren Mannes, die in meine Richtung deuten. Ich hätte ihm eigentlich begegnen müssen. Ich komme mir vor wie Robinson Crusoe bei seiner ersten Begegnung mit Freitag. Mein Freitag heißt Dienstag und er hatte offen-

Die
Neckarseite
der
Schwäbischen Alb,
mit Andeutungen über die Donauseite, eingestreuten
Romanzen und andern Zugaben.

Wegweiser und Reisebeschreibung
von
Gustav Schwab
nebst
einem natur=historischen Anhang
von
Professor D. Schübler
und einer Spezialcharte der Alb.

Stuttgart,
in der J. B. Metzler'schen Buchhandlung.
1823.

Gustav Schwab (1792–1850), Kopie nach dem Ölgemälde von K.J. Th. Leybold, 1825
Gustav Schwab, selbst Absolvent des Tübinger Stifts, verantwortete zusammen mit Ludwig Uhland die Herausgabe der ersten Gedicht-Ausgabe von 1826, verfasste zusammen mit seinem Sohn Christoph Theodor eine erste fundierte Lebensskizze und beriet diesen auch bei der Herausgabe der ersten Gesamtausgabe von Hölderlins Werken 1846.

Gustav Schwab: *Die Neckarseite der Schwäbischen Alb mit Andeutungen über die Donauseite*, 1823
Titelblatt der Reisebeschreibung, die Schwab nach einer zehntägigen Wanderung über die Schwäbische Alb verfasste.

bar einen Hund dabei. Vielleicht war es ein Förster und er hatte tatsächlich Diensttag. Ich bin froh, dass er in die andere Richtung ging.

Beim Dreifürstenstein, direkt über dem Albhang, treffen die alten Herrschaften Württemberg, Hohenzollern-Hechingen und Fürstenberg zusammen. Im 17. Jahrhundert wurde an dieser Stelle ein dreikantiger Stein gesetzt, der heute noch da ist. Später kam die Sage auf, die drei Fürsten seien einmal zusammengekommen, hätten sich an einen runden Tisch gesetzt, und jeder habe auf seinem eigenen Herrschaftsgebiet gesessen. Die Geschichte gefällt mir. Ich stelle mir vor, wie die alten Füchse Skat spielen und dabei ihr Land verzocken.

Beim Albabstieg wandelt sich der Schneefall in Regen. Er will nicht aufhören, und ich bin von innen und außen nass. Noch kann ich aber die Wärme unter dem Anorak durch meinen forschen Schritt halten. Mir fällt auf, dass die Wälder hier auch im Winter keineswegs grau und trüb sind. Zumindest solange kein Schnee liegt. Sie strahlen selbst jetzt, in dem andauernden Regen, in einem impressionistischen Gemisch von roten, gelben und mennigfarbenen Punkten. Hölderlin hat sie geliebt, diese heimatlichen

> Wälder, das Grün heiliger Bäume, wo gern
> Sich die Eiche gesellt mit stillen Birken und Buchen

Heimkunft. An die Verwandten

Er hat sich in der Ferne nach diesen Laubwäldern gesehnt, hat sie besungen und hat sich dort, wo er sie fand, sogleich auch heimisch gefühlt. Nach seiner Rückkehr aus Bordeaux wird er sie noch einmal, ein letztes Mal, besingen und den Kreislauf des Werdens und Vergehens, des Vergehens und Wiederaufkeimens, in ein präzises Bild fassen:

> Hinunter sinket der Wald,
> Und Knospen ähnlich, hängen
> Einwärts die Blätter, denen
> Blüht unten auf ein Grund,
> Nicht gar unmündig.

Der Winkel von Hardt

Auf diesem blühenden Grund darf ich nun also wandeln. Mein Gehen gleicht freilich mehr einem Stapfen, denn bei jedem Tritt versinke ich tiefer und tiefer in dem feuchten Laub. Am Eingang von Belsen begrüßen mich zwei Rentner unter Schirmen am Straßenrand. Sie schauen mich halb verwundert, halb verschmitzt an.
»Und wie wird das Wetter?«, frage ich, »wird's noch aufhellen?«
Sie: »Aber klar doch. Da hinten kommt schon die Sonne. Sie laufen in die richtige Richtung.«

Ich denke, wie doch ein ehrlich gesprochenes Wort den wackeren Wandersmann so schön aufmuntern kann, und biege um die nächste Kurve. Und tatsächlich: Da kommt schon die *Sonne*. Deren Wirt kehrt gerade die Treppe im strömenden Regen.

In Bad Sebastiansweiler ziehe ich die Unterführung unter der B 27 kurz als Notquartier für die Nacht in Erwägung, verwerfe den Gedanken aber sofort wieder aus Furcht vor Fußtritten von vorbeiziehenden Rabauken. Offenbar eine seelische Sedimentablagerung von zu vielen *Tatort*-Folgen. Es ist ja auch erst kurz nach Mittag, und bis Rottenburg schaffe ich es allemal. Der Weg bis dorthin wird aber herb. Es geht wieder über den Rammert auf einem zehn Kilometer langen, schnurgeraden Teerbelag. Das ermüdet die Füße und die Sinne. Irgendwo auf der Strecke haben Forststudenten einen Stoß notgefällter Pappeln zu Skulpturen verarbeitet. Manche sehen aus wie überdimensionale Phallusse, andere wie Vogelhochhäuser. Aus einem Baum wurde eine genmutierte Schnecke gedrechselt, aus einem anderen ein Sarkophag gehauen. Der gefällt mir am besten.

Als ich den Wald verlasse, stoße ich auf ein Verkehrsschild. Ein frommer Pilger hat mit weißer Farbe in Großbuchstaben Gott darauf gemalt. Die beiden T sehen aus wie die Kreuze der Schächer auf Golgotha, und die Farbe trieft herunter wie aus dem Haupt voll Blut und Wunden. Ich bin mal wieder auf dem Jakobusweg und betrete die Bischofsstadt. Mit dem Wanderstab ist man in einer Stadt gewöhnlich fehl am Platz, ein Verirrter im falschen Stück. Hier in Rottenburg funktioniert es anders. Hier sind Hirten- und Pilgerstab geläufig. Die Blicke der Passanten sind jedenfalls freundlich und anerkennend, wenn ihnen auch der Zeitpunkt meines Auftauchens eigenartig erscheinen mag.

Ich steuere die Tourist-Information an und erkundige mich nach einem Gasthof. Ich habe nur das Verlangen nach einem trockenen, warmen,

sauberen Quartier mit einer Dusche oder noch besser: einer Badewanne. Die Schalterfrau empfiehlt mir aber kein Hotel, sondern legt mir ein mehrseitiges Herbergsverzeichnis vor. Ich habe keinerlei Lust, mich da durchzuarbeiten und bitte noch einmal um eine passende Empfehlung. Da kommt eine Frau mit Kinderwagen dazu und spricht mich an:
»Wir nehmen auch Pilger. Ich hab Sie auf der Straße gesehen. Zu uns kommen immer wieder Pilger und Radwanderer. Wenn Sie also wollen, können Sie zu uns kommen.«

Ich überlege kurz, wäge ab zwischen einem ruhigen Quartier in einem Hotel und der privaten Pilgerherberge mit Familienanschluss. Dann sage ich zu:
»Das nehme ich jetzt als ein Zeichen. Ist es weit von hier?«
»Zehn bis zwölf Minuten.«
Okay, los geht's nach Hause.

Sie will meinen Namen nicht wissen und ich erfahre ihren nicht. Auf dem Weg trifft sie jede Menge Leute, die sie freundlich grüßen. Ob ich auf dem Jakobweg sei. Nein, sage ich, ich bin auf den Spuren Hölderlins. Sie habe gar nicht gewusst, dass es auch einen Hölderlinweg gebe. Gebe es bisher auch nicht, aber alle suchten ihn. Sie erzählt mir von einem Diakon in ihrer Gemeinde:
»Der ist auch nach Santiago gepilgert und hat einen Wanderstab mitgenommen. Als er ankam, war er 16 Zentimeter kürzer.«
Ich muss meinen unbedingt messen.

Die Strecke führt durch die Herder-und-Hauptmann-und-Kant-und-Lessing-und-Eichendorffstraße bis in die Kleiststraße. Ich muss mir den Weg durch das Dichter-Gespinst merken, da ich zum Essen wieder in die Stadt zurück will. Das Auslaufen in leichten Schuhen tut den Beinen und Gelenken gut.

An der Klingel steht Seeger, Rolf und Helene. Ihr Mann ist zuhause. Ich bekomme ein Zimmer im ersten Stock. Das im Herbergsverzeichnis ausgewiesene Ferienappartement ist bereits an zwei französische Austauschlehrer vermietet. Mein Zimmer liegt neben ihrem Schlafzimmer, und ich darf ihr eigenes Bad benützen – für 17 Euro die Nacht. Später erzählen sie mir, ihnen sei die Idee, ein zusätzliches Zimmer zu vermieten, im Sommer in Polen gekommen. Dort hätten sie dies selbst als sehr angenehm, gastfreundlich und vollkommen unproblematisch kennengelernt. Das Zimmer gäben sie aber immer nur für eine Nacht ab.

Nach meinem Ausflug zum Griechen, eine Hyperion-Platte gab es, Zeus sei Dank, nicht, sitzen wir noch bei einem Glas Rottenburger zusammen. Rolf Seeger stammt aus einer Bäckerdynastie im oberschwäbischen Kisslegg. Genauso gut hätte er aber auch in New York auf die Welt kommen können. Denn sein Großvater hatte in der Krise nach dem Ersten Weltkrieg drei Kinder kurzerhand nach Amerika verschifft. Ohne Rückfahrtticket, lediglich eine Anlaufadresse im Gepäck. Rolfs Mutter ist sieben Jahre dort geblieben, und nur ein glücklicher Lottogewinn hat ihr die Rückkehr erlaubt. Ihr Bruder ist auch zurückgekommen, aber klammheimlich. Aus Angst, noch einmal fortgeschickt zu werden, hat er lange Zeit inkognito in Deutschland gelebt. Der Mutter hat ihr Amerikaabenteuer am Ende des Zweiten Weltkrieges noch sehr geholfen. Sie besaß nämlich die amerikanische Staatsbürgerschaft und eine amerikanische Flagge. Die musste sie während der Nazi-Zeit unter der Bettmatratze versteckt halten. Als aber die Franzosen in Kisslegg einmarschierten, holte sie das gute Stück heraus, hisste es und signalisierte so die friedliche Übergabe des Städtchens.

Mit meinem Abstecher von Tübingen auf die Alb habe ich, wie ich beim Einzug nach Rottenburg bemerkte, eine ziemlich präzise Spur in Form einer Ellipse gezogen mit den beiden Kapellen, der Wurmlinger und der Salmendinger, als Wendepunkte. Das hätte Hölderlin bestimmt gefallen, das hätte ganz zu seiner Vorstellung vom Leben als einer exzentrischen Bahn gepasst. Von nun an steuere ich jeden Morgen zum Frühstück eine kleine Kapelle an.

7 Der Wanderer

wem,
Aus Lebensliebe, messend immerhin,
Die Füße gehorchen, blühn
Schöner die Wege

Hölderlin: Griechenland. 3. Fassung

Hölderlin wirkt in seiner ganzen Erscheinung, in seiner kunstvollen Dichtung, seinem hohen Stil, seiner ätherischen Sprache, in seiner seelischen Empfindsamkeit und nicht zuletzt in den bildlichen Darstellungen seines Äußeren, als eine zerbrechliche Gestalt. Die frühen Zeichnungen von ihm, vor allem aber das Pastellbild des 22-Jährigen von der Hand seines Freundes Franz Hiemer, zeigen ihn als ein zartes Geschöpf von klassischer Schönheit, mit sanftem, hinwendungsvollem Blick und ebenmäßigen Zügen. Wenn nicht ein junger Gott, so doch ein göttlicher Junge. Wieder und wieder reproduziert hat es die Vorstellung, die sich Generationen von Hölderlin-Verehrern von ihm machten und bis heute machen, geprägt. Dabei hat bereits seine Schwester Rike, als sie das Hiemer-Pastell zum ersten Mal sah, feststellen müssen, dass es so gar keine Ähnlichkeit mit ihm habe. Und auch Mörike, der ihn mehrfach im Turm besuchte, war über den Abstand zwischen Portrait und Portraitiertem mehr als überrascht.

Wie vertrüge sich ein dergestalt engelhaftes Wesen auch mit den cholerischen Ausbrüchen des jungen Stiftlers, der einem Tübinger Bürger den Hut vom Kopf schlägt, weil der ihn nicht, wie es sich gebührte, gegrüßt hatte? Und woher sollte es die Kraft und die Ausdauer, die blanke physische Potenz für die ausgedehnten Fußmärsche genommen haben, die für Hölderlin bis zu seinem Rückzug in den Turm vielfach bezeugt sind? Die Antwort darauf ist einfach: das tradierte Bild ist falsch! Hölderlin war in seiner physischen Erscheinung keineswegs das zerbrechliche Geschöpf, der zarte Junge, die ätherische Gestalt, die uns immer wieder vor Augen geführt wurde.

**Portrait Hölderlins, Pastell
von Franz Karl Hiemer, 1792**
Hölderlin schenkte das Bildnis seiner Schwester Rike zu deren Hochzeit. Es hat die Vorstellung von Generationen von Hölderlin-Verehrern geprägt, obwohl es nach dem Zeugnis seiner Schwester so gar keine Ähnlichkeit mit ihm gehabt habe.

Pass Hölderlins für die Reise von Nürtingen nach Regensburg 1802
Die Eintragungen in dem amtlichen Dokument waren von Hölderlins Stiefbruder Carl Gok vorgenommen worden. Sie geben detaillierte Auskunft über die äußere Gestalt des Dichters. Hölderlin hatte demnach braune Haare, eine hohe Stirn, braune Augenbrauen und braune Augen, eine gerade Nase, rötliche Wangen, einen mittelmäßigen Mund, angelaufene Zähne, schmale Lippen, ein rundes Kinn, ein längliches Angesicht und breite Schultern. Außerdem war er etwa 1,80 Meter groß und trug zu diesem Zeitpunkt einen braunen Bart.

Von seiner Frankreich-Reise und kurz danach sind in Passdokumenten drei amtliche Personenbeschreibungen überliefert, die anstelle poetischer Überhöhungen ein paar ganz nüchterne Fakten mitteilen. Hölderlin war demnach knapp 1,80 Meter groß, ein für die damalige Zeit beträchtliches Maß. Er hatte, wie der Stiefbruder Carl Gok im September 1802 beim Herzoglichen Württembergischen Oberamt in Nürtingen eintragen ließ, braune Haare, eine hohe Stirn, braune Augenbrauen und braune Augen, eine gerade Nase, rötliche Wangen, einen mittelmäßigen Mund, schmale Lippen, ein rundes Kinn, ein längliches Angesicht, breite Schultern – und keine Gebrechen. Kurz: er war in physischer Hinsicht ein ganzer Kerl mit gehörigem Temperament und bis zum Lebensende niemals angekränkelt. Noch kurz vor seinem 60. Geburtstag beschreibt ihn sein Hauswirt Zimmer als einen »kräftigen Mann« und berichtet fünf Jahre später, er sei »noch so munter und lebhaft, als wenn er erst 30 wäre«.

Seine körperliche Statur und seine robuste Natur haben ihm denn auch erst die ausgedehnten Fußmärsche und Wanderungen erlaubt. Von früh an war er das Gehen auch über weite Strecken gewohnt. Wanderungen von Nürtingen oder Tübingen nach Stuttgart und zurück, also Distanzen von 30 bis 50 Kilometer, zählten für ihn zum Alltag. Immerhin erlaubten sie »mancherlei Gedanken«, die ihm »die offene Straße und die offene Welt eingab«.

Von seiner Tübinger Studentenzeit an bis zur fatalen Bordeaux-Reise ließ er sich, allein oder mit Freunden, immer wieder auf lange, mehrtägige Wanderungen ein. Sie wurden ihm geradewegs zu einer inneren Notwendigkeit. Von einem seiner frühesten Ausflüge ist uns aus Briefen die Ausstattung des Wanderers bekannt. Zusammen mit seinen Freunden Hiller und Memminger plant er zu Ostern 1791 eine Fußreise in die Schweiz und vermerkt:

> »Ich hab' im Sinne, 3 Hembder, 3 Schnupptücher, u. 3 paar Strümpfe (wegen dem Verreißen) mitzunemen, in einem kleinen Felleisen. Weil wir unsrer dreie ... reisen, so kann uns von einem Hauptort zum andern ein Mann, der uns die Wäsche trägt, und den Weg zeigt, nicht viel kosten. Sollte aber die Sache mir zu teuer sein, so nehm' ich das nötigste zu mir, und lasse das übrige, bis zu meiner Zurückkunft in Schaffhausen bei meinen Landsmänninen.«

Der Herr Studiosus plant also eine dreifache Wäschegarnitur mitzunehmen, sie aber nicht höchst selbst zu schleppen, sondern, so er es bezahlen kann, einem Wanderführer aufzubürden. Außerdem benötigt er für die Wanderung seinen bereits eingelaufenen Wanderstab: »meinen Dornenstok«, schreibt er an die Mutter, »hab' ich vermutlich in Nürtingen. Sollte er sich finden, so bitt' gehorsamst mir ihn zu schicken, weil er mir ein unentbehrliches Meuble ist«.

Von Tübingen aus geht der Weg wohl über Rottweil nach Schaffhausen und über Winterthur nach Zürich, wo sie den berühmten Physiognomen Lavater aufsuchen. Der findet Hölderlin auf Anhieb so faszinierend, dass er hinter dessen Eintrag im Besucherbuch *N.B.*, also *nota bene*, vermerkt. Danach ziehen sie über das Kloster Einsiedeln weiter über den Pass zum Vierwaldstättersee zu den »Heiligtümern der Freiheit« und zur »Stätte des Schwurs«, mit dem sich die Schweizer Urkantone von der österreichischen Herrschaft zu lösen trachteten. In rund zwei Wochen bewältigen die Reisegefährten gut 400 Kilometer, von einigen Besichtigungen, Besuchen und Aufenthalten unterbrochen.

Auch von seiner ersten Hauslehrerstelle in Waltershausen zieht es ihn immer wieder zu Exkursionen hinaus in die Natur: »Ich muß doch einmal wieder mich selbst und die Welt in voller Unabhängigkeit genießen.« Dabei ist er, wie er der Mutter 1794 schreibt, zu Fuß und alleine unterwegs. Und er bekennt, dass es ihm bei seinen Wanderungen keineswegs nur um Abwechslung im Alltag, etwas Ausspannen und Erholung geht, sondern dass das kräftige Gehen eine geradezu therapeutische Wirkung auf ihn ausübt:

> »Ich werde wahrscheinlich nächste Woche wieder etliche Tage verreisen. Es ist diß ser nötig für mich, weil ich in meiner Einsamkeit beinahe gezwungen bin zu immerwährender sizender Beschäftigung, und so leicht etwas Hypochondrie sich einnistet, wenn man nicht auch zuweilen wieder den Geist und den Körper lüftet.«

Hölderlin ist sich der aufmunternden Wirkung des Wanderns voll bewusst und schildert den befreienden Effekt den Freunden und Angehörigen. Im Frühjahr 1795 an die Schwester:

»Diesen Winter über hab' ich mich ziemlich müde gesessen, ich glaubte, es wäre nötig, meine Kräfte wieder ein wenig anzufrischen und es ist mir gelungen durch eine kleine Fußreise, die ich nach Halle, Dessau und Leipzig machte. Man kann sich mit etlichen Thalern und ein paar gesunden Füßen unmöglich mehr verschaffen, als ich auf dieser Reise fand … Ich machte die ganze Reise in 7 Tagen und fühle nun, daß sie mir sehr gesund und zuträglich war.«

Und an den alten Freund Neuffer aus gleichem Anlass: »Ich war zu Ende des Winters nicht ganz gesund, aus Mangel an Bewegung …, ich half mir durch einen Spaziergang.« Der Spaziergang umfasste bei der geschilderten Strecke immerhin 30 bis 40 Kilometer täglich.

Wie leicht ihm das Gehen fiel und wie gut er mit seinen Kräften hauszuhalten wusste, schildert er auch seiner Mutter im Mai 1795 angesichts des Vorhabens, zu Fuß von Jena über Nürtingen nach Frankfurt zu gehen: »Sehr beträchtlich wäre ja der Umweg nicht. Ich gienge des Tags 8 Stunden; menagirte mich, wie ichs indeß gelernt habe; die Freude des Wiedersehens wäre ja ein paar Tagesreisen werth«.

Wandern ist für Hölderlin ein Akt der Befreiung, ja ein Weg der Offenbarung, eine Möglichkeit, sich der Welt zu öffnen und die Welt als offen zu erfahren. »Komm! Ins Offene, Freund!« wird er im Herbst 1800 seine Elegie *Der Gang aufs Land*, die er dem Freund Landauer widmet, anheben lassen. Beim Wandern fühlt er, wie er dem Bruder schreibt, »den ewigen Lebensmuth, der uns, voll liebenden Vertrauens, durch alle Perioden des Daseyns oft stillmahnend, oft in seiner vollen frohen Kraft hindurchführt«.

Noch in den späten Jahren seiner Turmzeit wird für Hölderlin ein unerhörter Bewegungsdrang vermerkt. Mitten in der Nacht steht er auf, geht in den Garten und wandert stundenlang auf und ab. Das belegen auch die Schusterrechnungen, die sein Betreuer und Vermieter Ernst Zimmer dem Vormund übersendet. Obwohl Hölderlin kaum mehr sein Areal am Neckar verlässt, ist der Verschleiß seines Schuhwerks enorm.

Angesichts eines Bewegungsbedürfnisses, das derart existenzielle Züge aufweist, kann es nicht verwundern, dass die Motive des Wanderns und des Wanderers einen festen Platz in Hölderlins Dichtung einnehmen. Bereits eines seiner allerersten Gedichte, vom 15-Jährigen in Denkendorf verfasst, handelt von einem »Nächtlichen Wanderer«. Hölderlin ahmt darin in einer Art Stilprobe Schiller nach, greift einen Vers aus den Räubern auf und spinnt ihn zu einer nächtlichen Phantasmagorie aus. Später, in der Elegie *Der Wanderer,* wird ihm die Wanderschaft »ein kosmisches Erlebnis« von weltumspannendem Ausmaß:

> Einsam stand ich und sah in die Afrikanischen dürren Ebnen hinaus …

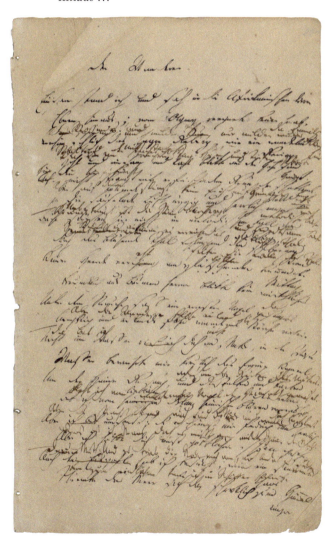

Der Wanderer.
Handschrift von Hölderlin
Die Elegie beginnt mit einem kühnen Rundblick des Wanderers über das Land: »Einsam stand ich und sah in die Afrikanischen dürren / Ebenen hinaus …«.

8 Schwarzwald

Der Stab ist mein Herr und mein Hirte

Nach Psalm 23

In Rottenburg schaue ich kurz in den Dom hinein, wo der Organist gerade übt. Dann geht es nach Horb den Neckar entlang, der gut Wasser führt, aber im Gegensatz zur Steinlach keine Plastiktüten an der Uferböschung hängen hat. An der Bronnenmühle haben die Besitzer einen kleinen Rebgarten angelegt. Der Weinbau wird mich von nun an fast die ganze Strecke bis Bordeaux begleiten.

In Obernau quere ich den Neckar. Kurz vor der Brücke steht ein altes Backhäuschen, darin ein kleiner Laden. Der allzu lieblich dekorierte Leiterwagen am Eingang verheißt nichts Gutes. Ich habe aber Durst. Also gehe ich hinein und will mir ein frisches Mineralwasser holen, denn aus dem Ort stammt der Obernauer Löwensprudel und wenig weiter fließt die Imnauer Fürstenquelle. Die Alarmsignale haben nicht getrogen. Aller vorgegaukelten Heimatverbundenheit zum Trotz haben sie hier nur die Coca-Cola-Abfüllung »Bonaqua«. Deren Bestes ist der Name – ein bloßes Leitungswasser, das schlicht mit Kohlensäure versetzt wird. Ich nehme also lieber ein Radler. Es geht mir sofort in die Beine, gibt mir später aber die dringend benötigte Energie.

Mein Weg querfeldein nach Eyach führt mich gewaltig in die Irre. Für die fünf Kilometer brauche ich glatte zwei Stunden. Das liegt daran, dass sich auf der Strecke vier Raumsysteme überlagern: Die Straßen, die ich so gut es geht meide, der Neckar, der hier mächtig mäandert und viele kleine Inseln und Ströme bildet, die mir immer wieder den Weg abschneiden, Wanderwege, die schlecht erkennbar und kaum ausgeschildert sind und schließlich ein Golfplatz, der in seinem Spielbetrieb einer eigenen Logik folgt, mir am Ende aber die Rettung bringt. Er bietet nämlich kleine Übergänge über den Neckar und dessen Kanäle und weist den Ausgang aus dem Gewirr der Wege.

An der Mühle bei Eyach erwartet mich mein Bruder Werner. Gemeinsam marschieren wir die acht Kilometer bis Horb. Es ist aber nicht mein Tag. Ich bin zu spät in die Schuhe gekomen, und jetzt brennen die Füße. Wir übernachten im *Schiff*, einem alten Traditionsgasthaus am Marktplatz. Als ich mich am nächsten Morgen nach der Herkunft des Namens erkundige, schaut mich Werner schräg an. Horb am Neckar, Fluss und Schiff – das müsste doch klar sein. Die Wirtin belehrt uns aber, dass die Namensgebung als weltliches Gegenstück zum Kirchenschiff des nahegelegenen Gotteshauses zu verstehen ist und in den Glaubenskämpfen des 17. Jahrhunderts entstanden sei.

Wir brechen zu kommoder Zeit auf. Um 9 Uhr haben wir bereits die Ottilienkapelle »gemacht«. Der Glöckner weist uns den Weg nach Freudenstadt und läutet uns hinterher. Die Wege sind, wie meist, schlecht markiert. Wir müssen mehr nach Intuition denn nach Karte gehen. Bei Glatten führen uns die Schilder im Kreis herum, bergauf, bergab. Wir beschließen direkt auf den Ort zu halten und stehen prompt – in der Hölderlinstraße. Danach verlaufen wir uns total. Wir begegnen einem Falken. Sicher ein Wanderfalke. Wir nehmen ihn als Dritten in unserem Bund auf. Ein Waldbesitzer schickt uns einen Weg lang, der direkt an die Uferböschung der Glatt führt. Da wir ungern umdrehen, hangeln wir uns über brüchige, bemooste Sandsteinplatten und an Baumwurzeln entlang. Werner fürchtet nicht zu Unrecht, dass es einen von uns erwischen könnte und wir beide glatt in der Glatt landen könnten. Die ist jetzt recht reißend. Er gibt die Parole aus: »Wenn ich reinfalle, versuche nicht, mich zu retten. Das macht es nur riskanter«. Wir erreichen trocken die rettende Wiese.

In Freudenstadt stehen die Uhren still. Am Bahnhof, wo wir uns trennen, auf halb sieben und beim Juwelier auf Clock zwei. Nur die Kuckucksuhr im *Jägerstüble* verrichtet fleißig ihren Dienst.

> Wie eng begrenzt ist unsere Tageszeit.
> Du warst und sahst und stauntest, schon Abend ists,
> Nun schlafe, wo unendlich ferne
> Ziehen vorüber der Völker Jahre.
>
> **Rousseau**

Handschrift Hölderlins des Gedichtes *Ihr sichergebaueten Alpen* mit den Versen
»Und ihr sanftblickenden Berge,
Wo über buschigem Abhang
Der Schwarzwald saust,
Und Wohlgerüche die Locke
Der Tannen herabgießt«.

Von Freudenstadt aus geht es über den Schwarzwald nach Straßburg. Der Passweg über den Kniebis verband Altwürttemberg mit den württembergischen Besitzungen im Elsass und in Mömpelgard. Hier sind im Dreißigjährigen Krieg die Schwaben, die Franzosen und die Kaiserlichen durchgezogen, und später hat auch Napoleon seine Truppen an dieser Stelle über den Schwarzwald geführt. Der Weg ist noch immer durch sogenannte Geleise, behauene Sandsteinplatten in einem Bett, markiert. Hier musste auch Hölderlin Mitte Dezember 1801 passieren. Einer der wenigen Punkte auf meiner langen Strecke, die für ihn als gesichert gelten können.

Auf der Alexanderhöhe mit knapp tausend Höhenmetern stapfe ich durch tiefen Schnee. Ein Vorgeschmack auf die Auvergne. Jeder Schritt kostet unendlich viel Kraft. Ich komme nur ganz langsam vorwärts. Immer wieder stoße ich an Tannenzweige und leise rieselt der Schnee. Alles ist verdammt weiß. Ich fühle mich erstmals einsam und ausgeliefert. Das Schöne ist nur des Schrecklichen Anfang.

Oben auf der Schanze steht der nächste Dreifürstenstein, diesmal von den Württembergern, denen von Fürstenberg und dem Bischof von Straßburg. Es ist bitterkalt, neblig und unwirtlich. Ich mache Tempo, wage nicht anzuhalten, um die Handschuhe aus dem Rucksack zu holen. In einem Weiler namens *Zuflucht* hoffe ich unterzukommen. Die Bezeichnung ist passend. Die Jugendherberge, die hier eingezeichnet ist, wurde jedoch längst geschlossen, und das Gasthaus macht auch einen gottverlassenen Eindruck. Also ziehe ich weiter.

Von der Alexanderschanze abwärts muss ich an der Bundesstraße entlanggehen. Die Autos und Lastwagen halten direkt auf mich zu. Sie machen keine Anstalten, auszuweichen. Da verschafft mir mein Wanderstab wieder Rettung. Ich halte ihn etwas raus, und schon machen die Wagenlenker einen hübschen Bogen um mich. Sie haben offensichtlich Angst, sie würden sich einen Kratzer in ihrem fein polierten Lack holen. Ich teste das Verfahren. Mal lasse ich den Stab drin – keine Reaktion, mal strecke ich ihn raus und – hopp – springen sie über mein Stöckchen. Plötzlich kippt die Temperatur und die ganze Atmosphäre wandelt sich. Der Himmel reißt auf. Es wird sonnig und warm.

> Und ihr sanftblickenden Berge,
> Wo über buschigem Abhang
> Der Schwarzwald saust,
> Und Wohlgerüche die Locke
> Der Tannen herabgießt
>
> **Ihr sichergebaueten Alpen**

Der Schwarzwald zeigt sich von der prächtigsten Seite. Das Licht kommt flach herein und modelliert die Landschaft. Der Blick geht über Wellen von Hügeln und Tälern hinweg. An jedem Brunnen, an dem ich vorbeikomme,

Oppenau um 1800
Hölderlin hat bei seinem Weg durch den Schwarzwald sehr wahrscheinlich die historische Route über den Kniebis genommen und dürfte dann über Oppenau nach Straßburg gelangt sein.

nehme ich einen Schluck. Den Göttern und meinem Freund Giuseppe zu Ehren. Er kann an keiner Quelle vorbeigehen, und seien es fünf auf zehn Meter, ohne einen Schluck Wasser zu trinken.

Gegen Abend beginne ich Selbstgespräche zu führen. Nach sieben Stunden durch Schnee und Eis, über Stock und Stein tun mir die Füße mächtig weh. Es ist nicht das Herz, es ist nicht die Lunge, und es sind auch nicht die Muskeln, die Grenzen setzen, es sind die Füße. Auf der filigranen Architektur des Mittelfußes, einem Brückenbogen gleich, baut sich der ganze aufrechte Gang auf. Auf ihm lastet das volle Körpergewicht und der schwere Rucksack dazu. Nach einer bestimmten Strecke sind die Füße einfach platt.

> In jüngern Tagen war ich des Morgens froh,
> Des Abends weint' ich; jetzt da ich älter bin,
> Beginn ich zweifelnd meinen Tag, doch
> Heilig und heiter ist mir sein Ende.
>
> **Ehmals und jetzt**

Die Wirtin im Gasthaus *Rebstock* in Oppenau ist eine vife Geschäftsfrau. Sie mustert mich kurz in meinem landstreicherischen Habit, schaltet dann aber schnell und denkt vermutlich an die 45 Euro, die ich für das Zimmer bringe. Sie heißt Eugenie. Ich weiß das, weil die Namen des Wirtes und seiner vier Kinder beim letzten Umbau der Gaststube in eine Stütze gehauen wurden und ich sie fragte, ob sie da auch genannt sei. Zwei ältere Brüder haben wohl das Weite gesucht, einer, weil er eine Stauballergie bekam und deshalb die Bäckerei, die zum Wirtshaus gehört, nicht weiterführen konnte. Sie hat jedenfalls ausreichend Temperament und Energie, um das Gasthaus zu führen, zusammen mit ihrem Mann, der aus dem Elsass stammt. Zum Abschied wird sie mir ein Fläschchen Topinamburschnaps auf den Weg mitgeben.

Bei Wein und Schnaps wird hier die deutsch-französische Freundschaft gepflegt. Am Nachbartisch sitzen zwei französische Ehepaare. Sie machen das ganze Programm: Großes Menu, Café und Williams. Die Lust am Essen ist ihnen anzumerken, und offensichtlich können sie ihr auf dieser Seite der Grenze mindestens genauso gut frönen wie auf ihrer. Drollig dabei ist ihr permanentes Wechseln vom Französischen ins Deutsche und das oft mitten im Satz. Ich greife die franko-allemannische Symbiose auf und entscheide mich auf der Tageskarte für Jakobsmuscheln und badischen Rehrücken. So einfach war das Einhalten der Wanderregeln nie.

> Die Linien des Lebens sind verschieden
> Wie Wege sind, und wie der Berge Grenzen.
> Was hier wir sind, kann dort ein Gott ergänzen
> Mit Harmonien und ewigem Lohn und Frieden.
>
> **An Zimmern**

In Lauterwasser hat ein aufrechter Badener die badische Fahne gehisst. Damit steht es eins zu eins zwischen Baden und Württemberg, und das sensible Gleichgewicht unter den beiden Landesteilen ist wieder hergestellt.

Der Bahnhof von Appenweier ist genauso unselig wie der ganze Ort. Hier sind die Telefonzellen noch postgelb. Sie wurden von der Telekom offensichtlich vergessen. Auch kein Briefkasten findet sich weit und breit. So muss die tägliche Postkarte von einer anderen Anschlussstelle losgeschickt werden.

**Brief Zimmers an die Mutter Hölderlins,
in dem er das in der Turmzeit entstandene
Gedicht *An Zimmern* mitteilt:**
»Die Linien des Lebens sind verschieden,
Wie Wege sind und wie der Berge Grenzen.
Was hier wir sind, kann dort ein Gott ergänzen
Mit Harmonien und ewigem Lohn und Frieden.«

Bei den Gleisen treffe ich einen lonesome Cowboy. Er ist hager und erkennbar Alkoholiker, aber kein Penner. Er scheint froh, an diesem sonnigen, doch eiskalten Morgen jemanden zu sehen. Er will mir nachgehen, kommt aber nicht mit und ruft mir nach:

»Ich komm nicht weg von der Zigarett'. Ich will auch gar nicht wegkommen. Wir sind immer zu zweit, meine Zigarett' und ich. Sie holt mich immer ein, bei Tag und bei Nacht. Ich komm nicht weg von ihr, weil ich nicht wegkommen will.«

Ich bin heute auch wieder zu zweit unterwegs. Weil die Sonne so prächtig scheint, werde ich von meinem Schatten begleitet. Zumeist geht er ein wenig voraus, manchmal sind wir auf gleicher Höhe, niemals aber hinkt er nach, schließlich gehe ich nach Westen, da gibt es im Winter kaum Gegensonne.

Über die alte Poststation Sand erreiche ich Kork und wechsle bei Neumühl auf die andere Seite der Kinzig. Um 1800 war sie noch nicht reguliert und schlängelte gemächlich dem Rhein zu. Auf dem jüngst geschaffenen Deich verläuft ein bequemer Wanderweg. Von dort kann ich bereits das Straßburger Münster sehen. Gegen 14 Uhr erreiche ich in Kehl den Vater Rhein. Ich hinke Hölderlin einen Tag hinterher. Am Morgen hatte ich noch sein Gedicht auf den Rhein gelesen – eine Hymne an die Freiheit, die Freiheit »des freigeborenen Rheins«, die Freiheit der Schweizer Eidgenossen, die Freiheit der Französischen Revolution, die Freiheit der Dichter.

> Wo aber ist einer,
> Um frei zu bleiben
> Sein Leben lang, und des Herzens Wunsch
> Allein zu erfüllen, so
> Aus günstigen Höhn, wie der Rhein,
> Und so aus heiligem Schoße
> Glücklich geboren, wie jener?
>
> **Der Rhein**

Zum ersten Mal war Hölderlin bereits im Juni 1788 an den Rhein gekommen, auf einer Reise mit dem Markgröninger Amtschreiber Johann Friedrich Blum, als der sich daran machte, Hölderlins Cousine Ernestine Friederike Volmar zu ehelichen. Der 18-Jährige hat über diese erste größere Reise, die er auf einem Mietpferd unternahm, Tagebuch geführt. Er ist ganz ergriffen vom Blick auf die Landschaft und auf das Treiben im Hafen von Speyer:

> »Ich glaubte neugebohren zu werden über dem Anblik, der sich mir darstellte. Meine Gefühle erweiterten sich, mein Herz schlug mächtiger, mein Geist flog ins unabsehliche – mein Auge staunte – ich wußte gar nimmer was ich sah, und da stand ich – wie eine Bildsäule … – ich gieng gerührt nach Haus, und dankte Gott, daß ich empfinden konnte, wo tausende gleichgültig vorübereilen, weil sie entweder den Gegenstand gewohnt, oder Herz wie Schmeer, haben.«

Ich quere den Rhein über eine elegante Fußgängerbrücke, die Passerelle. Der Gang darüber ist angenehm und schön, aber ohne große Emotion. Gen Süden schau ich einem Rheinschiff nach, gen Norden verbauen Stahlverstrebungen den Blick auf die Stadt. Noch auf der Brücke empfängt mich ein gewaltiger Kanonenschlag. In den Vorstädten Frankreichs haben wieder die Auseinandersetzungen zwischen den Hoffnungslosen, zumeist Jugendlichen mit *Migrationshintergrund*, und den Repräsentanten des Staates, zumeist armen Polizisten, begonnen. Auch in Straßburg wirkt die Szenerie angespannt. Wahrscheinlich sind es nur ein paar vorweggenommene Silvesterböller, doch die Knallerei in den Außenbezirken verschreckt gehörig. Der Weg in die Innenstadt an der großen Mälzerei der Vereinigten elsässischen Brauereien vorbei ist trostlos: aufgegebene alte Fabrikanlagen, wüste Brachflächen und ein abgebranntes, ehemals nobles Eckhaus, an dem ein Weihnachtsmann wie aufgeknöpft herunterhängt.

Ich melde mich bei Andreas und Kerstin, den Freunden aus alten Zeiten, und kündige meine Ankunft in einer guten Stunde an.

9 Straßburg

Der Rhein vereint alles.

Victor Hugo

Am 15. Dezember 1801 erreichte Hölderlin den Rhein bei Kehl. Nun stand sein Übertritt nach Frankreich an. Auch wenn es Reisende gerade im Südwesten Deutschlands angesichts des in unzählige Fürstentümer, Ritterschaften, Reichsstädte und geistliche Herrschaften gespaltenen alten Reiches gewohnt waren, täglich mehrmals Grenzen zu passieren, bedeutete der Übergang über den Rhein doch etwas gänzlich anderes.

Das hatte 30 Jahre zuvor, noch im Ancien Regime, die unglückselige Österreicherin Marie-Antoinette am eigenen Leib erfahren können, als sie im Frühjahr 1770 ihrem versprochenen Gemahl, dem französischen Thronfolger und späteren König Ludwig XVI., zugeführt wurde. Der Brautzug der Habsburgerin von Wien nach Paris war schon an sich eine einzige Inszenierung. Über drei Wochen lang zog sie mit 234 Begleitern und 57 Kutschen, fast alle mit sechs Pferden bespannt, durch die Lande. Jede Stunde dieser Reise war genauestens geplant, für jeden Teil der Strecke waren Untertanen zur Huldigung bestellt, für jede Station detaillierte Speisepläne ausgearbeitet – mit Wagenladungen von Rindfleisch und allen Köstlichkeiten, die sich irgendwie herbeischaffen ließen: Karpfen, Garnelen und Kalbsbries, Tauben, Rehen und Fasanen, Spargel, Artischocken und Pomeranzen, nicht zu vergessen »5 Pfund fein Caffé« für die Hoheiten und »3 Pfund ordinari«, also nicht ganz so feinen, für die Begleitung. In Straßburg aber sollte die Reise ihren symbolischen Höhepunkt erleben. Der Übergang über den Rhein geriet dabei zu einem höchst subtil ausgedachten *rite de passage*. Um zu demonstrieren, dass sie ihr altes Leben gleichsam wie alte Kleider abzulegen hatte und von nun an eine neue Epoche in neuer Ausstattung und neuer Etikette auf sie zukam, wurde auf einer Insel mitten im Rhein ein Pavillon errichtet, ausgestattet mit wertvollen Teppichen und kostbarem Mobiliar. Bis hierher hatte die Prinzessin den Namen Maria

Antonia getragen. Ihn legte sie nun ebenso ab wie ihren gesamten Habit, so dass sie für einen Moment nackt vor ihrem Hofstaat stand. Dann wurde sie mit französischem Tuch, französischer Spitze, französischen Strümpfen und Schuhen neu eingekleidet und der neuen, französischen Oberhofmeisterin übergeben. Indem die Österreicherin das Portal auf die französische Seite hin durchschritt, wurde sie symbolisch zur Französin und trug fortan den Namen Marie-Antoinette.

Hölderlins Einzug in Straßburg war weniger spektakulär. Seit Marie-Antoinettes Zeiten hatte sich auch viel verändert. Aus dem feudalen Königreich Frankreich war eine moderne Nation geworden – *une et indivisible.* Zu ihr gehörte eine ausgebaute, hoch zentralistisch organisierte Bürokratie, die in Fragen der öffentlichen Sicherheit und Ordnung Züge eines Polizeistaates aufwies. Hölderlins erstes Anliegen musste deshalb sein, sich einen ordentlichen Pass zu besorgen, der ihm überhaupt erst erlaubte, sein Reiseziel Bordeaux anzusteuern. Das erwies sich schwieriger als erwartet. Wie er seiner »theuren Mutter« schrieb, war er »genöthiget, länger, als ich vermuthete in Straßburg zu bleiben, wegen meines Reisepasses«. Er erhielt ihn erst zum Monatsende, am 30. Dezember 1801, so dass er volle zwei Wochen Zeit hatte, sich in Straßburg umzuschauen.

Mit dem Übertritt nach Frankreich verließ Hölderlin seinen angestammten, seinen geliebten Sprachraum, in dem er sich zuhause fühlte, zuhause fühlen konnte wie nirgendwo sonst. Wie aber stand es um seine französischen Sprachkenntnisse? Beherrschte er Französisch ebenso gut wie Griechisch und Latein? Die Mitteilungen darüber sind widersprüchlich. In seiner Maulbronner Zeit hatte er jedenfalls Unterricht in Französisch, brachte es aber nicht allzu weit. Sein Zeugnis vom August 1788 vermerkt: »Französ: mittelmäsig«, so wie sonst nur noch in Mathematik. In den alten Sprachen glänzte er hingegen mit »recht gut« und »ganz gut«. Ein »vorzüglich« aber erreichte er nur in Poesie. Immerhin das haben seine Professores früh erkannt und ihn deshalb auch gerne mit Huldigungsgedichten zu des Herzogs Geburtstag beauftragt.

Als ihm Schiller später seine erste Hofmeisterstelle besorgte, versicherte er der Dienstherrin Charlotte von Kalb, Hölderlin könne auch recht gut Französisch. Ganz im Gegensatz zum neu erwachenden deutschsprachlichen Bewusstsein der intellektuell-bürgerlichen Zirkel hatte das Französi-

Ansichten von Straßburg
Die Stadt in der Ansicht von
Matthäus Merian, 1644.

Das Quai St. Nicolas
in der Ansicht von
Jean Hans, um 1800.

sche in adligen Kreisen noch immer seine besondere Bedeutung und musste daher den Zöglingen entsprechend anerzogen werden. Und dafür waren die Hauslehrer verantwortlich. Das zeigt sich noch einmal bei einer weiteren Bewerbung im Jahr 1793. Diesmal setzt sich sein Freund Sinclair für Hölderlin ein und auch er bestätigt die erforderlichen Sprachkenntnisse: »Dann aber habe ich an den Magister Hölderlin gedacht der wie man mir versichert hat gut französisch kann«.

Als Hölderlin bei den Gontards in Frankfurt seine zweite Stelle als Hofmeister bezog, trat er in einen durch und durch französisch geprägten Kosmos ein. Die ganze Verwandtschaft war hugenottischer Herkunft. Die verschiedenen Zweige der Familie waren aus religiösen Gründen nach der Aufhebung des Ediktes von Nantes im Jahre 1685 aus Grenoble und Metz und Nîmes nach Deutschland geflohen. Sie waren alle erfolgreiche Kaufleute und Bankiers geworden und hatten zumeist untereinander geheiratet. So auch Hölderlins Dienstherren, Jacob und Susette Gontard, deren Großmütter Geschwister waren. Wie sehr die *Refugiés* auch in Frankfurt auf ihre französische Herkunft und ihren französischen Stil bedacht waren, zeigt eine Äußerung der Schriftstellerin Germaine de Staël. Sie bemerkte nach einem Besuch der Stadt am Main, in Frankfurt esse man vorzüglich, spreche allgemein französisch und alle Welt heiße Gontard.

Wie gut auch immer Hölderlin tatsächlich parlieren konnte, den Umgang mit einer ihm zunächst durchaus fremden Sprache traute er, der Sprachgewaltige, sich durchaus zu: »… man kann sich ja gesprächsweise mit einer Sprache so ziemlich familiarisieren. Das würde wohl zuerst mit der französischen der Fall seyn«.

Kein Land, kein literarisches Werk außer dem griechischen hat ihn zudem mehr beschäftigt und mehr bewegt als das französische. War Griechenland seine »erste Liebe und ich weiß nicht ob ich sagen soll, es werde meine letzte sein«, so war es danach und dazwischen Frankreich, das ihn zu mehr als einer harmlosen Liebesaffäre hinriss. Diente Griechenland als Projektionsfläche idealischer Vorstellungen, so war Frankreich für ihn der Testfall realer Politik. In Paris und den von Frankreich beherrschten Ländern und Regionen musste sich zeigen, ob die Entwürfe der Aufklärung und die hoffnungsvollen, wenn auch blutigen Aufbrüche der Französischen Revolution sich erfüllen würden. Es ist Rousseau, den Hölderlin in sich aufgenommen hat. Dessen Briefroman *Julie, ou la nouvelle Héloïse* war ihm im Original vertraut und hat seinen *Hyperion* stark beeinflusst. Und es ist Napoleon Bonaparte, den er zumindest anfangs als Helden und Retter begrüßt. Beiden widmet er Gedichte. Über *Buonaparte*, der die »heiligen Gefäße« der Dichter sprenge, schreibt er:

> Er kann im Gedichte nicht leben und bleiben,
> Er lebt und bleibt in der Welt.
>
> **Buonaparte**

Tatsächlich hat es Hölderlin nun mit dem höchst weltlichen Napoleon zu tun, dem Machtpolitiker und Welteroberer, der sich gerade anschickt, als Konsul auf Lebenszeit vom Volk bestätigt zu werden, um sich bald darauf auch noch zum Kaiser zu krönen. Da ist Hölderlin bereits in sein Vaterland zurückgekehrt, hat sich enttäuscht von ihm abgewendet und sich wieder den Übersetzungen aus dem Griechischen gewidmet. Jetzt aber geht es darum, die einfachsten Genehmigungen für eine Reise durch Frankreich erteilt zu bekommen. Das zieht sich aber hin.

Ich begebe mich in die *Archives départementales* du Bas-Rhin. Noch habe ich nämlich keine Ahnung, welchen Weg Hölderlin genommen haben könnte und welchem ich folgen soll. Fast zwei Jahrhunderte lang bestand die Übereinkunft, dass er seine Winterreise zu Fuß zurückgelegt hat. Seine Erfahrungen und seine Lust am Wandern sprachen dafür und auch einige Zeilen aus seinen Briefen. Hölderlins Winterwanderung wurde so legendär, dass sie in Amerika mit dem Dichter fast gleichgesetzt wurde: Hölderlin – »the man who walked to Bordeaux.« Selbst Paul Auster, der amerikanische Romancier, schloss die Bedeutung Hölderlins für sein eigenes Schaffen mit der Winterreise kurz. Bei ihm dehnte sich »jene geheimnisvolle ... einsame Fußreise« sogar auf volle drei Monate aus. Die Gefahren der Wanderung durch das »Massiv Central, die Finger fest um den Griff der Pistole in seiner Tasche geschlossen«, wurde für Auster zum Initiationserlebnis des (simulierten) Wahnsinns und die Gegenposition zur Sicherheit, die in der Folge das Zimmer im Tübinger Turm Hölderlin – und mit ihm alle einsamen Schreibstuben allen einsamen Dichtern – zu geben vermochte.

Damit befindet sich Auster in der Spur Pierre Bertaux', des ingeniösen französischen Germanisten, der die Hölderlin-Forschung mehrfach aufgemischt, den Dichter zunächst zum revolutionären Jakobiner und später dann zum edlen Simulanten ausgerufen hat. Bertaux war es freilich auch, der erstmals die Fahrpläne der Postkutschen mit den Reisezeiten Hölderlins verglichen hatte und herausfand, dass er bei seiner Winterreise genauso gut, ja sehr wahrscheinlich die Kutsche hat nehmen können. Bertaux diente für seine Annahme freilich ein Fahrplan aus dem Carlsruher Post-Calender von 1832, also aus einem Abstand von 30 Jahren, in denen Frankreich sechsmal die Staats- oder Regierungsform gewechselt und sich auch administrativ viel verändert hatte. In seiner Grundüberlegung aber hatte Bertaux recht.

Nun suche ich frühere Quellen und will darüber hinaus prüfen, ob nicht auch das Gegenargument stimmt: Wenn es heute möglich ist, die Strecke von Nürtingen nach Bordeaux auf *dem* Weg und in *der* Zeit, die Hölderlin zur Verfügung stand, zu Fuß zurückzulegen, könnte dann nicht auch er sie doch gewandert sein? Zwei Teilstrecken, da besteht weitgehend Einigkeit, hat er gewiss zu Fuß zurückgelegt: von Stuttgart nach Straßburg, denn hier wäre der Postweg umständlicher gewesen, und die letzten Tage vor der Ankunft in Bordeaux, wie er dies ausdrücklich noch am Tag der Ankunft der Mutter mitteilte.

Im Archiv in Straßburg stoße ich bei der Durchsicht der Karten und Atlanten auf einen Europäischen Reiseatlas, den *Atlas Portatif et Itinéraire de l'Europe*, erschienen 1807 in Paris bei Hyacinthe Langlois, Librairie, rue de Seine Nr. 6, mit fünf großen illustrierten Karten von 1806. Auf der Karte für Frankreich sind alle Routen und Stationen zwischen Straßburg, Lyon – und vor allem über die Auvergne bis Bordeaux – genauestens angegeben. Damit habe ich endlich einen verlässlichen historischen Streckenverlauf, der die bisherigen Vermutungen bestätigt und präzisiert. Zusätzlich studiere ich den *Almanach du Bas Rhin* der Revolutionsjahre 7, 8 und 9, also der Perioden 1799 bis 1801. Darin sind die Poststationen in Straßburg, die Wetterverhältnisse und alle besonderen Ereignisse vor Ort notiert. Leider fehlt ausgerechnet der Almanach für das Jahr 10, in das der Aufenthalt Hölderlins fällt. Er liegt auch in der Straßburger Nationalbibliothek nicht vor, vermutlich ist er überhaupt nicht erschienen.

Die Frage, die sich mir stellt: Was hat Hölderlin in den zwei Wochen seines Straßburgaufenthaltes erlebt, wen könnte er getroffen haben,

Carl Philipp Conz (1762–1827), Gouache, um 1800
Conz war während Hölderlins Studienzeit in Tübingen Repetent im Stift. Er war ein erklärter Revolutionsanhänger und unterhielt gute und direkte Beziehungen zu seinem Studienfreund Karl Friedrich Reinhard, der ihm direkt vom Revolutionsgeschehen in Frankreich berichtete. Als Griechen-Verehrer hatte Conz, der 1804 in Tübingen Professor für klassische Literatur wurde, einigen Einfluss auf den jungen Hölderlin und blieb ihm zeitlebens verbunden.

was hat ihn beschäftigt? Die Stadt, das ist keine Frage, bot ihm reichlich Reize und Bezugspunkte. Literarisch im Reflex auf den jungen Goethe und den unglücklichen Lenz, politisch und gesellschaftlich durch ihre besondere Position zwischen Deutschland und Frankreich und biographisch durch die Kommilitonen und frühen Freunde, die nach dem Beginn der Französischen Revolution ihr Heil in Straßburg gesucht hatten.

Einer der ersten, der ein Hoch auf Straßburg als Hort der Freiheit ausgebracht hatte, war der Tübinger Stiftsrepetent Carl Philipp Conz gewesen. Hölderlin war ihm sehr verbunden gewesen und hatte seinen 1792 erschienenen Gedichtband auch sogleich subskribiert. Er dürfte sich daher an die Verse darin erinnert haben, in denen Conz das Konstitutionsfest besang, wie es nach der Annahme der neuen Verfassung durch Ludwig XVI. in Straßburg gefeiert wurde:

> Wo Vater Rhein …
> Herniederlacht auf neue Frankenhütten.
> Wo Straßburgs Zinnen auf beglükter Flur
> Sich zu den Wolken freudig jezt erheben,
> Umarmt von holder üppiger Natur,
> Und rings umlärmt von neuem Freiheitsleben.
> Da weilet heute mein entzückter Geist …
>
> Carl Philipp Conz:
> **Das Konstitutionsfest der Franken. An Straßburg**

Erstdruck der Gedichtsammlung von Carl Philipp Conz aus dem Jahr 1792 mit dem Hinweis auf die Herren Magister Hegel und Magister Hölderlin als Subskribenten des Bandes. Der Band enthielt in einem Teil der Auflage das Gedicht *Das Konstitutionsfest der Franken. An Straßburg*, in dem Conz die neue französische Verfassung feiert.

Straßburg war auch nach der kriegerischen Annexion durch Ludwig XIV. im Jahr 1681 für die Deutschen ein Ort von besonderer Attraktivität geblieben. Zwar politisch mit Frankreich vereint, blieb die Stadt durch den Verzicht auf Zollschranken wirtschaftlich stark mit dem deutschen Reich verbunden. Mit ihren knapp 50.000 Einwohnern war sie um 1790 sogar deutlich größer als die drei größten württembergischen Städte Stuttgart, Ludwigsburg und Tübingen zusammengenommen. Auch die protestantische Universität verfügte über einen ausgezeichneten Ruf und zog zahlreiche Studenten vor allem aus dem süddeutschen Raum an. Allein in den Jahren 1781 bis 1790 können 60 immatrikulierte Württemberger und 81 Badener an der Straßburger Universität namhaft gemacht werden.

Für die deutschen Revolutionsanhänger, darunter eine stattliche Anzahl von Schülern und Lehrern der Hohen Karlsschule in Stuttgart wie den Maler Joseph Anton Koch und den Publizisten Christoph Friedrich Cotta, Bruder des berühmten Verlegers, war Straßburg nach 1789 zum naheliegenden Flucht- und Ankerpunkt geworden. Hier waren sie außerhalb des Machtbereichs der sich absolutistisch gebärdenden deutschen Fürsten und zugleich gut angeschlossen an die innerfranzösischen Informationskanäle, die über den Verlauf der Revolution Auskunft gaben. Auch Christian Friedrich Daniel Schubart, Herausgeber und Verfasser der *Deutschen Chronik*, der seine Unbotmäßigkeit gegenüber dem württembergischen Herzog Carl Eugen mit zehn Jahren Haft bezahlen musste, bediente sich für seine regelmäßige Berichterstattung über Frankreich und die Revolution eines Straßburger Korrespondenten. In deren Verlauf fanden sich nach und nach immer mehr deutsche Publizisten in Straßburg ein und machten die Stadt zu einem propagandistischen Brückenkopf der Revolution.

Zu deren ergebensten Enthusiasten in Schwaben gehörte Georg Kerner, der ältere Bruder des Arztes und Dichters Justinus Kerner. Er hatte mit seinen Kommilitonen an der Karlsschule bereits 1790 den Jahrestag des Sturms auf die Bastille gefeiert und war im selben Jahr zweimal nach Straßburg ausgerissen, um sich persönlich über den Fortgang der Revolution zu informieren. 1791 ließ er sich dauerhaft dort nieder, wurde bald darauf Nationalgardist in Paris, danach Agent für die französische Republik in der Schweiz, dann Diplomat in französischen Diensten in Hamburg, Florenz und Bern, zwischendurch Soldat der republikanischen Armee in der Batavischen und Cisalpinischen Republik, um sich schließlich als Beauftragter Bremens und Lübecks ein letztes Mal in diplomatischer Mission für eine gerechte Politik der Französischen Republik zu engagieren.

Georg Kerner darf wohl zurecht als einer der bedeutendsten deutschen Freiheitsfreunde um 1800 angesehen werden. Das Besondere an ihm: dass er nicht nur als Publizist und Rhetor für die Revolution warb, sondern sich handelnd, mit Leib und Leben, für sie einsetzte. Ihm hätte, so der Bruder Justinus im Rückblick, sehr leicht das gleiche Schicksal widerfahren können wie seinen Freunden Adam Lux in Mainz und dem Straßburger Bürgermeister Dietrich. Beide endeten auf dem Schafott – Lux vor allem deswegen, weil er sich »als mutiger Verteidiger der heldenmütigen Charlotte Corday« von dem »Terrorismus eines Marat und anderer Volkstyrannen« abgewandt habe.

Als Hölderlin nach Straßburg kam, hatte Kerner die Stadt gerade mal wieder passiert und sich, enttäuscht von Napoleon, in dem er einen Verräter der Revolution sah, nach Hamburg begeben, um fortan als Arzt seine Ideale von Freiheit, Gleichheit und vor allem Brüderlichkeit zu verwirklichen. Das gelang ihm höchst wirkungsvoll, indem er sich für die Pockenschutzimpfung einsetzte, als Armenarzt arbeitete und schließlich noch die ärztliche Verantwortung im Zuchthaus und in der Entbindungsanstalt übernahm – bis er sich bei einem Kranken selbst infizierte und ihn 1812 der Typhus dahinraffte. Hölderlin dürfte über Kerners Lebensweg durch seinen Stiftsgenossen Schelling, der mehrfach mit Kerner korrespondierte, und durch seine Schwester Rike informiert gewesen sein. Die hatte sich in den frühen 1790er Jahren mit Kerners Verlobter Auguste Breyer angefreundet. Zur Ehe ist es freilich nie gekommen, da Kerner sich nicht vorstellen konnte, wieder in Württemberg zu leben und sie nicht außerhalb. Für ihn kam zum Leben nur ein Ort in Frage,

>»wo ich freiere Luft atmen, wo ich meiner Gattin keinen Sklaven, sondern die Hand eines freien Mannes reichen kann, wo ich in meinem Kinde keinen geborenen Knecht, sondern einen freien Bürger erblicken darf; wo nicht der Rock, den ich trage und der Titel, den ich führe, sondern meine Eigenschaften den Platz bestimmen, den ich in der Gesellschaft einnehme.«

Am bittersten dürfte für Hölderlin bei seinem Aufenthalt in Straßburg wohl die Erinnerung an seinen frühen Förderer Gotthold Friedrich Stäudlin gewesen sein. Er hatte in seinem *Musenalmanach fürs Jahr 1792* die ersten Gedichte von ihm veröffentlicht und ihnen in seiner *Poetischen Blumenlese fürs Jahr 1793* noch weitere folgen lassen. Stäudlin kann daher als der eigentliche Entdecker Hölderlins gelten. Er war es auch, der Schiller in einem langen Schreiben gebeten hatte, dem »gewiß nicht wenig versprechenden Hymnendichter« eine Stelle als Hauslehrer bei Charlotte von Kalb zu verschaffen.

Stäudlin, dessen Schwester mit Christian Ludwig Neuffer, einem der engsten Freunde Hölderlins, verlobt war, hatte bereits als Gymnasiast erste Gedichte veröffentlicht, war von Schubart gar »als das beste dichterische Genie im Württembergischen« gelobt worden und hat nach dessen

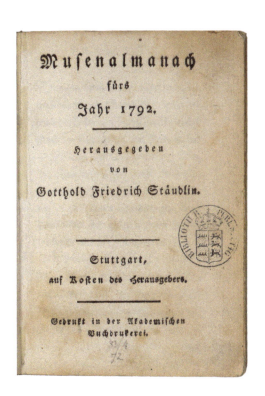

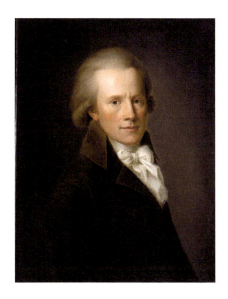

**Gotthold Friedrich Stäudlin
(1758–1796), Ölbild von
Philipp Friedrich Hetsch**
Stäudlin, der »Oberpriester der
schwäbischen Musen« und einer der
eifrigsten Förderer junger Dichter in
Württemberg, kann als der eigentliche Entdecker Hölderlins gelten. Er
hat 1791 als erster Gedichte von ihm
veröffentlicht und ihn 1793 auch mit
Friedrich Schiller bekannt gemacht.

**Stäudlins Musenalmanach
fürs Jahr 1792**
Hierin konnte Hölderlin seine ersten
vier Gedichte veröffentlichen.

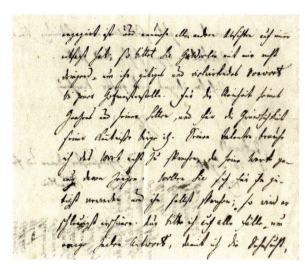

**Brief von Gotthold Friedrich
Stäudlin an Friedrich Schiller
vom 20. September 1793 mit der
Empfehlung Hölderlins für eine
Hofmeisterstelle:**
»... so bittet Sie Hölderlin mit mir
recht dringend um ihr gütiges und
vielwirkendes Vorwort bei jener Hofmeisterstelle. Für die Reinheit seines
Herzens und seiner Sitten, und für die
Gründlichkeit seiner Kenntnisse bürge ich. Seinen Talenten brauche ich
das Wort nicht zu sprechen, da seine
Werke genug davon zeugen ...«.

Tod bis zu ihrem endgültigen Verbot die *Deutsche Chronik* fortgeführt. In die Literaturgeschichte eingegangen ist er indes vor allem durch eine öffentliche Fehde mit dem jungen Schiller. Der sah seine eigene Sammlung zeitgenössischer Gedichte, die *Anthologie auf das Jahr 1782*, durch den Konkurrenten bedroht und überzog ihn daher mit einer beißenden und, wie er es gerne machte, anonym veröffentlichten Kritik. Schiller ließ kaum ein gutes Haar an der Publikation, er kritisierte die gesamte Anlage des Bandes. Nur ganz wenige Gedichte ringt er sich durch, lobend zu erwähnen – darunter eines, das von ihm selbst stammte!

Stäudlin hat die Attacken überlebt, seinen Nimbus aber verloren. Er blieb ein eifriger Netzwerker der Literatur, publizierte viel – seine gesammelten Gedichte werden 1788 auch von Susette Gontard subskribiert – und lebte ständig über seine Verhältnisse. In seinem aus finanzieller Bedrängnis gespeisten Schmieden von Plänen, die regelmäßig scheiterten, ähnelt er ein wenig seinem früheren Schützling. Sein Ende war freilich ungleich tragischer. Vor Gläubigern aus Stuttgart geflohen, ertränkte er sich 1796 in der Ill in Straßburg.

Die Schicksale von Stäudlin und Hölderlin werden in einem Brief, den der alte Freund Magenau kurz nach Stäudlins Selbstmord im November 1796 an Neuffer schrieb, fast schon seherisch miteinander verwoben:

> »Hölderlin habe ich voriges Jahr bei meinen Eltern gesprochen, gesehen wollte ich sagen, denn er konnte nicht mehr sprechen, er war abgestorben allem Mitgefühl mit seines Gleichen, ein lebender Todter! … Ach! Über den unglüklichen Gotthold habe ich mich mit tiefster Wehmut wundern müssen. Freut' ich mich doch über seine Ankündigung der neuen Gedichte …, und izt den Rhein zum Grab wählen –. Es ist ein Jammer / Tod für ein solches Genie, aber daraus lernen wir die Wahrheit, quisque fortunae suae faber cfl.«

Jeder ist seines Glückes Schmied – und auch seines Unglückes. Der Brief erinnert nicht nur wehmütig an denjenigen, der Hölderlins Genie als erster erkannt hat, er gibt auch das erste Zeugnis für die abgrundtiefe seelische Zerrüttung Hölderlins nach dem fluchtartigen Aufbruch in Jena und für die sich darin ankündigende Krankheit.

Noch aber ist Hölderlin voller Hoffnung und Aufbruchswillen. Am 30. Dezember 1801 erhält er seinen Pass zur Weiterreise nach Bordeaux. Der Weg sollte über Lyon gehen. Dort trifft er am 9. Januar 1802 ein. Die Distanz zwischen Straßburg und Lyon beläuft sich, je nachdem welche Route man nimmt, auf rund 500 Kilometer. Hölderlin kann sie in der Zeit, die für seine Reise belegt ist, unmöglich zu Fuß zurückgelegt haben. Da er in Straßburg bereits viel Zeit verloren hatte, musste er schnellere Verkehrsmittel wählen. Bis zum Doubs kam nur die Postkutsche in Frage, danach konnte er gegebenenfalls auf das Schiff umsteigen. Zur Bezahlung stand ihm Geld zur Verfügung, das er sich von seinem Freund Landauer nach Straßburg hatte anweisen lassen.

Ich benötige keinen Pass von den französischen Behörden, ich brauche auch keine zwei Wochen in Straßburg zu verweilen. Ich kann, nachdem ich mir über die Route Klarheit verschafft habe, sofort aufbrechen. Der Taschenatlas von 1807 weist mir den Weg. Über Belfort, Besançon und Dôle geht's weiter zu Fuß nach Lyon.

10   Kaysersberg

O Stimme der Stadt, der Mutter

Hölderlin: Heimkunft. An die Verwandten

So unklar der Weg Hölderlins im Detail sein mag, so sicher führt er mich über Besançon. Das trifft sich gut, denn dort will ich schon lange hin, um nach meinen französischen Vätern zu suchen. Das war bei meiner Großmutter, unehelicher Spross einer kleinen deutsch-französischen Liebesaffäre, immer ein Tabu. Darüber wurde schlicht nicht gesprochen. Ich will also die Gelegenheit nutzen und in den *Archives municipales* von Besançon erkunden, ob sich mein Urgroßvater noch bestimmen lässt. Die einzigen Anhaltspunkte sind freilich die Lebensdaten meiner Urgroßmutter und die Erzählung, dass sie in Besançon bei einem Bäcker als Dienstmagd in Stellung gewesen sei. Das war 1895.

Als ich meinem Bruder Werner von dem Vorhaben erzähle, meint er: »Wieso Besançon? Das war doch Lunéville«.

Das aber liegt ziemlich abseits von meinem Weg, was schade ist, da der Frieden von Lunéville 1801 Hölderlins Gedicht *Friedensfeier* inspiriert hat. Außerdem wäre ein Abstecher ziemlich gewagt, da ihm ein handfester Beleg für seine Behauptung fehlt. Mir freilich auch. Wir beschließen, die einzigen zu fragen, die uns weiterhelfen können – unsere Onkel und Tanten. Tante Hedwig weiß nichts, Onkel Adolf auch nicht und Tante Hilde kann sich an überhaupt nichts mehr erinnern, sie hat bereits den Weg in die ewige Dunkelheit angetreten. Die letzte Rettung ist Stefan, mein Patenonkel aus Stefanskirchen. Er weiß tatsächlich Bescheid. Er besitzt einen kleinen Zettel, den die Oma irgendwann einmal ihrer Tochter Rosa, unserer Tante Rose, seiner Frau, zugesteckt habe. Und darauf stand ein Ort: nicht Besançon, und auch nicht Lunéville, sondern Kaysersberg im Elsass. Also hat Oma das Geheimnis doch nicht ins Grab nehmen wollen. Kaysersberg aber, der Geburtsort Albert Schweitzers, liegt auf meiner Strecke, zwei Tagesmärsche hinter Straßburg.

Für den Weg aus Straßburg heraus stelle ich eine neue Regel auf: In die Städte wandere ich hinein, heraus aber nehme ich den Zug, die Straßenbahn oder den Bus. So vermeide ich, zweimal die Banlieu, den Industrie- und Kommerzgürtel der großen Städte, durchqueren zu müssen.

Ich bin früh wach und dränge nach dem Tag im Archiv darauf, mich wieder auf die Socken zu machen. Nachdem ich mir über die vermutliche Hölderlin-Route klar geworden bin, nehme ich die Tram nach Illkirchen-Grafenstaden. Von dort geht der Rhein-Rhône-Kanal an die hundert Kilometer nach Süden und ich gewinne schnell Land. Den Kanal gab es zu Hölderlins Zeiten natürlich noch nicht. Er führt mich aber an einzelnen Stationen der Postkutschenstrecke nach Lyon vorbei. Und die verlief um 1800 nicht, wie bislang immer angenommen wurde, über Schlettstatt und Colmar und Isenheim, sondern parallel zum Rhein über Friesenheim, Neubreisach, nach Huningen und bog dort um 90 Grad nach Westen ab, um über Saint Louis, Altkirch und Chavannes Belfort anzusteuern. Das offenbart mir meine Postroutenkarte von 1806 und bestätigt später der Almanach für das Jahr 1804 des Département du Doubs in Besançon. Mir geht es bei meiner Wanderung freilich nicht um ein sklavisches Ablaufen der vermeintlichen Strecke, sondern um die poetische Erfahrung. Deswegen erlaube ich mir den Abstecher nach Kaysersberg und nehme in der Folge auch den Weg über Colmar.

Es hat Minusgrade und der Kanal ist gefroren. Alles ist steif und still. Die Platanenallee steht stumm in der Reihe. Die wenigen Flussschiffe sind festgezurrt, von einigen steigt Rauch auf. Die einzigen Lebewesen, die mir begegnen, sind Krähen, die in den Misteln nisten. Und hie und da liegt ein Fahrrad an der Uferböschung. Man spürt, wie es ein letztes Mal den Hang hinuntergestoßen wurde und halb im Wasser, halb an Land liegen blieb. Da haben sich manche einen Spaß gemacht.

Fünfzehn Kilometer geht es den Kanal entlang, dann wechsle ich auf den Weg über die Dörfer. Die Karte ist sehr genau, so dass ich über Feldwege an Kanälen und der Ill entlang gut vorankomme. Gegen Mittag bekomme ich Hunger und beschließe, diesmal einzukehren. Das erste Restaurant hat heute Ruhetag, das zweite mittags geschlossen, das dritte für immer. Überhaupt sind die Dörfer wie ausgestorben. Und das liegt weder an der Jahres- noch an der Tageszeit. Es sind Schlafdörfer, deren Infrastruktur vor die Hunde ging. Überall die Rollläden runter – bei der Boulangerie, der Charcuterie und auch den Cafés, deren Fassaden noch an vergangene Glanzzeiten erinnern.

Das Elend wird kompensiert durch extravagante Weihnachtsdekorationen. Rot-weiße Hampelmänner hangeln sich an Gartenzäunen entlang oder klettern Kamine hoch. Paketattrappen in farbigem Stanniolpapier baumeln an Zierbäumchen und ein besonders avantgardistischer Hausherr hat seine ausgedienten CD-Scheiben mit Schleifen versehen und rund ums Haus drapiert. Wenn die Sonne darauf scheint, sollen sie wohl hübsch strahlen. Leider kommt sie von der falschen Seite und der ganze Aufwand ist umsonst.

Ich schleppe mich mittlerweile von Dorf zu Dorf, stoße nur auf verschlossene Türen. Endlich, kurz vor 14 Uhr in Benfeld, hat eine Kneipe geöffnet. Die einzige weit und breit. Zu essen gibt es in der Brasserie PMU, einer Wettbar, aber auch nichts. Nicht einmal ein Krümel von einem Croissant. Also flüssiges Brot. Un demi de la Kronenbourg, und noch eins.

An diesem frühen Nachmittag sind rund 15 Männer mit mir in der Kneipe. Sie wirken zwischen Tresen und Tischen arrangiert und in Bewegung erstarrt wie auf einem Bild des kanadischen Fotokünstlers Jeff Wall. An den beiden Stirnseiten hängen große Flachbildschirme, die ein Trabrennen aus Paris-Vincennes übertragen. Nr. 9 gewinnt. Die Männer werfen gelassen ihre Wettcoupons in die Aschenbecher. Im Vorjahr haben die Pferdewetter in dieser Bar 778.295 Euro gewonnen. Behauptet jedenfalls ein Aushang. Die Spieler, alles Männer ab 25, lassen sich stilistisch nach Lederjacken, Trainingskitteln und Norwegerpullovern sortieren.

Damit das Bier nicht zu sehr in den Kopf steigt und die Beine torkeln lässt, werfe ich die köstlichen kleinen Brezelchen »nach uraltem elsässischem Rezept« von Dr. Oetker ein. Noch ein Espresso darauf und ich eile beschwingt weiter. Bald schon halte ich Ausschau nach einem Hotel. Nach dem Debakel mit dem Mittagsmahl will ich kein weiteres Risiko eingehen und stapfe daher, als es zu dämmern beginnt und kälter und kälter wird, ohne weitere Umstände auf das *Relais de l'Ill* in Sermersheim zu. Zum Essen muss ich um die Ecke ziehen ins Restaurant *Au petit Grenier*. Ich hätte mitten im Elsass keine italienische Küche gebraucht, aber die Lasagne als *suggestion du jour* ist genau das, was mir gut tut, um wieder zu Kräften zu kommen. Die Bedienung ist sehr aufmerksam. Ich bin mir nicht im Klaren, ob sie die *patronne* ist und der kleine Junge ihr Sohn oder nicht.

Am nächsten Morgen fehlt mir der Schal. Ich stelle das Zimmer auf den Kopf, kann ihn aber nirgends finden. Dabei hat es minus sechs Grad und ich kann unmöglich auf ihn verzichten. Ich rufe im Restaurant an, dort ist er aber auch nicht. Also breche ich ohne ihn auf. Ich bin schon am Ende des nächsten Dorfes, als mich der Hotelchef auf dem Fahrrad einholt und den Schal reicht. Er habe im Schrank gelegen. Ich binde ihn um und bin für den Tag gerüstet.

Die Felder, vor kurzem noch von Regenmassen überflutet, sind bis zum Horizont mit Eisschollen überzogen. So stelle ich mir die Beresina vor, den von brüchigem Eis bedeckten Fluss, in dem die napoleonische Armee untergeht, während der geniale Feldherr das Weite sucht.

Auch ich suche das Weite, komme an einer Marienkapelle und dem Kreuz vorbei, das ein Verzweifelter zur Erinnerung an den 1870er-Krieg errichtet hat. Zu Mittag erreiche ich Sélestat, zu deutsch: Schlettstadt, mit seinen zwei prächtigen mittelalterlichen Kirchen. Andernorts würde eine davon genügen, um den ganzen Stolz der Bürgerschaft zu verkörpern. Hier stehen sie kaum hundert Meter voneinander entfernt und wetteifern um die Gunst der Gläubigen, nein der Touristen. In der gotischen, der Eglise St. Georges, wird vom Office de Tourisme eine Ausstellung zur Geschichte des Weihnachtsbaumes gezeigt. Er wurde bekanntlich im Elsass erfunden. Dazu hängen, an Ketten gebunden, Tannenbäume zwischen den Bögen des Mittelschiffes. Sie sind geschmückt mit geschnitzten Tannenzapfen, Strohherzen, Wachsblumen, Glaskugeln und Kerzen. Das Aufhängen der Tannen, ursprünglich am Stamm beschwert mit einem Apfel als Symbol der Erbsünde, stellt den himmlischen Bezug her und erscheint mir auch aus praktischen Gründen logisch. Denn alle alten Beleuchtungskörper – Laternen, Ampeln und Geweihe, deren Enden als Kerzenhalter dienten – wurden immer aufgehängt. Die Stehlampe ist eine Erfindung der Moderne.

Nach einer kurzen, logistisch zwingenden Pause im *Salon de Thé* steuere ich die elsässischen Weindörfer an. Zuerst geht es übers Feld, dann die Autobahn entlang. Der Hang ist eine einzige Müllhalde. Plastikflaschen, Pornohefte, alles, was das Führerhaus entbehren kann, landet am Straßenrand. Ich unterwandere die Malaise buchstäblich, indem ich durch eine Unterführung für die Landwirtschaft schlupfe und stoße auf den Meilenstein einer römische Straße, die von einer acquitanischen Legion auf dem Weg nach Arae Flaviae, dem römischen Rottweil, benutzt worden sein konnte. So stellt sich spielerisch ein alle Zeiten übergreifender Gegenverkehr ein.

Heute noch will ich Kaysersberg erreichen, spüre aber, dass es bis zum Sonnenuntergang knapp wird und beschleunige den Schritt. Über Bergheim spurte ich nach Ribeauvillé und Riquewihr, das ich trotz seiner einladenden Weinkeller links liegen lassen muss. Hinter Hunawihr dämmert es bereits. Ich frage einen Winzer, wie weit es noch sei. Er meint acht Kilometer, was mir einen Schlag in die Kniekehlen versetzt. Die letzte Stunde gehe ich in der Dunkelheit mit der Stirnlampe, um zu sehen und vor allem, um gesehen zu werden. Mein Atem vernebelt den ohnehin schmalen Kegel der Lampe. Es ist bitterkalt und ich friere in meinen durchschwitzten Klamotten. Nun muss der Topinamburschnaps aus Oppenau helfen. Er hilft. Der gefrorene Weg ist tief gefurcht und es geht ziemlich steil bergab. Jetzt bloß nicht stürzen und den Knöchel verstauchen. So viel Topinambur, dass es bis zum Morgen reichen würde, habe ich auch wieder nicht dabei. Mit brennenden Füßen und reißendem Rücken schleppe ich mich nach Kaysersberg, die Stadt meiner Väter. Ich bin so erledigt, dass nicht daran zu denken ist, das Bett nach dem obligaten Schüttelfrost, der jeden Abend den Wärmeausgleich meines Körpers begleitet, noch einmal zu verlassen.

Am Morgen mache ich mich auf die Suche nach meinem Urgroßvater. Erster Anhaltspunkt sind die Bäckereien. Es gibt noch drei. Ich klappere sie nacheinander ab. Erst kaufe ich etwas und dann frage ich, ob ich etwas fragen darf. Das kann mir keiner abschlagen. Ich will wissen, wie lange die Bäckerei denn schon existiere. Die erste Bäckerei, bei der ich es versuche, an der steinernen Brücke ganz oben im Städtchen, wurde irgendwann vor dem Zweiten Weltkrieg gegründet. Die nächste, in einer Seitenstraße gelegen, stammt aus den Zwanzigerjahren. Die jetzigen Besitzer haben sie aber erst vor kurzem übernommen. Die dritte, vornehmste Bäckerei in der Hauptstraße, ist zwar schon lange in Familienbesitz, wurde hier aber auch erst nach dem Zweiten Weltkrieg eingerichtet. Der Großvater habe zuvor in der zweiten gelernt.

So komme ich nicht weiter. Also suche ich das Stadtarchiv auf. Die Betreuerin Madame Braun ist gerade nicht da, ich bekomme aber ihre Telefonnummer. Leider zeigt sie sich am Telefon und auch später im Briefverkehr völlig unzugänglich. Der Name der Großmutter, Anna Rottler, komme in der Kartei nicht vor, ein persönlicher Besuch im Archiv sei zwecklos, ja unerwünscht und sowieso und überhaupt.

Nach dem Gewaltmarsch des Vortages fällt mir das weitere Gehen durch das Elsass schwer. Die rechte Achillessehne ist gereizt. Gut, dass das Hoch anhält und der Weg durch die Weinberge mich beflügelt. In Ammerschwihr decke ich mich für mein einsames Weihnachtsfest vorsorglich mit einer Gänseleberpastete und einer Grauburgunder Auslese ein. Mein Rucksack hat seit Straßburg wegen der vielen Karten und Führer ein unerträgliches Gewicht bekommen. Das wird durch das Festessen nun noch zusätzlich erhöht. Ich denke über die Grenzen der Belastbarkeit nach. Mir drängt sich eine Hypothese auf: Auf einer Ausgangsbasis von zirka zehn Kilo erhöht sich das gefühlte Gewicht exponentiell. Zwei zusätzliche Kilo erwecken also das Gefühl einer Belastung von vier Kilo, drei Kilo zusätzlich bereits von neun. Mir wird klar, dass ich Ballast abwerfen muss. Ausgebrauchte Karten und übrigen Papierkram schicke ich nach Hause und mit den Edelkonserven beschere ich mir ein vorgezogenes Weihnachtsmahl. Ich kann die Dinge unmöglich noch drei Tage durch die Gegend schleppen. Im einzigen Hotel von Cernay, dem miesesten meiner ganzen bisherigen Tour, köpfe ich schließlich den Pinot gris aus dem Heiligen Jahr 2000 und schmiere mir die Foie gras aufs Baguette.

11 Mömpelgard

Glückselig Suevien

Hölderlin: Die Wanderung

Meine Sprunggelenke und meine rechte Achillessehne schmerzen immer mehr. Außerdem muss ich jeden Tag unter meinem Anorak schwitzen. Ich kann mir nur kürzeste Ruhepausen gönnen, damit ich bei den Minustemperaturen nicht auskühle und mich nicht fürchterlich erkälte. Tageshöhepunkt ist immer die heiße Dusche auf die malträtierten Schultern und Fußsohlen. Oder noch besser: ein heißes Bad, das den ganzen Körper umhüllt und ihn wunderbar leicht fühlen lässt.

Heute ist Samstag, zwei Tage vor Heiligabend. Während jetzt die ganze christliche Welt letzten Besorgungen für die Weihnachtsfeiertage hinterherjagt, stapfe ich durch den Wald. Zum ersten Mal fühle ich mich etwas beklommen. Wo sind eigentlich all die Wildschweine her, die immer auf den Menükarten stehen? Ich schau mich vorsichtshalber ein paar Mal um, stelle mir vor, was ich als erstes tun müsste, wenn so eine gesengte Sau auf mich zukäme. Rucksack abwerfen, am besten dem Tier auf die Hauer und dann ab ins Gebüsch. Der Stecken wird da kaum helfen. Auch die Zeitungsmeldungen vom Tage stimmen bedenklich:

> »Ein Wildschwein ist gestern in einen Kleiderladen am Rande von Poitiers eingebrochen. Es musste von der Polizei erlegt werden. Fünfzehn Personen, Besucher und Angestellte des Ladens, der sich in einem Handelszentrum neben einem Supermarkt befand, wurden evakuiert. Das Wildschwein, das 90 Kilo wog, begann die Polizisten anzugreifen, so dass diese es erschießen mussten. Das Tier wurde durch rund dreißig Kugeln getötet, die Dienstwaffen der Ordnungskräfte waren für diese Art der Intervention nicht geeignet.«

»Ein TGV stößt mit einem Wildschwein zusammen. 34 TGV und Eurostarzüge haben am Samstagabend Verspätungen bis zu einer Stunde erlitten, nachdem ein Eurostar von Nizza nach Brüssel gegen 18.45 auf der Höhe von Moussy (Val d'Oise) mit einem Wildschwein zusammengestoßen ist. Der beschädigte Zug hat Brüssel schließlich mit drei Stunden und fünfzig Minuten Verspätung erreicht.«

L'Est Republicain vom 24. Dezember 2007

Ich frage mich, ob mich wohl irgendjemand irgendwann fände, wenn ich jetzt mit einem Wildschwein zusammenstieße oder mich ein herabfallender Ast wie weiland Ödön von Horvath im deutlich weniger bewaldeten Paris erschlüge. Ich weiß nicht einmal die französische Notrufnummer. Dafür kommt mir wieder der Psalm 23 in den Sinn: »Der Herr ist mein Hirte, mir ermangelt nichts. Und wanderte ich durch finsterstes Tal«. Der Psalm wird heute freilich zumeist erst dann gesprochen, wenn es bereits zu spät ist. Immer aber, wenn ich wieder etwas vom Weg abgekommen bin, finde ich irgendeinen Hinweis, wo es langgeht. Und wenn ich dringend eine Stärkung brauche, erscheint alsbald ein Wirtshaus. Hölderlin hat für diese Erfahrung eine wunderbare Theorie formuliert:

> Wo aber Gefahr ist, wächst
> Das Rettende auch.

Patmos

Jetzt ist es wieder einmal so weit. Ich bin schon mehr als fünf Stunden gewandert und habe noch mindestens drei weitere vor mir. Da steht eine Brasserie vor mir. Einziges Lebewesen darin ist ein grauer Papagei. Ich denke, er wird schon festgebunden sein. Plötzlich hüpft er aber auf den Boden und marschiert auf mich zu. Nach meinem mehrfachen Rufen taucht die Wirtin auf. Sie serviert mir eine Crêpe. Als sie sich mit ihrer Tochter selbst zum Essen hinsetzt, pickt ihr der Grauschnabel das Gemüse vom Teller. Die Abwehrversuche sind weniger als halbherzig.

Am Nachmittag treffe ich auf einen alten Mann mit einer Krücke. Wir gehen ein paar Schritte gleichauf, ich grüße ihn und er fragt, warum ich nur

einen Stock habe. Ich antworte ihm, er habe doch auch nur eine Krücke. Er meint, die andere sei zuhause und müsse sich ausruhen, die sei aber morgen wieder dran.
Ich frage, wie alt er denn sei?
»80 Jahre«
»Genau 80?«
»Ja, ich hatte am 29. November Geburtstag.«
»Dann hat es aber sicher ein großes Fest mit der Familie gegeben?«
»Nein, warum denn? Für mich ist jeder Tag ein Fest. Man muss die Gelegenheiten nutzen, aber nicht ausnutzen.«

In Montbéliard, dem früheren Mömpelgard, erstaunt mich zuerst das imposante Schloss der Herzöge von Württemberg. Und dann, dass in der Stadt die Hölle los ist. Es ist zwar Sonntag, aber alle Läden haben geöffnet und es ist Weihnachtsmarkt. So drängen sich Tausende von Menschen durch die Straßen und ich dränge mit ihnen mit. Ich koste einen Vin chaud hier, einen Cidre chaud dort und bin ganz beflügelt, als ich gegen acht ins Hotel zurückkehre, um mich in meinem Zimmer einzurichten. So kommod werde ich es so schnell nicht mehr haben.

Am Morgen, es ist Heiligabend, beschließe ich, noch eine Nacht länger zu bleiben. Der rechte Fuß tut weh. Auch der Magen ist ein wenig flau. Ich fühle mich insgesamt schlapp, später wird es mir gar noch schwindelig. Das Wetter ist ebenso wenig einladend und ich weiß nicht, ob ich an diesem Tag ein gutes Quartier oder überhaupt eines finde. Die alte Geschichte von der misslungenen Herbergssuche zeigt Wirkung.

Der Ruhetag tut mir nach dem Parforceritt durch das Elsass gut. Auch kann ich mir das schöne Mömpelgard, das für Württemberg doch bedeutsamer war, als ich immer angenommen hatte, ansehen. Im Schlossmuseum stoße ich auf Georges Cuvier, den Naturforscher. Er wurde 1769 in Mömpelgard geboren, war also gerade mal ein Jahr älter als Hölderlin. Beinahe wären sie im Tübinger Stift zusammengekommen. Da aber nur immer zwei Landeskinder des württembergischen Herzogs aus dem abgelegenen Landesteil ein Stipendium für die Landesuniversität bekamen, Cuvier jedoch nur das drittbeste Zeugnis seines Jahrgangs aufwies, reichte es für ihn *nur* auf die Hohe Carlsschule in Stuttgart. Das aber war das Beste, was ihm passieren konnte. Er empfand es später als ein ungeheures Glück, dadurch

Ansicht von Mömpelgard aus dem 18. Jahrhundert mit dem Schloss der Herzöge von Württemberg
Mömpelgard war durch Heirat im ausgehenden 14. Jahrhundert an die damaligen Grafen von Württemberg gelangt und blieb bis 1793 Teil der württembergischen Herrschaft. Zwei Landeskinder von dort wurden deshalb alljährlich auch ins Tübinger Stift aufgenommen, wo sie eine gemeinsame Stube bewohnten. Die Mömpelgarder Studenten galten als besonders engagierte Anhänger der Französischen Revolution und versorgten die Kommilitonen mit Nachrichten und Informationen über deren Fortgang.

dem Pfarrdienst weiß Gott wo in der Provinz entgangen zu sein. So konnte er seine naturwissenschaftlichen Interessen verfolgen und zum größten französischen Naturforscher seiner Zeit werden. Er gilt als der Erfinder der Biostratigraphie, die mittels Fossilien die Altersbestimmung von Erdschichten erlaubt. Wie so manchem seiner Zeitgenossen, allen voran Talleyrand, gelang es ihm, alle Wirren von Revolution, Empire und Restauration zu überstehen. Unter Napoleon übernahm er als *inspecteur général* die Verantwortung für das gesamte Bildungswesen in Frankreich, führte die obligatorische Grundschule und das bis heute maßgebliche Staatsexamen ein. Statt Kanzelprediger in einer württembergischen Pfarrei wurde er am Ende Baron und erhielt wie sein Kompatriot Karl Friedrich Reinhardt aus Schorndorf als Pair den höchsten Adelstitel Frankreichs.

Cuvier kam bereits mit 15 Jahren, im Mai 1784, an die Hohe Carlsschule nach Stuttgart und verließ sie nach überaus erfolgreichem Studium wieder im April 1788, um in der Normandie eine Stelle als Hauslehrer zu beziehen. Mit Hölderlin ist er offenbar nie persönlich zusammengetroffen,

Georges Cuvier (1769–1832), Portrait von François-André Vincent
Der mit Hölderlin fast gleichaltrige Georges Cuvier aus Mömpelgard erhielt seine Ausbildung an der Hohen Karlsschule in Stuttgart. Er zählt zu den bedeutendsten Naturforschern und Bildungspolitikern um 1800. Sein Freundes- und Bekanntenkreis überschneidet sich an vielen Stellen mit dem Hölderlins.

doch überschneiden sich ihre Kreise an vielen Stellen. So gehörte Johann Georg Kerner, an den sich Hölderlin in Straßburg erinnert haben dürfte, ebenso zum Freundeskreis Cuviers wie der Mediziner Johann Heinrich Ferdinand Autenrieth, der Hölderlin nach seinem Zusammenbruch 1806 im Klinikum zu Tübingen behandeln sollte.

Sehr wahrscheinlich ist Hölderlin auf seinem Weg nach Bordeaux nicht einmal nach Mömpelgard gekommen, da der Kurs der Postkutsche die ehemalige württembergische Exklave, die im Zuge der französischen Revolution 1793 an Frankreich gefallen war, links liegen ließ und von Belfort direkt nach Besançon führte. Dabei hätte er guten Grund gehabt, hier Station zu machen. Während seiner Zeit am Stift hatte er nämlich intensiven Kontakt mit den Mömpelgarder Studenten gehabt. Sie hatten die besten Verbindungen nach Frankreich und wurden dadurch an der Hohen Karlsschule in Stuttgart wie am Stift in Tübingen zur Urzelle der Freiheitsidee und der Revolutionsbewegung. Einer von ihnen, Frederic Jeanmaire, bekannte 1791 in einem Stammbucheintrag für einen Stiftsgenossen auf Französisch, »ein Freund sei besser als eine Krone, ein Monarch sei nichts ohne Herz, und er würde auf einen Thron verzichten, wenn er dafür einen Freund gewänne«. Zeittypische Formen der Freundschaftsbekundung paarten sich hier mit einem durchaus brisanten politischen Bekenntnis in aktuellen Streitfragen. Denn der Verdacht von *Democratismus* konnte im Herzogtum Württemberg recht schnell zur Rele-

Stammbucheintrag von Georges Frédéric Fallot und Hölderlin von 1792
Mit dem Mömpelgarder Stiftsgenossen Fallot, einem frühen Anhänger der Französischen Revolution, fühlte sich Hölderlin sehr verbunden. Im Stammbuch ihres gemeinsamen Freundes Leo von Seckendorf trugen sie sich auf einer Doppelseite ein. Hölderlin bekundet die enge Beziehung, indem er die Seiten mit einem »Ewig – – verbunden« überspannt.

gation von der Universität oder gar zur Einkerkerung auf dem Hohen Asperg, dem berüchtigten Landesgefängnis, führen.

Mit dem Mömpelgarder Georges Frédéric Fallot fühlte sich Hölderlin besonders verbunden. Er war zeitgleich mit ihm und Hegel im Stift eingezogen, bewohnte aber mit den anderen französischen Landeskindern zusammen eine eigene Stube. Auch Fallot gehörte zu den Revolutionären der ersten Stunde und verewigte sich bei den Kommilitonen mit der Parole »Mort ou Liberté« – Freiheit oder Tod. Wie eng die links- und rechtsrheinischen Revolutionsfreunde miteinander fühlten und dachten, offenbart das Stammbuch Leo von Seckendorfs, der später, nach der Bordeaux-Reise, in seinen Musenalmanachen einige der bedeutendsten Gedichte Hölderlins veröffentlichen sollte. Seckendorf studierte Jura, gehörte also nicht zu den Stipendiaten im Stift, war ihnen aber in der revolutionären Gesinnung recht nahe. Im September 1792 ließ ihn sein Vater in Tübingen abholen und schickte ihn zum weiteren Studium nach Jena. Fallot schrieb ihm zum Abschied ins Stammbuch: »La meilleure leçon que j'ai à te donner, c'est de ne plus être aristocrate«* und fügte neben seinem Namen noch hinzu: »bon

* Der beste Rat, den ich dir geben kann, ist, nicht mehr Aristikrat zu sein. Guter Patriot

patriote«. Sein Landsmann Georges Louis Bernard versah seinen Eintrag hingegen mit der revolutionären Parole »Egalité!« und signierte mit dem Beisatz »ami de la liberté«. Dazwischen aber trug sich Hölderlin mit einer Strophe aus seiner *Hymne an die Menschheit* ein. Er hatte sie gerade publiziert und ihr ein langes Motto aus Rousseaus *Contrat social* – übrigens im französischen Originallaut – vorangestellt:

> »Die Grenzen des Möglichen in der moralischen Welt sind weniger eng, als wir meinen. Unsere Schwachheiten nur, unsere Laster, unsere Vorteile ziehen sie zusammen. Die niederen Seelen glauben nicht an große Männer: gemeine Sklaven lächeln mit spöttischer Miene bei dem Wort Freiheit.«

Und als wollte er die grenzüberschreitende Weite des Gedankens eigens betonen und als bereits gelebt bezeugen, setzte er über seine und Fallots Seite noch die Worte »Ewig – – verbunden!«

Als alte württembergische Besitzung hat Mömpelgard eine starke protestantische Tradition. Die katholische Kirche, ein gewaltiger Bau im Stil der Neorenaissance, wurde erst um 1850 errichtet, wohl um die vielen Katholiken zu versorgen, die nach dem Ende der protestantischen Herrschaft in Stadt und Land strömten. Die Kirche trägt den Namen von Saint Maimboeuf. Von diesem Heiligen hatte ich noch nie gehört, er klingt eher nach einem Aktivisten der Französischen Revolution denn nach einem römischen Märtyrer.
    Die Christmette soll um 22 Uhr beginnen. Eine viertel Stunde davor ist die Kirche noch gänzlich leer. Mit mir sind höchstens zwölf Gläubige da. Erst ganz allmählich füllen sich die Reihen. Der Pfarrer, ein schmaler Mann mittleren Alters, ist eine blässliche Gestalt. Mit weihevollem, leicht näselndem Ton trägt er die Bigotterie förmlich vor sich her. Statt einer persönlichen Begrüßung der Gemeinde wird ein Tonband eingespielt mit einer dämlichen Erzählung und eingestreuten Bibelzitaten. Der Messe geht jegliche Feierlichkeit ab. Gerade mal zwei Ministranten begleiten den Einzug. Keine Kerzen, kein Weihrauch, keine Glöckchen bei der Wandlung. Nur der gestelzte Gang und das affige Gehabe des Pfarrers. Zwischendurch bleibt er minutenlang vor der Krippe knien. Und als dem Kommunionhelfer

beim Austeilen der Hostien eine vom Teller fällt, huscht er sofort aus der Reihe, fischt sich den Leib Gottes, dreht sich um und verspeist ihn. Nur gut, dass es noch den Kantor gibt. Ein Kerl von altem Schrot und Korn nach dem Muster von Wein, Weib und Gesang. Er hält den Laden zusammen und gibt den Ton vor. In einem sonoren Bariton intoniert er die Gesänge. Das Liebste ist ihm dabei der dynamische Wechsel. Mit ausladenden Gesten feuert er die Gemeinde zum kräftigen Mittun an, um sie alsbald wieder zu einem behutsamen Piano anzuhalten. Das Schöne am Katholizismus ist doch seine Katholizität. Nicht nur Weihrauch, Myrrhe und Gold, sondern vor allem der Umstand, dass die Messe überall auf der Welt im gleichen Ritus gefeiert wird. So kann ich gut folgen und da auch die Lieder die gleichen sind, zudem die Texte ausliegen, singe ich voller Inbrunst mit. Das kleine Mädchen in der Bank vor mir dreht sich schon verwundert um. Als ich ins Hotel zurückkomme, ist es Mitternacht. Die Stadt hat sich bereits zur Ruhe gebettet.

Am Weihnachtsmorgen bin ich um neun Uhr auf der Piste. Es ist bitter kalt. Das Thermometer zeigt minus neun Grad. Laut Wetterbericht ist es derzeit die kälteste Region Frankreichs. Die Straßen sind leer, der Reif hat sich auf die Bäume gesetzt. Ich gehe den Rhein-Rhône-Kanal entlang. Da die Karte keine vernünftigen Wanderwege ausweist, gehe ich schlicht davon aus, dass am Kanal auch immer ein Weg entlang führt. Bei der Vorliebe der Franzosen für Schneisen und Alleen, die wie mit dem Lineal gezogen über Berg und Tal führen, liege ich da richtig. Zweimal scheuche ich Fischreiher auf, die sich unwillig in die Lüfte erheben, um mich durchzulassen und nach einer eleganten Schleife wieder an ihren Platz zurückkehren.

    Heute ist der Tag der Begegnungen. Zunächst kommt mir auf dem Fahrrad Beat entgegen. Er hält an und bedeutet mir, dass es auf dieser Seite des Kanals nicht weitergehe. Beat ist an Heiligabend mit dem Rad in Basel gestartet und will in sechs Tagen bis nach Dôle oder gar Lyon kommen und dann über Genf zurückkehren. Er hat alles dabei, um draußen zu schlafen, Zelt, Lebensmittel und Kocher. Nach der ersten Nacht unter wolkenlosem Himmel fand er es aber doch grenzwertig.

Dann treffe ich auf Hervé. Er hat einen Hund dabei, den er freundlicherweise anleint, als ich auf ihn zukomme. Es ist ein Rottweiler. Ich spreche ihn darauf an und sage ihm, dass auch ich ein Rottweiler sei, also aus der Stadt käme, die den Hunden ihren Namen gab. Da gibt er mir die Hand und wir sind die besten Freunde. Ich sage ihm, dass die Rasse ja nicht die beste Reputation habe und er bestätigt, dass man solche Hunde in Frankreich nicht so sehr schätze. Das Problem seien aber nicht die Tiere, sondern die Herrchen, die oftmals keinen guten Charakter hätten und auch die Hunde nicht beherrschten. Während er das sagt, versucht das Tier dreimal mich anzuspringen. Hervé hat spürbar Mühe, den Hund in Griff zu halten und es dauert eine ganze Weile, bis er endlich Platz macht. Als ich Hervé zum Abschied die Hand reiche, springt er wieder auf und verteidigt seinen Herrn gegen meinen festen Händedruck.

Schließlich stoße ich auf Michaela. Sie steht mit ihrer Familie vor einem kleinen Häuschen am Kanal. Ich grüße sie freundlich, wünsche eine frohe Weihnacht, und als ich schon vorbei bin, ruft sie mir nach, wohin ich denn ginge? Sie erzählt mir, sie sei vor fünf Jahren von München aus den Jakobsweg gegangen und habe dabei einen Franzosen kennengelernt. In Moissac sei ihr das Geld und ihm der Urlaub ausgegangen. Sie seien seither zusammen und hier am Doubs hängengeblieben. Inzwischen seien sie verheiratet und wollten im nächsten Sommer den Rest des Weges gehen.

Mein Tagesziel ist eigentlich L'Isle-sur-le-Doubs. 25 Kilometer sollten an diesem Tag genug sein. Das Kaff ist aber total ausgestorben. Zwei Gebäude, die sich als Hotels ausgeben, sind wie verlassen. An einem steht: »Pas de chambres.« Beim anderen, einem *Routiers*, brennt zwar Licht, aber keiner macht auf. Meine letzte Hoffnung ist eine Bed & Breakfast-Pension direkt am Kanal. Ich bin mir aus der Ferne nicht sicher, ob sie überhaupt noch betrieben wird. Am Tor werden Gäste jedoch herzlich willkommen geheißen. Zugleich hängt da aber ein Schild: »Complet«. Da ich mir nicht vorstellen kann, dass tatsächlich alle Zimmer belegt sind, wähle ich die Handy-Nummer, die auf einem Aufsteller notiert ist. Es meldet sich Monsieur Schmidt. Er sei mit seiner Frau in der Schweiz und käme wegen einer Weihnachtsfeier erst spät zurück. Meine Situation ist ihm eine echte Sorge. Er empfiehlt mir, nach Clerval, rund zehn Kilometer weiter, zu gehen. Dort gebe es ein Hotel und eine nette *Chambre d'hôtes*.

Das ist jetzt genau die Situation, die ich für Heiligabend schon befürchtet habe. Gut, dass ich mich auf meinen Instinkt verlassen habe. Es ist jetzt drei Uhr nachmittags. Bis Clerval brauche ich mindestens zwei Stunden, dann hat mich bereits die schwarze Nacht eingeholt. Ich markiere auf meiner Karte den Weg und steche los. Nach etwas mehr als zwei Stunden, das letzte Stück an der Route Nationale entlang, erreiche ich den Ort und gehe über die blaue Brücke. Dann ist aber erstmal wieder Schluss. Das Hotel hat zu und kein Mensch ist auf der Straße. Ich rufe noch einmal bei Monsieur Schmidt an. Er weist mir den Weg zur Chambre d'hôtes. Es ist ein großes Haus. Beim Öffnen der Gartentür geht die Beleuchtung an. Im Hof parken fünf Autos, zwei Hunde springen auf mich zu. Ich klingle und frage nach einem freien Zimmer. Der junge Mann, der mir öffnet, erklärt, er sei nicht der Patron. Da kommt bereits Frau Corneille, die Inhaberin, und bittet mich herein. Sie bietet mir etwas zu trinken an. Einen Kaffee, einen Orangensaft, ein Bier? Ich bin offensichtlich in eine große Familienfeier hineingeplatzt, die gerade dabei ist, sich aufzulösen. Die *patronne* räumt Geschirr weg, die Enkelin schaut eine Ramschshow im Fernsehen an und die Söhne und Töchter, Neffen und Nichten langweilen sich auf den Sofas und auf dem Flur.

Ich ziehe mich bald auf mein Zimmer zurück, saniere meine Füße, erfreue mich an einer Orange, dem einzigen Stück Nahrung, das mir an diesem Festtag, da alle Welt sich die Bäuche vollschlägt, zuteil wird, und höre Gelächter bis tief in die Nacht.

> Alles prüfe der Mensch, sagen die Himmlischen,
> Daß er, kräftig genährt, danken für alles lern',
> Und verstehe die Freiheit,
> Aufzubrechen, wohin er will.

Lebenslauf

12 Bon courage

Das Geheimnis des Glücks ist die Freiheit,
und das Geheimnis der Freiheit ist der Mut.

Perikles

Bei Lachapelle-sous-Rougemont gerate ich wieder einmal auf den Jakobsweg. Das hat den Vorteil, dass der Wegverlauf eindeutig und gut markiert ist. Eine Frau mit zwei Hunden kommt mir entgegen, grüßt mich und erkundigt sich, wie weit ich noch gehen wolle. Als ich ihr sage: bis Belfort, ist sie ein wenig erschrocken und zeigt auf die untergehende Sonne. Sie deutet an, bei ihr seien auch schon Pilger aufgenommen worden. Mir ist es aber noch zu früh. Ich bereue jedoch schon bald, die Einladung ausgeschlagen zu haben, als mir der nächste, dem ich begegne, ein frisches *Bon courage* zuruft und seltsam dabei lächelt.

Es geht wieder in den Wald, die Dämmerung bricht rasch herein und die Wegmarkierungen sind kaum mehr zu erkennen. Als ich mehrmals über die gefrorenen Spurrillen riesiger Traktoren stolpere, wird es mir etwas mulmig. Jetzt nur nicht den Fuß vertreten. Ich beschließe, die nächste Unterkunft, egal ob Gasthof, Waldhütte, Privatquartier oder was auch immer kommen mag, zu nehmen. Es kommt aber nichts. Nun, da die Nacht gänzlich hereingefallen ist, setze ich die Stirnlampe auf und eile auf den Seitenstreifen der Departementstraßen entlang. Ein Husarenritt in Siebenmeilenstiefeln. Vier Kilometer vor Belfort zeigt mir die Karte an, dass es noch einmal durch den Wald geht. Ich fürchte, mich zu verlaufen oder mir gar die Beine zu brechen. Daher stelle ich eine neue Regel auf: Ich darf nicht nur aus einer größeren Stadt herausfahren, wenn ich hineingewandert bin, ich darf auch hineinfahren, wenn ich dafür hinauswandere.

Um 18.03 Uhr, also in 15 Minuten, soll an der Haltestelle, wo ich gerade vorbeigekommen bin, der Bus in die Altstadt passieren. Das Dumme ist nur, dass man laut Aushang seit neuestem im Bus keine Fahrscheine mehr erwerben kann. Ich frage mich daher, wie ich es hinkriege, dass der Busfahrer mich überhaupt mitnimmt. Mich dumm stellen und einfach unbedarft nach einem Fahrschein verlangen? Andere Passagiere fragen, ob sie mich auf ihrem Ticket mitfahren lassen? Oder an den Weihnachtsfrieden appellieren? Und wenn alles nichts hilft, dann halt doch weitergehen und ein Hoch auf Europa, die Fraternité und den Frieden in der Welt ausbringen? – Der Bus kommt, ich steige ein, frage nach einem Ticket in die Altstadt. Der Fahrer sagt einfach: *C'est bon*. Alles in Ordnung, der Herr ist dein Hirte.

Es kann allerdings auch anders ausgehen. Ein elsässischer Bürgermeister, so wird mir unterwegs erzählt, habe eine Pilgerreise nach Santiago de Compostella unternommen. Er sei vollkommen verändert zurückgekehrt. Statt erfüllt von der frommen Reise und befriedet durch die beglückenden Begegnungen, habe er nach der Rückkehr mit allen zuhause abgerechnet, kein Verständnis mehr für die Anliegen der Freunde und Mitbürger mehr aufgebracht und sich die anstehende und verdiente Verabschiedung in den Ruhestand gänzlich verdorben.

Unterwegs treffe ich immer wieder Spaziergänger, Jogger, Radfahrer. Die meisten sind sehr freundlich. *Bonjour Monsieur* kommt allen leicht über die Lippen. Bei zweien, die mich mal wieder als Jakobs-Pilger ausmachen, frage ich nach, ob es noch weit bis Saint-Jacques-de-Compostelle sei. Sie schauen mich prüfend an.
Ich hake nach: »Mehr als 2000 Kilometer könnten es doch nicht mehr sein, oder?«
»Ja, genau«, antworten sie irritiert.
Ob es denn da vorne eher rechts oder eher links gehe?
Da atmen sie erleichtert auf und rufen mir ermunternd zu: »Tout droit, immer geradeaus. Et bon courage«.

Das Schlimmste aber ist das Jagdfieber der Franzosen. Jeden Donnerstag, Samstag und Sonntag, dazu alle Feiertage dürfen sie auf die Pirsch. So verkündet es ein Warnhinweis auf meinem Weg. Und sie nehmen dieses Recht sehr zuverlässig in Anspruch. Heute ist Samstag. Der Weg führt mich hinter Dôle zunächst bei schönem Wetter und einladender Morgensonne durch den Wildpark der *Maison Forestière de la Saline*. Rechts Wildschweine, links Rotwild, dazwischen hoffentlich ein Zaun. Dann geht es mitten in den Wald, den drittgrößten von ganz Frankreich. Plötzlich fällt ein Schuss und ich höre ein Jagdhorn das Halali blasen. Ich bin in eine Hetzjagd geraten. Das aufgeregte Gebell der Hundemeute ist deutlich zu hören. Und immer wieder ein Jagdhorn. An einer Wegkreuzung gilt es zu entscheiden. Weiter geradeaus, wie es der Wegeplan vorsieht, wo aber auch das Hundegebell herkommt, oder nach links ausweichen? Ich weiß nicht, wohin die linke Spur führt und entscheide mich für den geraden Weg, auch Wanderer haben ihre Rechte.

Vorgestern habe ich eine Wildschweinsalami gekauft, als apotropäische Geste, im festen Glauben, dass Wildschweine doch nie und nimmer ihresgleichen auffressen würden, auch wenn es nur in homöopathischen Dosen bei mir nachweisbar wäre. Nun aber sind die Hunde vor und hinter mir und ich hoffe sehr, dass sie keine Witterung aufnehmen. Auf einem Waldweg stoße ich auf einen Jäger. Er hat das Gewehr geschultert und wartet hinter einem Baum auf die Wildsau.

Ich frage ihn, ob der Weg nach links frei sei von Jägern und Gejagten? Er bejaht und signalisiert, dass es in allen anderen Richtungen nur so von ihnen wimmle. Die Vielzahl der Jäger ist des Wanderers Tod. Ich wende mich also nach links und treffe dabei sofort auf einen versprengten Jagdhund, der ein Glöckchen umgebunden hat, damit man ihn nicht mit einem Frischling verwechselt. Er hält auf mich zu, hat Witterung aufgenommen. Ich verfluche meine Wildschweinsalami und halte das Opinelmesser, das ich mir erst am Morgen in einem Fachgeschäft für Jäger- und Anglerbedarf zugelegt habe, fest umklammert. Vielleicht hätte ich doch das Angebot meines Bruders Klaus, eine seiner Jagdpistolen einzupacken, annehmen sollen. Hölderlin hat auch welche mit sich geführt, zumindest erwähnt er welche im ersten Brief aus Bordeaux. Der Hund dreht aber ab und ich tu es auch.

Ich suche das Weite und so intensiv, dass ich vom Weg abkomme und mehr als eine Stunde in dem endlosen Wald zwischen Eis und Schnee, ungestürzten Bäumen und moosigem Boden umherirre. Nur mein Kompass hilft mir aus der Misere heraus. Ich komme trotzdem weit vom eigentlichen Weg entfernt aus dem Wald und muss zur Strafe 15 Kilometer die Landstraße entlang. Inzwischen hat auch das Wetter umgeschlagen. Es herrscht Dauerregen, ich muss mir das Regencape überwerfen und gebe wieder das rote Männchen mit seinem dicken Buckelchen.

Ich reiße Kilometer um Kilometer herunter und halte auf Arcs-et-Senans zu, wo das Tourismusbüro bis 17 Uhr geöffnet hat und mir sagen will, wo ich für die Nacht unterkommen kann. Jetzt ist es aber bereits 16 Uhr und ich weiß, dass ich es nicht mehr rechtzeitig dorthin schaffen kann. Und noch immer regnet es ohne Unterlass. In Chissey-sur-Loue sehe ich plötzlich ein Schild: *Gîtes de France* und entscheide kurzerhand anzuklopfen. Madame Vernier empfängt mich außerordentlich freundlich. Ja, ein Zimmer sei frei. Sie zeigt mir die Unterkunft im steinernen Nebengebäude: eine *Salle de séjour* mit gusseisernem Holzofen und einem großen Holztisch, eine rustikale Küche und im Obergeschoss die geräumigen Schlafzimmer mit Bad. Die Wirtin bedeutet mir, dass sie keine *Table d'hôtes* anbiete, mir aber gerne eine Gemüsesuppe und ein paar Nudeln für den Abend zubereite. Ich willige sofort ein und besorge mir im benachbarten Lebensmittelladen noch zwei große Flaschen Bier. Ein Wanderer hat immer Durst, und sei es, um die Höcker für bevorstehende Durststrecken zu füllen.

Madame Vernier heizt den Ofen ein, ich trockne die Kleider und richte es mir in meinem kleinen französischen Heim in der Campagne ein. Die Provinz in Frankreich ist sonst außerhalb der größeren Städte zumeist in einem beklagenswerten Zustand. Viele kleine Orte, in denen es kein Café, kein Restaurant, keinen Laden oder auch nur eine Bar gibt, geschweige denn eine Bücherei oder ein Kino. Die alten Fabriken etwa am Doubs sind Industrieruinen, geschlossen, verlassen und dem Verfall preisgegeben. Das Einzige, was es in jedem Dorf, jedem Weiler gibt, ist ein Rathaus und ein Briefkasten. Viele Gemeinden in Frankreich sind daher nicht viel mehr als eine Briefkastenadresse, ohne eigene Substanz und ohne Zukunftsperspektive. Gab es früher in einem Ort zwei Hotels, dann ist eines inzwischen aufgegeben und das andere geschlossen.

Jeder Tag ist ein Höllentag auf seine Weise. Vom vorigen Tag klug geworden, habe ich schon vormittags mein Nachtquartier reserviert und es regnet auch nicht. Dafür schickt mich der Wanderweg GR 59 die Berge rauf und runter und ab und zu auch in die Irre. Es ist ja kaum zu fassen, welche Strecke man zu Fuß in kurzer Zeit zurücklegen kann. Das merkt man besonders schmerzhaft dann, wenn man den gleichen Weg wieder zurückgehen muss, weil man sich verlaufen hat. Das passiert mir an diesem Tag gleich zweimal.

In Pretin war im Wanderführer ein schöner Brunnen mit Trinkwasser angekündigt. Als Wasserspender ziert ihn ein kraftstrotzender Löwenkopf, also fotografiere ich ihn. Dann geht es eine Stunde mächtig bergauf. Ich habe schon 30 Kilometer in den Beinen und muss daher alle meine Kraft zusammen nehmen, auch immer wieder pausieren, um mir trotz der eisigen Kälte den Schweiß vom Gesicht abzuwischen. Oben geht es wieder in einen Wald. Ich befürchte schon das Schlimmste. Mehrere parkende Autos, alle geländetauglich, deuten wieder auf Jäger hin. Bald sind auch schon Hunde und Schüsse zu hören. Langsam kommt Nebel auf und ich habe Sorge, dass gleich keine Markierungen mehr zu sehen sind. Bis zum Ende des Waldes geht es freilich gut. Dann aber fehlen alle Hinweise. Ich stehe auf dem freien Feld. Vor mir nur Nebelschwaden und links das parkende Gefährt eines Jägers. Kein Problem für mich. Ich hole den Kompass heraus, checke die Himmelsrichtungen und schlage Südost ein, weil dort mein Ziel liegen muss. Nach ein paar hundert Metern signalisiert ein Wanderzeichen: falsche Richtung. Ich bin zwar etwas erstaunt, sage mir aber: Die müssen es wissen. Und nehme die andere Richtung. Die macht zwar keinen so schönen Bogen, wie auf der Karte angezeigt, sondern geht in Kehren bergab. Das ist mir aber egal, wenn sie nur in mein Dorf führt. Da seh ich schon mein Tagesziel Montigny vor mir liegen. Ein herrlicher Anblick, alle Gebäude aus Stein, schön ins Tal eingepasst. Nur das Château de Chavanes kann ich nicht erkennen. Es wird hinter den anderen Häusern verborgen sein. Ich komme näher ans Dorf und sehe einen weiteren Brunnen, der offensichtlich auch Quellwasser speit. Er gleicht dem von Pretin und wenn er ebenfalls einen Löwenkopf hat, werde ich auch den fotografieren. Er hat einen Löwenkopf und es liegt sogar der gleiche Gartenschlauch im Becken wie in Pretin. Ich bin glatte zwei Stunden im Kreis gelaufen, einmal Berg hoch und einmal Berg runter. Ein weiteres Mal schaffe ich es nicht den Berg hinauf. Ich wüsste oben auch nicht weiter. Also umrunde ich den Teufelshang mit einer Zusatzstrecke von zehn Kilometern und eineinhalb Stunden Mehraufwand. Als ich in meinem Quartier ankomme, bin ich vollkommen geschafft.

Wer Frankreich im Alltag kennenlernen will, der muss eine Tour durch die Chambres d'hôtes machen. Da eröffnet sich das private Frankreich mit seinen individuellen Lebensläufen und ganz speziellen Vorlieben und Talenten. Madame Vernier etwa ist eine Meisterin der Konfitüren. Acht verschiedene hat sie mir zum Frühstück hingestellt. Eine köstlicher als die andere: Erdbeere und Rhabarber, Bitterorange, Aprikose und Mango, alle unglaublich aromatisch und von fester Struktur. So macht auch das kontinentale Frühstück Vergnügen.

Eric Piquet wiederum, mein Quartiermeister in Montiny-les-Arsures, ist ein Winzer von ganzem Herzen. Er ist Mitte dreißig und wurde in dem Dorf geboren, wo er heute lebt und das er auch in den Ferien nicht verlassen will, weil er Ferien schlichtweg nicht benötigt. Nur zwei Mal in seinem Leben war er länger weg. Für seine Ausbildung an der Winzerschule in Montpellier und dann noch in einer Kellerei im Bordelais. Da fühlte er sich überhaupt nicht wohl. Heute bewirtschaftet er mit seinem Bruder 20 Hektar Rebfläche im Jura, 13 davon hat er von seinem Vater übernommen. Eric baut seinen Wein nicht selbst aus, sondern liefert die Trauben in die Fruitière vinicole d'Arbois, die es versteht, daraus schöne Weine zu machen. Etwas speziell, aber köstlich. Er öffnet uns zum Abendessen eine Flasche Château Béthanie, eine Cuvée aus Chardonnay und Savagnin. Ein eigentümliches Gewächs mit starkem Parfum, aber originell und charaktervoll. Er schenkt ihn in kleinen Gläsern aus, so dass uns für den ganzen langen Abend eine Flasche genügt. Seine Frau musste überraschend ins Krankenhaus fahren. Sein Vater hatte plötzlich Schmerzen und Lähmungserscheinungen in der Hüfte und an den Beinen. Am Ende stellte es sich als ein Gichtanfall heraus.

Eric ist jedenfalls auf sich alleine gestellt und muss jetzt für seine Kinder, deren Freundin und seinen Hausgast ein Menü basteln. Das gelingt ihm mit Charme und Bravour. Als Vorspeise gibt es geriebene Karotten mit Mayonnaise und einer Vinaigrette aus der Flasche. Eric bekennt, eine Salatsauce wisse er nicht zuzubereiten. Als Hauptgang kredenzt er Putenfilet à la crème mit Champignons und einem guten Schuss Savagnin. Als Käse gibt es eine ganze Platte, vor allem aber Cancoillotte à l'ail et à l'échalotte, einen würzigen Schmelzkäse im Becher. Währenddessen hat Céline, die 15-jährige Tochter, kurz mal einen Flan gebacken, der nun vor dem Fenster heruntergekühlt wird, und Hugo, knapp 2 Jahre alt, hat seinen Kartoffelbrei auf den Boden geschleudert. Eric hingegen kredenzt zwischendurch, nachdem er seine eindrucksvolle Whisky-Sammlung vorgestellt hat, einen Marc de Jura und einen Prune de Normandie. Wir unterhalten uns über den Weinbau im Jura, der eines besseren Marketings bedürfe, über Kommunalpolitik in Frankreich und über die Landung der Alliierten in der Normandie, wo er vor ein paar Jahren gleich drei Museen zum Thema besucht hat.

Während des ganzen Abends hat die fünfjährige Aude mich ins Herz geschlossen, immer munter drauflos parliert, ihre ganzen Spielsachen und Bilderbücher gezeigt, und davon berichtet, wie sie gegen den Computer Schach gespielt und sogar gewonnen habe, obwohl sie die Regeln noch gar nicht gelernt habe. Eric ergänzt, dass sie über das Internet auch schon ein Videospiel bestellt habe. Sie könne zwar noch nicht lesen, habe aber bemerkt, dass das rechte Feld *oui* und das linke *non* bedeute und so habe sie einfach immer auf das rechte Feld geklickt und das Videospiel sei ins Haus geliefert worden.

Eric erzählt noch, dass er gelegentlich als *gendarme volontaire* arbeite und ihn das zusammen mit den Weinbergen und den Chambres d'hôtes voll ausfülle. Die Jagd, auf die ich ihn anspreche, brauche er jedenfalls nicht. Für Céline, die ältere, sei es anfangs durchaus gewöhnungsbedürftig gewesen, dass abends immer mal wieder Fremde am Tisch säßen und das traute Familienleben durcheinander brächten. Eric aber kommt gut damit zurecht. Er hat offensichtlich Vergnügen am Austausch und kümmert sich auch wenig darum, dass es im Ess- und Wohnzimmer, das noch von zwei Katzen und einem Hund bewohnt wird, bald aussieht wie am Tag danach.

13 Wegweiser

Einen Weiser seh' ich stehen
Unverrückt vor meinem Blick;
Eine Straße muß ich gehen,
Die noch keiner ging zurück.

Wilhelm Müller: Die Winterreise

Welche Zumutung hält der heutige Tag wohl für mich bereit? Ich beschließe, früh zu starten, um die verpasste Strecke vom Vortag aufzuholen, und verzichte auf ein ausgiebiges Frühstück. Die Zumutung des Tages erweist sich bald. Dicker, fetter Nebel auf der ganzen Strecke. Wenn ich heute kein Zimmer mit Badewanne finde, fürchte ich um meine Gesundheit. Wer jetzt noch kein Rheuma hat, der wird es am Abend bekommen.

Unterwegs begleiten mich nur noch Krähen. Ob das mit dem toten Fuchs zu tun hat, dem die Eingeweide aus dem Bauch heraushingen? Mit den toten Tieren am Straßenrand ist es so eine Sache. Als Autofahrer wendet man kurz den Blick, die Fensterscheibe schafft hinreichende Distanz und die Geschwindigkeit lässt alle Details verschwimmen. Der Fahrradfahrer ist zwar auch den Gerüchen ausgesetzt. Aber einmal kurz Luft anhalten, einen kurzen Bogen schlagen und er ist vorbei. Als Wanderer aber ist man dem Anblick voll ausgeliefert. Man kann zwar die Straßenseite wechseln, das Passieren dauert aber so lang, dass man nicht dauernd wegschauen kann. Im Gegenteil: das tote Ding bannt den Blick, zumal es sich aus eigenen oder fremden Kräften auch noch bewegen könnte. Im Elsass bin ich an einer toten Katze vorbeigegangen, die so aufgebläht war, dass sie jeden Augenblick zu platzen drohte. Bisherige Bilanz: eine aufgedunsene Katze, ein toter Hund, ein aufgerissener Fuchs. Es kommen noch weitere Katzen und Füchse, platte Frösche, gestreckte Hasen, eine zerfetzte Eule, Igel, Amseln, Marder, Krähen, Mäuse und Ratten. Manche erkenne ich so spät, dass ich, »an blütenbekränzten Straßen, stillegehend«, einen mächtigen Satz machen muss, um nicht auf sie zu treten.

Seit einigen Tagen spüre ich eine kleine Taubheit im linken großen Zeh und in der Spitze des rechten Ringfingers. Der Zeh machte sich schon im Schnee auf dem Kniebis bemerkbar, der Finger ist wohl Opfer des Hochs im Elsass, als ich die Lederhandschuhe trug, die langsam feucht wurden und bei der eisigen Temperatur leichte Erfrierungen hervorriefen. Noch ist nichts Ernsthaftes passiert, aber mir wird klar, wie schnell das geschehen kann.

Das langsame Gehen durch das Land verleitet zum Verfertigen seltsamer Gedanken. »Die klugen Sinne pflegend« lädt jedes Objekt zum Nachdenken ein. Schon mehrfach waren mir auf der Strecke verlorengegangene Handschuhe aufgefallen. Eva Bertram, die Fotografin aus Berlin, hat solchen Objekten eine ganze Bilderreihe gewidmet. In Isenheim dürfte es der siebte oder achte Handschuh sein, dem ich begegne. Immer sind es Einzelstücke. Ich beschließe, die Sache gründlicher zu untersuchen und beginne eine kleine Feldforschung. Ich will herausfinden, ob es sich bei all den verlorenen Handschuhen vornehmlich um linke oder um rechte handelt. Die erste Hypothese lautet: Es sind zumeist rechte, weil die meisten Menschen Rechtshänder sind und daher, um besser greifen zu können, den rechten Handschuh zuerst ausziehen – und deshalb auch zuerst verlieren. Mein erstes Untersuchungsobjekt, das ich mit meinem Stock hin- und herwende, ist ein linker!

Auch die nächsten beiden sind linke. Es steht 3:0. Ich muss meine Hypothese variieren. Dass die meisten Menschen Rechtshänder sind, steht fest. Entweder sie greifen daher mit der rechten Hand nach dem linken Handschuh und verlieren den dann kurzerhand. Oder aber sie ziehen den rechten Handschuh zuerst aus, stecken ihn in die Jackentasche und stopfen den linken darauf. Der findet aber keinen richtigen Halt, fällt daher heraus und bleibt liegen, auf dass ich ihn finde.

Bis Lyon stoße ich zwar auf vier rechte Handschuhe, aber die linken bleiben immer mit zwei Treffern im Vorsprung. Auf der langen staubigen Straße vor Clermont-Ferrand wendet sich das Bild. Die Straße wirkt wie präpariert für mich: sieben rechte und drei linke Handschuhe, dazu zwei ganze Paare. Es sind Gummihandschuhe, die von Autofahrern wohl entsorgt wurden, sie zählen nicht bei meiner Recherche.

In Bordeaux angekommen, weist die Schlussbilanz 15 linke und 14 rechte Stücke, mit den vier Paaren zusammen insgesamt 37 Handschuhe aus. Damit sind alle Hypothesen dahin. Es scheint vollkommen egal, ob die Menschen eher Rechts- oder eher Linkshänder sind, sie verlieren ihre Handschuhe mit gleicher Wahrscheinlichkeit. Soll doch ein anderer sich selbst auf den Weg machen und neue Hypothesen aufstellen.

Nach meiner Rückkehr finde ich eine seltsame Notiz in der Zeitung, die sich mir sogleich erschließt:

> »Mit einem weiteren Fund eines abgetrennten Fußes an der Küste von Kanada hat sich die grausige Serie der vergangenen Monate fortgesetzt. Eine Spaziergängerin habe den Fuß an einem Strand nahe dem Fischerort Campbell River auf Vancouver Island entdeckt. Damit wurden in weniger als einem Jahr an Stränden zwischen Vancouver Island und dem kanadischen Festland sechs menschliche Füße gefunden, fünf rechte und ein linker.«

Süddeutsche Zeitung vom 20.06.2008

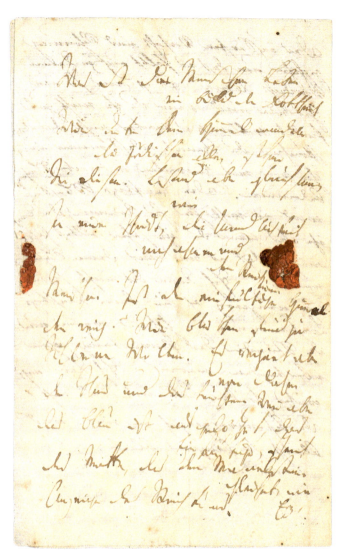

Was ist der Menschen Leben ...
Handschrift Hölderlins auf der Rückseite eines Briefes von Susette Gontard:
»Was ist der Menschen Leben
ein Bild der Gottheit.
Wie unter dem Himmel wandeln
die Irrdischen alle, sehen
Sie diesen. Lesend aber gleichsam, wie
In einer Schrift, die Unendlichkeit
nachahmen und den Reichtum
Menschen.
Ist der einfältige Himmel
Denn reich? Wie Blüthen sind ja
Silberne Wolken. Es regnet aber
von daher
Der Thau und das Feuchte. Wenn aber
Das Blau ist ausgelöschet, das
Einfältige, scheint
Das Matte, das dem Marmelstein
gleichet, wie Erz,
Anzeige des Reichtums.«

14 Gehen

Es würde alles besser gehen,
wenn man mehr ginge.

Johann Gottfried Seume

Wohin mit meinen Schmerzen? Da mir mittlerweile nicht nur die Füße, sondern auch die Schultern wehtun und der Rücken sowieso, beschließe ich, Hölderlin wörtlich zu nehmen und die Schmerzen für null und nichtig zu erklären, sie einfach nicht weiter zu beachten: »Ein Zeichen sind wir, deutungslos, schmerzlos«. Es gelingt – beinahe.

Beim Gang aus der Stadt hinaus begegne ich Kad. Er ist ein *beur*, ein Nachkomme von Immigranten aus dem Maghreb, und arbeitet als Hausmeister in einem Wohnquartier. Gerade ist er dabei, den Müllcontainer zu reinigen. Wir kommen ins Gespräch. Ganz gebannt von meiner Wanderung erklärt er mir, dass er so etwas auch schon seit einiger Zeit im Sinn habe. In zwei Jahren gehe er in Ruhestand und dann werde er gleich am ersten Tag das Fahrrad nehmen – ein sehr gutes, mit allem ausgerüstet, was er brauche – und dann einmal um ganz Frankreich herum fahren. Ein schöner Versuch, die eigene Heimat einzukreisen. Er frage sich nur, ob er sich dabei nicht furchtbar einsam fühlen werde. Ich erzähle ihm, dass ich täglich eine Postkarte an Freunde schreibe und so das Gefühl habe, obwohl ich alleine wandere, von einem großen Netz an Beziehungen getragen zu werden. Das gefällt ihm, er wolle darüber nachdenken.

So wie der Abstand vom Alltag die Sinne neu erwachen ließ, so lässt die Routine des Wanderns sie allmählich auch wieder abstumpfen. Die Aufmerksamkeit gilt nun zwar anderen Dingen. Statt Büchern, Zeitungen, E-Mails und all den vielen Verpflichtungen, die den Alltag prägen und beherrschen, jetzt eben dem Wetter, den Wanderstrecken und den wechselnden körperlichen Befindlichkeiten. Sie werden aber ähnlich kanalisiert. Das verstärkt sich bei Störungen. Bei Nieselwetter oder gar Schneeregen richtet sich die ganze Konzentration darauf, möglichst trocken durch den Tag zu kommen. Und wenn sich ein flaues Gefühl im Magen einstellt, sind alle Sinne auf die Vitalfunktionen orientiert: Genug Energie zuführen, Kraft einteilen, Entsorgung sichern, Weg nicht verpassen, Nachtquartier erreichen.

Die Aufmerksamkeit für äußere Gegebenheiten reduziert sich immer mehr. War zu Beginn der Wanderung die Befreiung von den Nöten des Alltags – den beruflichen und privaten Verstrickungen, den vielen Kontakten, Informationen, Medien, Briefen, Rechnungen und permanenten Erwartungen – vorherrschend, eine Befreiung, die im Gefühl des Aufbruchs neuen Raum für neue Beobachtungen schuf, so hat sich die Perspektive allmählich, doch stetig, wieder verengt: Durchhalten, Kilometer machen, Rituale einhalten, Quartier erreichen, Notizen fertigen.

Tunnelblick. Nur noch das Ziel im Auge, kaum mehr Emotionen, wenig Interesse für die Umgebung. Insgesamt der Eindruck einer alten Lokomotive, die dauernd ihre Räder schmiert und schaut, dass sie unter Dampf bleibt. Dies ist kein Spaziergang, keine Lustreise, keine Landpartie. Eher eine Expedition, ein Gewaltmarsch am Limit der eigenen Leistungsfähigkeit, an der Grenze der Aufnahmebereitschaft und an der Grenze der Abgabefähigkeit von Substanz, Wärme, Energie. Große National- oder auch Departementalstraßen helfen, Kilometer zu machen, langweilen aber gehörig. Sie reduzieren die Wahrnehmung noch mehr auf das Elementare. Verdruss stellt sich ein, irgendwann auch Überdruss.

Das ändert sich schlagartig, sobald ich in kleine Nebenwege abbiege. Plötzlich wieder Landschaft und Leben. Kleine Seen, Kühe, Schafe, Wald und Weiden. Die Augen erholen sich in den Silhouetten der Natur, wenn auch die Beine weiterhin Schwerstarbeit leisten müssen. Sobald auch sie nicht mehr können, verfalle ich auf den alten Trick des Zählens. Noch drei Kilometer, das sind 1.500 Doppelschritte. Bei 1.100 passiere ich bereits das Dorfschild meines Nachtquartiers in Crocq.

Bei Monsieur und Madame David erwarten mich die nobelste Unterkunft und das feinste Essen. Kürbissuppe, ein Entrecôte vom Limousin-Rind, Rucola-Salat mit Bratkartoffeln, Panna Cotta mit Kastanienkonfitüre. Dazu selbstgebackenes Brot und einen Wein aus Chinon. Das Rinderfilet lässt Madame David höchstens 30 Sekunden auf jeder Seite braten, so dass es nur auf der Außenseite etwas Farbe annimmt, innen aber noch ganz roh ist. Das muss man mögen. Bloody, aber well done. Vergnügen pur, denn die Bratkartoffeln und den Salat gibt's erst hinterher. Wir sitzen drei Stunden beieinander und tauschen uns aus. Die taube Katze schaut uns dabei zu.

Das abendliche Mahl wird immer mehr zum Fixpunkt der Sehnsüchte und des Begehrens. Es verspricht Ankunft, Auftanken, Ausruhen und Austausch mit den wechselnden Gastgebern. Das war schon bei Michel de Montaigne so. Das Tagebuch seiner Reise von Bordeaux nach Italien in den Jahren 1580 und 1581 ist voll von Schilderungen der diversen Unterkünfte und Speisefolgen bis hin zu der noch immer aktuellen Betrachtung, welche Vorteile doch Federdecken, die er in den oberdeutschen Städten für sich entdeckte, für eine bequeme Nachtruhe böten. Im Elsass haben sich unsere Strecken gekreuzt.

Ich beschäftige mich indessen, angeregt von der Begegnung mit dem Züchter Albert Möck auf der Schwäbischen Alb und durch das köstliche Mahl bei Madame David, mit den diversen Rinderrassen, wie sie in Frankreich mit Hingabe gepflegt werden. Sieht man einmal vom *Boeuf de Hohenlohe* ab, das von der Slow Food-Bewegung so schön protegiert wird, beschränkt sich die Unterscheidung des Fleisches in Deutschland ja gemeinhin auf die Frage: »Rind oder Schwein?«. Das entspricht der verlockenden Alternative »Rot oder Weiß?« beim Wein. Kaum je eine regionale Differenzierung und schon gar keine Hinweise auf die jeweiligen Rassen. Der belgische Künstler Marcel Broothaers brachte diese bedauerliche Entfremdung von den Feinheiten der landwirtschaftlichen Produktion in seiner Arbeit *Les Animaux de la ferme* anschaulich auf den Punkt. Wie auf Lehrtafeln für den Unterricht in Ackerbau und Viehzucht versammelte er auf zwei Grafiken 15 Stier- bzw. Kuhrassen und ordnete ihnen jeweils eine passende Automarke zu. Aus einem Schwarzfleckbullen wurde so ein Fiat und aus einem Rotvieh ein Rolls Royce. Damit der moderne Mensch sie auch recht zu unterscheiden weiß.

Beim Gang durch die französischen Landschaften tauchen sie nun alle auf – die rot-weiß gescheckten Rinder von Montbéliard, die mächtigen Charolais des Burgund, in der Auvergne die Salers mit ihren langen, auskragenden Hörnern, im Limousin die feinen Limousines und die eleganten Blondes in Aquitanien. An jeder Biegung des Weges halte ich Ausschau nach einer neuen Rasse und bin bei der Ankunft in Limoges schon so konditioniert, dass ich mir im Restaurant *La vache au plafond* eine Côte de Boeuf mit glatt 500 Gramm bestelle.

Hinter Lons-le-Saunier begrüßt mich das neue Jahr mit einem herrlichen Sonnentag. Ich habe Glück mit dem Wetter und auch mit dem Weg. Ich kann das feuchtkalte Tal von Lons verlassen und auf den Fernwanderweg GR 59 einschwenken, der mich über das Plateau de Gravelle nach Beaufort führt. Auf eisiger Höhe balanciere ich zwischen Fels und Tal. Glitzernde Zweige von gefrorenen Büschen und Bäumen bilden immer wieder Hohlwege, an deren Ende geradezu kitschig der blaue Himmel strahlt. Zwischen weiß wucherndem Heidekraut führt ein bemooster Weg auf den Abhang zu. Dann – die reinste Idylle. *Der Wanderer über dem Nebelmeer.* Ich bin mitten in das Bild von Caspar David Friedrich geraten. Vor mir entfaltet sich das romantische Panorama von Saint-Laurent-la-Roche. Ein Blick wie auf eine Modelleisenbahn. Der riesige Felsen, der sich spiralförmig in den Himmel schraubt, Bauernhäuser, die sich an den Hang schmiegen, Bäume, die aus ihren Ästen ein grauweißes Gewölk formen, Nebel, der hinter dem Fels wabert und der zusammen mit den Bergen in der Ferne ein Meer von Wellen bildet. Und dann, mit der Stirn in den Wolken, die steinerne Jungfrau, Beschützerin des Dorfes. Still und stumm nimmt sie die Position des Wanderers ein und verleiht dem Bild ein geheimnisvolles Zentrum.

Die Idylle von Saint-Laurent-la-Roche macht wieder einmal klar: Was wir so einfach Landschaft nennen, ist in Wirklichkeit eine bemerkenswerte Rekonstruktionsleistung unseres Gedächtnisses. Eine Synthese aus hunderten von Eindrücken – direkten Anschauungen, Erzählungen, Museumsbesuchen, Lesefrüchten –, die wir im Laufe der Zeit anhäufen, zu Tableaus verdichten und in der Natur wiedererkennen, wiederzuerkennen vermeinen. Goethe hatte offensichtlich recht mit seiner Bemerkung: »Man erblickt nur, was man schon weiß und versteht«. Im Laufe seines Lebens hatte sich ja auch endgültig die Verwandlung von Natur in Landschaft vollzogen, die Überführung des natürlichen Umfelds in die Wissenschaft von der Natur, die Transformation von Welt in Umwelt. Aus der Natur war ein vom Menschen auch an den unwirtlichsten Orten kultiviertes, will heißen erobertes Terrain geworden, eine Ressource, die von da an dem ökonomischen Nutzen, der physischen Ertüchtigung und der psychischen Erholung gleichermaßen diente:

> Sei mir gegrüßt, mein Berg mit dem rötlich strahlenden Gipfel,
> Sei mir, Sonne, gegrüßt, die ihn so lieblich bescheint,
> Dich auch grüß ich, belebte Flur, euch, säuselnde Linden,
> Und den fröhlichen Chor, der auf den Ästen sich wiegt,
> Ruhige Bläue, dich auch, die unermeßlich sich ausgießt
> Um das braune Gebirg, über den grünenden Wald,
> Auch um mich, der endlich entfloh des Zimmers Gefängnis
> Und dem engen Gespräch freudig sich rettet zu dir …

Friedrich Schiller: Der Spaziergang

Nicht »Ländliche Idylle« oder »Erwachen heiterer Gefühle bei der Ankunft auf dem Lande« hat Schiller sein Gedicht überschrieben, sondern *Der Spaziergang*. Er hatte also nicht nur das als lieblich Wahrgenommene, das die eigenen Gefühle Erheiternde im Sinn, sondern weitaus mehr: Schiller hat in diesem Gedicht, seherisch und kritisch zugleich, die Art und Weise der Wahrnehmung selbst zum Gegenstand der Betrachtung gemacht, hat erkundet, was mit der Natur passiert, wenn der moderne Mensch sie durchstreift und daraus eine ganze Kulturgeschichte der Naturaneignung entwickelt.

Lucius Burckhardt hat für diese systematische Betrachtung der Landschaft den Begriff der *Promenadologie*, der Spaziergangswissenschaft, erfunden. Ihr Gegenstand ist die Ästhetik des Raums, ihre Grundfrage: »Was ist Landschaft, was ist Stadtbild?« und »Warum ist Landschaft schön?« Die Antwort darauf sind der Spaziergang oder die Wanderung. In ihnen nur wird Landschaft als Integration von Wahrnehmung, von Farben und Gerüchen, Bildern und Sprache, als Einheit von Erinnerung, Gegenwart und antizipierter Zukunft sinnlich und sinnreich erfahrbar.

Gehen heißt also immer auch denken. Spaziergänge sind Gedankengänge. Kein Mensch läuft sinnlos in der Gegend herum, es sei denn, er wird dazu gezwungen, dann wird der Sinn durch andere bestimmt. Selten auch geht es darum, ein äußeres Ziel zu erreichen. Ziele sind beliebig. Ausgesprochene Ziele sind sogar ausgesprochen beliebig. Sie sind nur Metaphern, Vehikel für andere, unausgesprochene Ziele. Jeder, der aufbricht, will etwas verändern. Nicht dort, wo er aufbricht, sonst müsste er ja bleiben, sondern bei dem, der aufbricht. Jeder, der aufbricht, will irgendwo ankommen, am liebsten, bei sich selbst. Aufbrechen heißt daher, am Ende zu sich selbst zu kommen, mit sich oder anderen ins Reine kommen zu wollen. Das war auch bei Hölderlin nicht anders:

> Täglich geh' ich heraus, und such' ein Anderes immer,
> Habe längst sie befragt alle die Pfade des Lands;
> Droben die kühlenden Höhn, die Schatten alle besuch' ich,
> Und die Quellen; hinauf irret der Geist und hinab,
> Ruh' erbittend; so flieht das getroffene Wild in die Wälder …

Menons Klagen um Diotima

Für Hölderlin hatte das Gehen aber noch eine andere Bedeutung. Im Gehen entstanden bei ihm Verse, ja ganze Gedichte. Das war schon beim jugendlichen Schüler so: »Ich mache wirklich über Hals und Kopf Verse … Auf meinen Spaziergängen reim' ich allemal in meine Schreibtafel.« Und es blieb auch später so. Im Stift karikieren die Freunde ihn ob seines »Poeten Schritt, wenn allenfalls aufs Wörtchen Fluch Tal / Der schwere Reim ihm noch gebricht«. Hölderlins Verse sind aus dem Gehen geboren; sie lassen sich daher auch am ehesten im Gehen verstehen.

Bei Geruge kippt die Landschaft aus der Idylle. Ich werde Zeuge, wie zwei Hunde einen dritten zu Tode hetzen. Gerade noch schien alles so friedlich. Keine Regung, nirgends. Nur Kuhglocken von weither. Plötzlich ein unerhörtes Gebell und Geheul. Gleich darauf die Hatz. Drei Hunde auf offenem Feld. Alle im gestreckten Lauf: 400 Meter nach links, Kehre, 300 Meter zurück, erneute Kehre und wieder 300 Meter in die Gegenrichtung. Zunächst bleibt unklar, was sie treibt. Spiel oder Ernst? Zu sehen sind nur zwei weiße Hunde, einer davon mit Glöckchen um den Hals, und ein brauner, dem sie hinterherjagen. Das Geheul des braunen erweist sich jedoch bald als Todesangst. Die Jagd geht noch ein paar Mal hin und her. Irgendwann, hinter einem Busch, erstirbt das Geheul und auch das zornige Bellen. Totenstille. Zwei Bauern am Ende des Dorfes haben das grausame Schauspiel mitverfolgt und sind genauso irritiert wie ich. Nature morte, die Schönheit des Stilllebens zeigt ihre Schattenseite.

Hinter St. Laurent geht es noch einmal den Berg hinauf in eine Waldschonung hinein. Hochgewachsene Tannen stehen dicht an dicht, auf dem trockenen Lehmweg Tatzenspuren. Die Tannen sind von Reif überzogen, alles erscheint unangenehm frostig und fremd. Zum ersten Mal überkommt mich ein Gefühl des Grauens. Gedanken an Hänsel und Gretel und Assoziationen an Aguirre, den Zorn Gottes, im amazonischen Regenwald. Die Bilder vermischen sich in unangenehmer Weise, die Synapsen spielen mir einen Streich. Jetzt wären mir sogar ein paar Jäger lieb, dass ich mich nicht so allein fühlen muss im dunklen, dunklen Wald. Ich beschleunige den Schritt, um so rasch wie möglich der ach so lieben Natur zu entkommen.

In Beaufort erwarten mich mein Bruder Werner und mein Sohn Lukas. Sie nutzen die Jahreswende, um drei Tage mit mir zu wandern. Das Gehen zu dritt verändert die Wahrnehmung. Das fängt schon bei der Frage des Tempos an. Jeder Geher hat seine Eigengeschwindigkeit. Sie hängt nicht nur von der Länge der Beine, der Größe des Herzens oder der Höhe des Hormonspiegels ab, sie ist auch kulturell vermittelt. Hannoveraner, so haben Forscher der Universität Chemnitz festgestellt, sind die Schnellsten unter den Deutschen. Sie legen 1,49 Meter pro Sekunde zurück. Dicht auf den Fersen sind ihnen, allen Gerüchten vermeintlicher Gemütlichkeit und Urtümlichkeit zum Trotz, die Stuttgarter und die Münchner. Recht gemächlich lassen es im Vergleich dazu die Menschen aus Trier und Saarbrücken angehen. Sie schaffen gerade mal 1,38 Meter pro Sekunde. Auch im internationalen Vergleich machen sich beträchtliche Unterschiede bemerkbar. Deutschland ist einer Untersuchung von Robert Levine zufolge das drittschnellste von 31 Ländern, die er unter die (Zeit-)Lupe genommen hat. Nur die Schweiz und Irland waren schneller, Frankreich belegte Platz elf.

Deutsche gehen also im Schnitt schneller als Franzosen, Männer rascher als Frauen und Städter flinker als Landbewohner. Wenn dies durchgängig zuträfe, müssten wir drei Wandergesellen als Städter, die wir sind, als Männer und Deutsche, geradezu durch die Landschaft rasen. Tun wir freilich nicht, wir wissen uns zu bremsen und freuen uns mit Bedacht auf die heiteren Gefühle bei der Ankunft an der abendlichen Tafel.

Napoleon auf der Consulta zur italienischen Republik in Lyon 1802, Gemälde von Nicolas-André Monsiau, 1808

Im Januar 1802 schneiden sich in Lyon die Wege von Napoleon und Hölderlin, der Bonaparte in einem Gedicht als einen Helden gefeiert hatte, der die »heiligen Gefäße« der Dichter sprenge.

15 Lyon

hier ists jezt so lebhaft

Hölderlin: Brief aus Lyon 1802

Historisch führen drei Routen von Besançon nach Lyon. Die eine geht mit der Postkutsche das Saône-Tal hinab über Beaune, Chalon-sur-Saône und Mâcon auf der rechten Seite der Rhône; die andere und ältere führt über Lons-le-Saunier und die Bresse auf der linken Seite der Rhône entlang, und die dritte ist der Weg mit dem Schiff auf dem Doubs und der Saône bis zum Zusammenfluss mit der Rhône in Lyon.

Hölderlin ist frühestens am 30. Dezember aus Straßburg abgereist und mit ziemlicher Sicherheit am 6. Januar in Lyon angekommen. Von diesem Tag datiert jedenfalls sein Eintrag in das Passkontrollbuch der Stadt. Damit blieben ihm für die Strecke Straßburg – Lyon mit ihren 500 Kilometern maximal acht Reisetage. Zu Fuß ist das nicht zu schaffen. Ich bin inzwischen gut eingelaufen und lege pro Tag meine 30 bis 40 Kilometer zurück. Für die Distanz brauche ich jedoch volle 20 Tage, den Ruhetag an Heiligabend eingeschlossen. Auch bei höherer Schrittgeschwindigkeit wäre die Strecke in der vorgegebenen Zeit nicht zu bewältigen gewesen.

Schon die gute Woche, die er unterwegs war, kam Hölderlin, wie er der Mutter schrieb, lang vor und sie wurde »durch Überschwemmungen und andere unabwendbare Umstände, die mich aufhielten, noch länger«. Welche Umstände das waren, bleibt wie so vieles auf dieser Reise offen. In jedem Falle dürften die Überschwemmungen auf der Route Pausen oder Umwege erforderlich gemacht haben, die weitere Zeit kosteten. Wenn er die Strecke nicht gewandert sein kann, bleibt die Möglichkeit der Postkutsche oder der Postkutsche in Verbindung mit dem Schiff. Für die Schifffahrt spricht, dass sie zu Hölderlins Zeiten durchaus gebräuchlich gewesen ist. Laurence Sterne erwähnt in seinem Roman *Tristam Shandy* die Flussreise auf der Rhône in den Jahren 1762/1763; allerdings erst für die Strecke in den Süden ab Lyon. Und auch Stendhal schickte auf seiner Reise durch die französische Provinz von Dijon nach Lyon den Kammerdiener mit dem Gepäck in der Kutsche voraus und wählte für sich selbst das Schiff – in seinem Fall freilich nicht, um schneller voranzukommen, sondern um einen schöneren Blick auf die Landschaft genießen zu können. Noch zu seiner Zeit – er reiste im Sommer 1837 – trat die Saône häufig über die Ufer und überschwemmte regelmäßig das ganze Land. Das ruhig dahinfließende, gleichsam schlafende Gewässer wurde dann zu einem reißenden Fluss.

Um sichergehen zu können, dass diese Route angesichts des vielen Regens während Hölderlins Winterreise überhaupt mit dem Schiff befahrbar war, gilt es in den Archiven anhand der Jahresberichte und Zeitungsnotizen zu überprüfen, ob Anfang Januar 1802 überhaupt Schiffe auf dem Doubs und der Saône verkehrten. Der Besuch in den *Archives départementales* in Besançon verschafft Aufklärung. Denn es zeigt sich, dass die Flussreise auf dem Doubs für Hölderlin schon deswegen nicht in Frage kam, weil der Kanal, der den Doubs mit der Saône verband, erst am 12. Oktober 1802, also gut zehn Monate, nachdem der Dichter die Region passiert hatte, eröffnet wurde. Es sollte sogar noch volle drei Jahrzehnte dauern, bis der Doubs als Verbindung zwischen Rhein und Saône auf seiner ganzen Länge schiffbar gemacht war.

Das Schiff stand für Hölderlin also weder in Besançon noch in Dôle zur Verfügung. Es auf der Saône zu benutzen, hätte zunächst einen gehörigen Umweg erfordert und war zudem wegen des gefährlichen Hochwassers nicht angeraten. Auch die Postkutsche das Saône-Tal hinunter hat sich nicht empfohlen. Hölderlin hätte dafür zunächst umständlich nach Beaune reisen müssen, und die Strecke den Fluss entlang war wiederum durch Überschwemmungen beeinträchtigt. Er dürfte deshalb von Besançon die klassische Route nach Lyon über Salins, Arbois, Lons-le-Saunier, Bourgen-Bresse und Pont d'Ain genommen haben. Dafür standen ihm in Besançon zwei Agenturen zur Verfügung: das Büro der Citoyens *Grune et Debesse*, rue des Granges Nr. 104, deren Schnellkutschen an allen geraden Tagen um 8 Uhr morgens auf diese Strecke abgingen, und das Büro der Citoyens *Moreau, Jaquard & Compagnie* in der rue St. Vincent, die ihre *diligences* an den ungeraden Tagen bereits um 4 Uhr früh losschickten. Die Fahrten in den Schnellkutschen gingen die ganze Nacht hindurch und

Brief Hölderlins an seine Mutter aus Lyon vom 9. Januar 1802:
»Meine theure Mutter!
Sie werden sich wundern, zu dieser Zeit von Lyon aus einen Brief von mir zu erhalten. Ich war genöthiget, länger, als ich vermuthete in Strasburg zu bleiben, wegen meines Reisepasses, und die lange Reise von Strasburg bis hierher wurde durch Überschwemmungen und andere unabwendbare Umstände, die mich aufhielten, noch länger. Es war ein beschwerlicher, und erfahrungsreicher Weg, den ich bis hierher machte, aber auch manche reine Freude hab' ich gefunden …«.

Ansicht des Saône-Ufers in Lyon, Gemälde von Charles-François Nivard, 1804

brauchten bis Lyon und übrigens auch bis Straßburg jeweils 60 Stunden. Die reine Fahrtzeit von Straßburg bis Lyon betrug also gerade mal fünf Tage. Rechnet man den Aufenthalt in Besançon und die widrigen Umstände aufgrund der Überschwemmungen hinzu, dann konnte Hölderlin diesen Reiseabschnitt in dem dokumentierten Zeitraum gut, wenn auch mit mancher Beschwernis, bewältigen.

Auch ich wähle den Weg über Lons-le-Saunier, gönne mir aber noch ein Stück Wegs am Doubs entlang bis nach Dôle und stoße in Arbois wieder auf die Postroute. In Dagneux, auf der letzten Etappe vor Lyon, gehe ich an einem einsamen Sonntagmorgen die Straße entlang. Gerade habe ich Meximieux passiert, die Partnerstadt von Denkendorf, wo Hölderlin seine erste Internatszeit verbracht hat. Da sehe ich einen jungen Mann am Straßenrand stehen. Er will mit seinem kleinen Sohn die Straße überqueren. Die Ampel zeigt grün, er wartet aber ab und spricht mich an. Woher ich denn komme und wohin ich wolle? Ich erzähle ihm von meiner Tour auf den Spuren eines deutschen Dichters.
»Und wie heißt der Dichter?«
»Hölderlin.«
»Oh«, sagt er, »Hyperion!«

Mir verschlägt es die Sprache. In Denkendorf, zehn Kilometer von Hölderlins Heimatstadt, kennt ihn nicht einmal der Kronenwirt und hier, mitten in der französischen Provinz, wirft mir ein junger Kerl den Titel seines einzigen zu Lebzeiten erschienenen Buches entgegen: *Hyperion oder Der Eremit in Griechenland.*

Patrice Cassina hat Literatur studiert und sich dabei auch ein wenig mit deutschen Dichtern beschäftigt. Heute ist er in der sozialen Jugendarbeit tätig und hat für die schönen Künste kaum mehr Zeit. Er bittet mich, für seinen Sohn einen Hölderlin-Vers aufzuschreiben. Da ich neben der kompakten Insel-Ausgabe auch eine deutsch-französische Edition im Rucksack mitschleppe, notiere ich ihm einen Satz so richtig nach dem Geschmack französischer Anti-Pädagogik:

> Gefahren zeugen Männerkräfte
> Leiden erheben die Brust des Jünglings.

Zornige Sehnsucht

Dreimal während meiner Wanderung durch Frankreich treffe ich Menschen, die Hölderlin kennen. Am selbstverständlichsten der Antiquar in Lyon:
»Wo finde ich denn Literatur über Lyon um 1800?«
»Da drüben im oberen Regal. Was suchen Sie denn?«
»Ich bin auf den Spuren eines deutschen Dichters, der 1802 durch Lyon gereist ist.«
»Und welcher Dichter soll das gewesen sein? Es sind viele nach Lyon gekommen. Die meisten haben schlecht über die Stadt geschrieben. Kaum einer hat sie gemocht.«
»Hölderlin, kennen Sie ihn?«
»Aber ja doch. Jeder kennt ihn. Er ist in Frankreich ziemlich bekannt.«
»Und ein bedeutender Dichter!«, wirft seine Kollegin ein.

Tatsächlich haben das Genie und wohl auch das Schicksal Hölderlins die Franzosen immer sehr fasziniert. In ihrer Lust am Dunklen, Unergründlichen stehen sie, ihrer rationalistischen aufklärerischen Tradition zum Trotz, den Deutschen nicht nach. Heidegger vor allem hat ihnen Hölderlin nahe gebracht, so dass der Verlag Gallimard sein Werk in den 1960er-Jahren in die *Bibliothèque de la Pléiade*, die edle französische Reihe der Weltliteratur, aufgenommen hat, wo er nun als Band 191 ruht. In Lyon ist Hölderlin am Ende der ersten Januarwoche 1802 angekommen – und so auch ich. Seiner Mutter schreibt er am 9. Januar:

> »Es war ein beschwerlicher, und erfahrungsreicher Weg, den ich bis hierher machte, aber auch manche reine Freude hab' ich gefunden… Morgen reis' ich nach Bordeaux ab, und werde wohl bald dort seyn, da jezt die Wege besser und die Flüsse nicht mehr ausgetreten sind.«

Wie sein Passeintrag belegt, hat Hölderlin im *Hôtel du Commerce* logiert. Die Straße, in der das Hotel lag, hieß zu seiner Zeit rue St. Dominique und geht direkt von der zentralen Place Bellecour ab. Ausgerechnet in dieser kleinen Gasse hatte 1741 auch Rousseau als Hauslehrer bei Herrn de Mably gewohnt und gewirkt. Hölderlin wird es kaum gewusst haben, gefallen hätte es ihm aber gewiss. 1902 wurde die Straße in rue Emile Zola umbenannt. In welchem Haus genau sich das Hotel befand, konnte bis heute keiner herausfinden. Und auch in den Archives Municipales können sie mir nicht weiterhelfen. Ich studiere den *Fonds Pointet*, ein immenses Konvolut von 35 Bänden und 117 Karten. Joseph Pointet hat hierfür alle Besitzer der verschiedenen Viertel Lyons ermittelt und peinlichst genau zusammengestellt. Leider enden die Recherchen 1790 und ein Hôtel du Commerce ist nicht aufgeführt. Auch der Almanach für das Jahr 1801/1802 macht keine Angaben. Immerhin geht aus ihm hervor, dass das zentrale Büro der Postkutschenagentur für alle Linien, eingeschlossen die Strecke Lyon–Bordeaux, gleichfalls in der rue St. Dominique lag, Hölderlin also nur über die Straße musste, um sich über die weiteren Reisemöglichkeiten und ihre näheren Umstände zu erkundigen.

Eines der Rätsel der Winterreise besteht in der Frage, warum Hölderlin nicht über Paris, sondern über Lyon gereist ist. Immerhin hatte er in seinen Briefen vor der Abreise noch von einem Besuch in Paris geschwärmt, seine Pläne in Straßburg aber ändern müssen. Gewiss unfreiwillig, er selbst spricht von Schwierigkeiten, die ihm in Passangelegenheiten dort entstanden seien.

Sein Weg führt ihn jedenfalls über Lyon und das zu einem Zeitpunkt, als die Stadt am Zusammenfluss von Rhône und Saône gerade als Konferenzort für die Gestaltung des zukünftigen Italien diente. Bonaparte hatte nach seinen zahlreichen Beutezügen in Norditalien und den damit verbundenen, höchst willkürlichen territorialen Verschiebungen die Notwendigkeit gesehen, eine Neuordnung der Staatsstrukturen vorzunehmen, die zumindest nach außen den Schein der Legitimität besitzen sollte. Er lud daher die Repräsentanten der verschiedenen oberitalienischen Gebiete seines Herrschaftsbereichs zu einer *Consulta*, einer verfassungsgebenden Versammlung, freilich nicht in eine Stadt in Italien, sondern nach Lyon. Dies schien ihm ein verlässlicher Platz, der auch die Machtverhältnisse von vorneherein klarstellte. Delegierte aus Italien und auch aus Frankreich kamen dazu Mitte Dezember 1801 angereist. Am Ende des Jahres wurde ihnen ein bereits komplett ausgearbeiteter Verfassungsentwurf präsentiert. Die Delegierten konnten darüber zwar beraten, aber Wesentliches daran ändern durften sie nicht. Am 11. Januar erschien Bonaparte persönlich in der Consulta, um die Sache zum gewünschten Ende zu bringen und seine Wahl zum Präsidenten der neuen Republik zu bewerkstelligen. Das ging allerdings erst einmal schief, denn die eigens dafür eingesetzte Kommission schlug ganz gegen das offensichtliche Regiekonzept nicht den Ersten Konsul, sondern den Grafen Melzi als neuen Regierungschef vor. Erst als der klugerweise abgelehnt hatte, fiel die Wahl wie vorgesehen auf Bonaparte, der das Amt sogleich annahm und am 26. Januar die neue *République Italienne* ausrief.

Da war Hölderlin bereits kurz vor Bordeaux. Er hatte seine Abreise aus Lyon für den 10. Januar bestimmt und die Stadt wohl gerade verlassen, als Bonaparte auf den Plan trat. Die Aufgeregtheit der Stadt aber hat er gespürt und nach Hause gemeldet: »hier ists jezt so lebhaft.« Gewiss hätte Hölderlin viel darum gegeben, dem Ersten Konsul zu begegnen, wie es sechs Jahre später Goethe nicht ohne einige Genugtuung widerfuhr. Eine Begegnung zweier Weltbürger, die sich gegenseitig den gehörigen Respekt erwiesen. Hölderlins Affekte dem Korsen gegenüber waren indes deutlich heftiger – in der Verehrung wie in der Verdammung. Noch stand er unter dem Eindruck des Friedens von Lunéville, der 1801 nach vielen Jahren des Krieges an ganz verschiedenen europäischen und außereuropäischen Fronten die Hoffnung auf einen neuen, einen vielleicht dauerhaften Frieden aufkeimen ließ. Das war freilich eine totale Verkennung der Persönlichkeit des Korsen und auch der machttechnischen Basis seiner ausgreifenden Herrschaft.

Es ist immer viel spekuliert worden über die Route Hölderlins von Lyon nach Bordeaux. Es war der dramatischste Teil seiner langen Reise und wir wissen nur, dass sie über die Auvergne führte. Ob er sie zu Fuß oder mit der Kutsche zurückgelegt hat, können wir nicht sicher sagen und auch der Streckenverlauf ist fraglich. Meine Karte von 1806, die in Besançon durch Angaben im Annuaire für 1804 bestätigt wurde, zeigt mir aber, dass es nur einen passenden, den offiziellen und damit sinnvollen Weg gegeben hat. Er deckt sich im Kern mit den Vermutungen der meisten Hölderlin-Forscher und führte von Lyon über Grand Buisson, Feurs, Boën und Thiers nach Clermont und von dort über Aubusson, Bourganeuf und St. Leonard nach Limoges. Das letzte Stück ging dann, von Hölderlin gewiss zu Fuß zurückgelegt, über Perigeux die Isle entlang nach Libourne und von dort durch das Entre-deux-mers schließlich nach Bordeaux. Ich jedenfalls muss diesen Weg gehen.

16 Durchs Gebirg

Wieder geht's los, herrlicher Tag!

**Letzter Tagebucheintrag von Maurice Wilson,
erfroren am Mount Everest 1934**

Nach Lyon kommt die Krise. Ich hatte immer Sorge vor einer heftigen Erkältung oder einer Darminfektion. In Lyon holt mich beides ein. Zuerst kommen die Ohrenschmerzen, die ich mit entzündungshemmenden Tropfen in den Griff zu kriegen versuche. Schlimmer ist die Magenverstimmung. Zu Dreikönig hat mich Carmen, meine Frau, in Lyon besucht. Für unseren Abschiedsabend besorgten wir uns Wein, Käse und ein *Taboulé* mit Meeresfrüchten. Das Taboulé war verdorben. Wir merkten es am frühen Morgen, da wir uns beide die Seele aus dem Leib schleuderten.

Der Abschied wird so doppelt herb. Carmen quält sich in den Zug, ich mich auf die Strecke. Zu allem Übel fällt Dauerregen und ich muss mir schon im Hotel das rote Cape überwerfen. Ich schleppe mich den Hang nach Westen hoch und orientiere mich am Jakobsweg. Außer einem Lindenblütentee habe ich nichts im Magen. Ich fühle mich so schlecht, dass ich mich an jeder Ecke hinlegen und einschlafen möchte. In einem Café versuche ich meinen Energie- und Flüssigkeitshaushalt durch zwei Flaschen Cola zu steuern. Die Wirtin bietet mir dazu einen Sandkuchen an. Eine Stunde später folgen ein weiteres Cola und ein *Panaché*. Cola und Radler – das ist mein Rezept für die nächsten Tage, da ich feste Nahrung kaum bei mir behalten kann. Ich mache Totaldiät und muss dabei mit 14 Kilo auf dem Rücken 25 Kilometer im Regen runterspulen.

Auch die Quartiersuche erweist sich als problematisch. Hinter Lyon wird es wieder sehr ländlich. Wenn es überhaupt Hotels gibt, dann haben sie in dieser Jahreszeit geschlossen. Ich muss mich daher an die Chambres d'hôtes halten. Nach zwei Absagen habe ich Glück, werde aber gezwungen, meinen Weg zu ändern, was sich freilich als Vorteil herausstellt, weil ich mir so einen schweren Berg spare.

Madame Ratton ist bezaubernd, selbstbewusst, modern, charmant und kommunikativ. Sie besteht darauf, dass es ihr Haus sei und sie nicht zu ihrem Mann, sondern er zu ihr gezogen sei. Er hilft mir, den richtigen Weg herauszusuchen und begleitet mich am folgenden Morgen fast eine Stunde auf das Hochplateau über Thurin, von wo aus die weitere Strecke gut zu finden ist. Die Tochter der beiden ist mit ihrem Freund auf dem Fahrrad nach Neuseeland gefahren und hat dafür vier Jahre gebraucht. Da erscheint meine Wanderung wie ein kleines Wochenendvergnügen. Derzeit ist sie für ein halbes Jahr in Chile. Die Rattons besuchen sie in ein paar Tagen. Wäre ich eine Woche später vorbeigezogen, hätte ich sie verpasst.

Außer Tee nehme ich nichts zu mir. Im Bett habe ich Schüttelfrost und Fieberanfälle im Wechsel. Ich bleibe glatte zehn Stunden liegen, komme aber in keinen Tiefschlaf. Draußen regnet es noch immer. Das Frühstück fällt knapp aus. Nur Tee sagt mir zu und ein Croissant. Ich muss heute 35 Kilometer zurücklegen, wenn ich im Plan bleiben will.

Es ist der Tag der toten Tiere: ein Hase, zwei Katzen und ein Rabe. Ich fotografiere sie erstmals und könnte mich gleich dazulegen, so schwach fühle ich mich. Zu Mittag kann ich in einer kleinen Auberge in Montromant erleben, wie der Arbeitstag in der Provinz noch funktioniert. Punkt zwölf fallen die Ingenieure und Bauarbeiter ein, setzen sich an die gedeckten Tische. Brot, Wein und Wasser stehen bereit. Und kaum sitzen sie, wird auch schon aufgetischt: Suppe, Fleischgericht, Käse, Dessert. Wie es sich gehört. Nur mit vielen Worten kann ich der Wirtin verständlich machen, dass mein Magen lediglich einen Tee und trocken Brot verträgt.

Bis Ste Foy l'Argentière komme ich rasch voran. Dann entscheide ich mich für einen auf der Karte eingezeichneten Wanderweg. Ein Riesenfehler. Er treibt mich den Berg hoch und wieder runter und endet an einer Serie von Weidezäunen und einem Bach. Ich muss jedes Mal den Rucksack abschnallen und mich mühsam über den Stacheldraht zwängen. Der Weg ist so schlammig, dass ich bis zum Knöchel versinke und mein Wanderstab bald eine dicke Schlammmarkierung aufweist. Zu allem Überfluss verpasse ich auch noch den kleinen Abzweig zu meinem Quartier.

Am nächsten Tag gehe ich wie in Trance. Es war Regen vorausgesagt. Ich bin froh, dass es nur dunkle Wolken sind, die von heftigem Wind in Bewegung gehalten werden. Im Westen, meiner Laufrichtung, klärt sich der Himmel allmählich auf. Ich setze einen Schritt vor den anderen. Nur nicht an den Körper und das Gedärm denken. Das geht lange Zeit gut, doch irgendwann wächst die Gefahr. Ein Dorf nach dem anderen lasse ich hinter mir, ohne ein Café oder eine Bar zu finden. Letzte Not, letzte Chance – und das Rettende wächst mir zu. Eine Bar mit Cola und Panaché. Da stört es mich auch nicht, dass das Klo im Hinterhof von einer respektablen Hündin bewacht wird. Sie ist sowieso mit einem ebenso respektablen Knochen beschäftigt.

In Boën bin ich mir sicher, ein Hotel zu finden. Das Städtchen ist adrett und lebendig. Bei einer Schule sitzen an diesem warmen Wintertag junge Mädchen im Gras und träumen. Wir kommen ins Gespräch und sie fragen mich, ob ich *Tokio Hotel* kenne. Ich sage, na klar. Da bestürmen sie mich, wie sie denn so seien, so persönlich. Sie würden demnächst wieder nach Frankreich kommen und dann gingen sie auf ihr Konzert. Ich murmle etwas von toll und cool und locker und suche das Weite. Sie aber träumen weiter.

Ein Hotel gibt es nicht. Da müsste ich sechs Kilometer weiter nach Sail-sous-Couzan. Das ist ein gehöriger Umweg. Also checke ich den Busfahrplan. Da ich über eine Stunde warten müsste und in meinen Kleidern friere wie ein Hund, entscheide ich mich fürs Taxi. Da funktioniert mal wieder die Intuition. Denn das Hotel macht gerade zu; sie habe, erklärt mir die Patronne, jetzt Ruhetag. Ich rede mit Engelszungen auf sie ein. Ich hätte extra das Taxi genommen, sei auf ihr Haus angewiesen, ob sich nicht etwas machen ließe. Nach einigem Hin und Her bietet sie mir eine kleine Kammer mit Etagendusche an. Das Restaurant, das einladend wirkt, sei aber geschlossen und Frühstück gebe es auch keines.

Also gehe ich in die Bar gegenüber. Bald ist das ganze Lokal, alles Männer, mit mir im Gespräch. Offensichtlich ist schon lange kein Fremder hier vorbeigekommen. Der Wirt stellt mir ein paar Häppchen hin. Ein Gast, der als Offizier zwei Jahre in Baden-Baden gedient hat, spendiert mir das erste Bier. Eine Fellini-Gestalt mit Pomade im Haar und frackähnlichem Aufzug lässt ein zweites folgen. Ich versteh ihn in seinem krächzenden Nuscheln sehr schlecht, die anderen müssen aber auch immer zweimal nachfragen. Er setzt sich zu mir und wir sind gleich per Du. Er hat die seltsame Angewohnheit, sein Rotweinglas gut zehn Minuten ungerührt und unberührt stehen zu lassen und es dann in einem Zug zu leeren. Er lädt mich spontan zum Neujahrsempfang des Bürgermeisters ein. Da gäbe es noch mehr zu trinken und kostenlos. Ich ziehe es aber vor, in Ruhe etwas zu essen und meinen Magen zu kurieren.

Ohne Frühstück, wie angekündigt, verlasse ich am frühen Morgen das Hotel. Die Bar gegenüber ist schon geöffnet und meine Kumpane vom Vorabend stehen bereits wieder am Tresen. Sie winken mir zu. Ich schaue kurz rein, um adieu zu sagen. Sie überreden mich zu einem ersten kleinen Coup de rouge.

Heute tun mir nicht die Füße weh, heute tun mir der Magen, das Kreuz, die Schultern und die Füße weh. Ich habe inzwischen so sehr abgenommen, dass das Gewicht des Rucksacks direkt auf die Knochen drückt. Mein Magen macht mir immer noch Probleme. Er hält keinen Bissen zuviel aus, sofort rebelliert er. Andererseits muss ich dem Körper irgendwie Kalorien zuführen. Es ist ein Balanceakt in einer verkehrten Welt. Bisher ging das Spiel immer anders herum: Wie satt werden, ohne Depots zu bilden? In einem Tante-Emma-Laden mit angeschlossenem Miniaturcafé bestelle ich eine Tasse heiße Schokolade, dazu zwei Colas und eine Packung Schokoladenkekse. Es ist, als ob ich mir eine Zuckerlösung in die Venen spritzte. Nicht, dass ich mich danach angenehm fühlte, doch habe ich notwendige Kraft getankt.

Immerhin spüre ich mittlerweile sehr genau, was ich brauche und was mir gut täte. Seit Tagen bin ich hinter einer heißen Suppe her. Die könnte den Magen beruhigen und Kraft geben. Kraftbrühe eben. Die französische Küche scheint das Suppenkochen jedoch ganz aufgegeben zu haben. Die Hoteliers haben alle nacheinander abgewinkt. Meine Rettung sind die Chinesen. Die haben erstens immer geöffnet und zweitens immer eine Suppe auf dem Herd. In Thiers wird es einen geben. Ich erkundige mich in dem gottverlassenen Nest beim einzigen Passanten, dem ich begegne, ob es ein chinesisches Restaurant gebe. Er führt mich hin. Ich bin der einzige Gast, habe aber drei Suppen zur Auswahl. Ich entscheide mich für die gute alte Hühnersuppe mit Glasnudeln. Der Wirt, der das kleine Etablissement mit seiner Frau und dem Schwager betreibt, ist sieben Tage die Woche von 10 bis 22 Uhr für die geschätzte Kundschaft da. Er hat China vor 17 Jahren verlassen und mit seinen Eltern und neun Geschwistern zunächst in Holland gearbeitet. Inzwischen ist die Familie aus Shanghai über ganz Europa und die USA verteilt. Alle betreiben sie Restaurants, sieben Tage die Woche, mit mehr oder weniger großem Erfolg. Mein Patron offensichtlich mit weniger. Er beklagt sich über die tote Altstadt von Thiers und das schlechte Klima, das viele krank mache. Seitdem die Messerindustrie kaputtgegangen sei, habe die Stadt den Anschluss verloren. Zudem mache der Supermarkt auf der grünen Wiese der Innenstadt zu schaffen. Die Mieten in der Stadt seien aber günstig wie nirgendwo und im benachbarten Clermont-Ferrand gebe es schon zu viele chinesische Restaurants und Lebensmittelhändler.

Mein Hotel *L'Aigle d'Or* ist ein Glückstreffer. Hier hat schon George Sand genächtigt, als sie 1860 für ihr Buch *La Ville Noire* recherchierte. Ich erkundige mich, wie lange es das Haus schon gibt und ob um 1800 nicht eine Poststation darin untergebracht war. Aber Fehlanzeige, das Haus stammt erst aus der Mitte des 19. Jahrhunderts.

Seit drei Tagen habe ich die Berge der Auvergne im Blick und mittlerweile auch die erste Hügelkette unter den Füßen gehabt. Ich fixiere den Puy-de-Dôme und bereite mich innerlich auf ihn vor. Er ist nicht wirklich hoch, doch hat die Passage über die Berge der Auvergne Hölderlin die eindrücklichsten Zeilen seiner Reise abgenötigt:

> »auf den gefürchteten überschneiten Höhen der Auvergne, in Sturm und Wildniß, in eiskalter Nacht und die geladene Pistole neben mir im rauhen Bette – da hab' ich auch ein Gebet gebetet, das bis jetzt das beste war in meinem Leben und das ich nie vergessen werde. – Ich bin erhalten – danken Sie mit mir!«

Hölderlin fühlt sich wie ein Neugeborener, da er »aus den Lebensgefahren heraus war«. Welchen Gefahren er sich genau ausgesetzt sah, wissen wir freilich nicht. Waren es der bittere Frost und der heftige Sturm, die sich in den Tagen nach seinem Aufbruch in Lyon über das Land gelegt hatten, und die sich in den Höhen der Auvergne besonders rau erwiesen? Waren es die verschneiten Wege, die den Wanderer in der weißen Wildnis irrlichtern ließen? Wegelagerer oder Wölfe, gegen die er sich mit der geladenen Pistole zur Wehr setzen zu müssen glaubte? Wölfe haben Ende des 18. Jahrhunderts die Gegenden, durch die Hölderlin zog, tatsächlich immer wieder in Aufregung versetzt und auch Räuberbanden, die sich aus Deserteuren und entlassenen Soldaten während der unaufhörlichen Kriege gebildet hatten, bedrohten insbesondere Postkutschenreisende. Zwar hatte sich die Konsulatsregierung unter Bonaparte mit aller Macht, mit Sondertruppen und Sondergerichten, gegen die Räuberbanden gestellt und die Sicherheit weitgehend wiederherstellen können, das Gefühl der Gefahr blieb jedoch erhalten und Postkutschenüberfälle waren bis zum Ende des Empire keine Seltenheit.

Ich habe bei meinem Gang durchs Gebirg weder Wölfe noch Banditen zu fürchten. Mich plagt nur mein Magen. Der erste Versuch über den Puy-de-Dôme scheitert bereits am Vorabend. In Clermont-Ferrand fühle ich mich stark genug, endlich mal wieder ein richtiges Abendessen zu mir zu nehmen. Eine heiße Suppe zum Einstieg und dann eine *Truffade*, überbackene Kartoffeln mit Schinken und Käse. Noch im Restaurant überkommen mich fürchterliche Bauchkrämpfe. Ein Marc d'Auvergne verschafft lediglich erste Hilfe. Nach einer fürchterlichen Nacht muss ich mich in mein Schicksal fügen und einen Tag aussetzen, zumal stürmischer Wind und heftige Niederschläge vorausgesagt sind.

Dann wage ich mich über die gefürchteten Höhen der Auvergne. Es ist halb so schlimm. Zwar gilt es 900 Höhenmeter und 25.000 Längenmeter zu bewältigen, doch das Wetter ist erträglich. Kein Schnee, wenig Nieselregen, zeitweise starker Wind, aber nicht durchgehend. Lässig kann ich die freundliche Aufforderung eines Autofahrers, mich über den Pass mitzunehmen, ausschlagen.

Nach den Mühen der Berge und weil es für das Quartier noch zu früh ist, gönne ich mir ein *Menu ouvrier* für 11 Euro im Restaurant *La Chasse* von Pontgibaud. Hölderlin muss diesen Ort, wenn er wider alle Vernunft und Wahrscheinlichkeit hinter Clermont-Ferrand nicht doch nach Tulle und Bergerac abgebogen ist, auch passiert haben. Ein Hotel erinnert noch immer an die alte Poststation. Wieder eine typische innerfranzösische Mittagstafel. Arbeiter, Angestellte und Pensionäre bevölkern die Tische. Für das Geld bekommen sie eine reichhaltige Schinkenplatte als Entrée, ein Riesenrinderstück samt Fritten, Dampfkartoffeln und Gemüse, Käse oder Dessert und ein großzügig bemessenes Viertel Wein. Die Patronne von kolossaler Statur hat sichtlich Spaß an ihrem Geschäft und will, dass ihre Gäste sich wohl und gut versorgt fühlen. Nachdem es mit meinem Essen etwas länger dauert, bittet sie mich um etwas Geduld. Ich solle ja nicht gehen, die Leute seien gerade dabei, ein Rindvieh für mich zu schlachten.

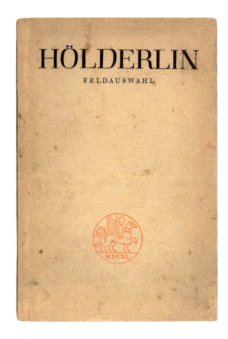

Drei Gedichtbände aus den Jahren 1935 bis 1943

Friedrich Hölderlin. Vom heiligen Reich der Deutschen, Eugen Diederichs Verlag, Jena 1935
Mit seiner Eingliederung in die »Deutsche Reihe« versuchten Herausgeber und Verlag bereits 1935 aus Hölderlin einen nationalen Dichter im Sinne des nationalsozialistischen Regimes zu schaffen.

Hölderlin. Poèmes (Gedichte), trad. de Geneviève Bianquis, Aubier, Paris 1943
Diese zweisprachige Ausgabe erschien während der deutschen Okkupation in Paris und bildete die Basis für die Rezeption Hölderlins in Frankreich nach dem Zweiten Weltkrieg.

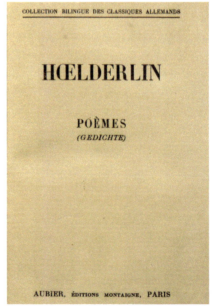

Hölderlin. Feldauswahl, Cotta-Verlag, Stuttgart 1943
Die Feldauswahl, in einer Auflage von 100.000 Exemplaren zum 100. Todestag von Hölderlin erschienen, diente als geistiges Rüstzeug, das »den Widerstandswillen der Soldaten draußen stärken« sollte.

17   Mnemosyne

Nemlich es reichen
Die Sterblichen eh' an den Abgrund

Hölderlin: Mnemosyne, 1. Fassung

In Bouzarat, etwas abseits von meinem Weg nach Limoges, werde ich von Madame Roudaire und ihrem Mann freundlich empfangen. Sie erwarteten mich schon. Beim Tee erzählt Monsieur Roudaire von seiner Militärzeit in den Fünfzigerjahren in Neuf-Brisach und von seinem deutschen Freund Matthias aus Koblenz. Als 17-jähriger Kriegsgefangener sei er in ihre Gegend gekommen und habe vier, fünf Jahre auf ihrem Hof gearbeitet. Mitte der Sechzigerjahre habe er sich wieder gemeldet, habe sie besucht und seither käme er jedes Jahr. Sie seien schon als Jugendliche Freunde geworden. Später habe Matthias dann den Austausch der Fußballmannschaften organisiert und am Ende sogar eine Städtepartnerschaft zwischen seiner Heimatstadt Niederwerth und Pontaumur begründet. »Deutsche und Franzosen können gut miteinander«, fasst er zusammen – »nur die Sache mit der Gestapo, das war eine Sauerei.«

Seit dem Elsass durchzieht eine Spur des Todes die Landschaft. Sie ist markiert durch Grabkreuze und Gedenktafeln, die an die lange Reihe der kriegerischen Auseinandersetzungen zwischen Deutschland und Frankreich erinnern. Die ältesten gehen zurück bis auf die Napoleonischen Kriege der Jahre 1813 und 1815. »Ich werde den Platz, der mir anvertraut wurde, niemals den Feinden überlassen, solange ein Stein auf dem anderen steht«, verkündet eine frisch hergerichtete Inschrift in Sélestat als Durchhalteparole eines Kommandanten Schweisguth. Seine »heroische Résistance« habe den Feind im April 1814 zum Rückzug nach drei Monaten der Belagerung gezwungen. Der Feind war seinerzeit die Koalition von Russen, Schweden und Deutschen, die Napoleon zur Abdankung zwingen wollten. Sélestat wurde also nicht genommen, ebenso wenig Belfort ein halbes Jahrhundert und einen Krieg später. Die Napoleons mussten dennoch gehen, erst der Onkel und dann auch der Neffe. Belfort aber wurde als Dank für seinen Widerstand zur Freien Stadt erhoben und mit der Departementnummer 100 belohnt. Und es bekam von Frédéric-Auguste Bartholdi, dem Schöpfer der New Yorker Freiheitsstatue, eine monumentale Sandsteinskulptur, die über Spenden der ganzen Nation finanziert wurde. Der Löwe von Belfort sollte nach dem Willen des Künstlers »furchterregend in seiner wütenden Raserei« fortan über die Stadt wachen.

Was Krieg und Widerstand für jede Familie, die Frauen und Kinder, geschweige denn die Männer, bedeutete, das hatte mir schon am Morgen eines sonnigen Wintertages kurz nach Sermersheim ein steinernes Feldkreuz von 1871 zu denken gegeben:

>»Ihr alle, die ihr hier vorüber geht,
>Sehet ob es ein Schmerz gibt wie der meinige.
>Betet fünf Vater unser …«

Allein in der Schlacht von Waterloo, an jenem 18. Juni 1815, die den Untergang des ersten Napoleon endgültig besiegelte, sind binnen weniger Stunden auf beiden Seiten insgesamt rund 47.000 Soldaten gefallen. Im 20. Jahrhundert ging die Zahl der Opfer dann in die Millionen – allein in Frankreich.

Auf meinem Weg durch das Land begegnen sie mir – als Einzelne und in Gruppen. Im Jura Pierre Dole, gefallen am 2. August 1944 als Freiwilliger der Forces Françaises de l'Intérieur; beim Puy-de-Dôme Etienne Barthelemy, gestorben für die Befreiung am 26. August 1944; in Orcines 24 Patriotes Français, Opfer der Résistance im Maquis der Auvergne, erschossen am 13. Juli 1944; hinter Limoges Henri Léon Chapelot, Adjudant der F.F.I., getötet in der Schlacht vom 19. August 1944; in Mussidan Pierre Raoul Grassin, Bürgermeister und Opfer der Nazi-Barbarei vom 11. Juni 1944 und mit ihm 52 Geiseln, ermordet am selben Tag.

Die Monumente der Erinnerung ziehen sich hin bis zum Atlantik, dem äußersten Punkt meiner langen Reise. Die jüngsten wurden erst vor wenigen Jahren aufgestellt. Sie sind fest eingeschrieben in das kollektive Gedächtnis der Nation, so wie der Aufruf von General de Gaulle vom

18. Juni 1940, der noch immer als Emailschild an der Garnison in Poligny angebracht ist:

»AN ALLE FRANZOSEN

Frankreich hat eine Schlacht verloren!
Aber Frankreich hat nicht den Krieg verloren!
Die Menschen, die eher aus Zufall denn aus Berufung regieren, haben kapitulieren können, indem sie sich der Panik überließen, die Ehre vergaßen, das Land der Knechtschaft auslieferten. Dennoch ist nichts verloren.

Nichts ist verloren, weil dieser Krieg ein Krieg der ganzen Welt ist. In der freien Welt haben sich enorme Kräfte noch nicht entfaltet. Eines Tages werden diese Kräfte den Feind zerschmettern. An diesem Tag aber muss Frankreich zu den Siegern gehören. Dann wird es seine Freiheit und Größe wiederfinden. Das ist mein Ziel, mein einziges Ziel!

Deswegen rufe ich alle Franzosen auf, wo immer sie sich befinden, sich mit mir zu vereinigen im gemeinsamen Handeln, in der Aufopferung und in der Zuversicht. Unser Vaterland ist in Todesgefahr. Kämpfen wir alle dafür, es zu retten.
Es lebe Frankreich!«

General de Gaulle

Der Aufruf, der heute noch an vielen Rathäusern und öffentlichen Gebäuden in Frankreich hängt und für den Charles de Gaulle wegen Landesverrats Anfang August 1940 von der Vichy-Regierung in Abwesenheit zum Tode verurteilt wurde, ist eine Inszenierung, ein im Nachhinein rekonstruiertes Manifest, da die von der BBC übertragene Rede durch ein Versehen nicht aufgezeichnet wurde. Es ist zugleich aber auch ein Aufruf zur Rückkehr zu den alten, in der französischen Revolution errungenen Werten Frankreichs, für Freiheit und Gleichheit und Brüderlichkeit und für die Erklärung der allgemeinen Menschenrechte, die im Begriff waren, von der Vichy-Regierung durch ihre teilweise vorauseilende Kollaboration mit dem Nazi-Regime mit Füßen getreten zu werden.

Was aber hat Hölderlin mit all diesen Kriegen, was mit diesem Aufruf zu schaffen? War er nicht bereits im Turm weggesperrt, als in den Napoleonischen Kriegen die publizistische Aufrüstung der Völker begann, die aus den Nachbarn und gemeinsamen Nachfahren Karls des Großen Erz- und Erbfeinde machte? Hatte er nicht den Frieden gefeiert, den Frieden von Lunéville, der 1801 zumindest vorübergehend die Koalitionskriege beendete?

Ja, das hatte er. Zugleich aber hatte er in einigen seiner Gedichte wie auch an einigen Stellen im *Hyperion* einen Ton angeschlagen, der, aus dem Zusammenhang gerissen, missverstanden werden konnte und oft genug auch bewusst missverstanden, später gar offen missbraucht wurde. Bereits zu Beginn des 20. Jahrhunderts war Hölderlin als nationaler Mythos, Seher und Führer, kämpferischer Held und religiöse Erlöserfigur vom George-Kreis, vom Meister selbst wie von seinen Jüngern, stilisiert worden. In der Weimarer Republik hatten sich dann linke und rechte Gruppen *ihren* Hölderlin zurechtgestutzt und den jeweiligen politischen Interessen folgend genutzt.

Der eigentliche Sündenfall aber an und mit Hölderlin wurde im Dritten Reich begangen – durch die Nationalsozialisten und durch die Germanisten. Die einen missbrauchten ihn zur schamlosen ideologischen Aufrüstung, erklärten ihn zum »Kampfgefährten« der Bewegung und Künder des Dritten Reiches, die anderen ließen es ebenso schamlos zu. Hölderlin war nicht der Einzige, dem dies widerfuhr. Auch Schiller und Kleist, Brahms und Beethoven wurden annektiert und für die nationalsozialistische Propaganda rücksichtslos eingespannt. Am schlimmsten jedoch traf es Hölderlin. Sein Werk wurde buchstäblich zugerichtet, seine Bedeutung teilweise ins Gegenteil verkehrt. Am nachdrücklichsten bei seiner Ode *Der Tod fürs Vaterland*. Das Gedicht, im Jahr 1800, also kurz vor seinem Aufbruch nach Bordeaux erschienen, eignete sich dafür besonders ob seines martialischen Tons:

> Du kömmst, o Schlacht! schon wogen die Jünglinge
> Hinab von ihren Hügeln, hinab in's Tal,
> Wo keck herauf die Würger dringen,
> Sicher der Kunst und des Arms, doch sichrer

Kömmt über die Seele der Jünglinge,
Denn die Gerechten schlagen, wie Zauberer,
Und ihre Vaterlandsgesänge
Lähmen die Kniee den Ehrelosen.

O nimmt mich, nimmt mich mit in die Reihen auf,
Damit ich einst nicht sterbe gemeinen Tods!
Umsonst zu sterben, lieb' ich nicht, doch
Lieb' ich, zu fallen am Opferhügel

Für's Vaterland, zu bluten des Herzens Blut
Für's Vaterland – und bald ist's gescheh'n! Zu euch
Ihr Teuern! Komm' ich, die mich leben
Lehrten und sterben, zu euch hinunter!

Wie oft im Lichte dürstet' ich euch zu seh'n,
Ihr Helden und ihr Dichter aus alter Zeit!
Nun grüßt ihr freundlich den geringen
Fremdling und brüderlich ist's hier unten;

Und Siegesboten kommen herab: Die Schlacht
Ist unser! Lebe droben, o Vaterland,
Und zähle nicht die Toten! Dir ist,
Liebes! nicht Einer zu viel gefallen.

Martialisch der Ton, kriegerisch das Geschehen, gewiss. Doch wovon handelt das Gedicht eigentlich? Von welcher Schlacht, von welchem Vaterland? Von welchen Opfern wofür? Die Verse sind merkwürdig unbestimmt, lassen den Nachgeborenen viel Spielraum für eigene Füllungen. Den Zeitgenossen Hölderlins hingegen waren die Zusammenhänge klar, der Zeitbezug eindeutig, die politische Tendenz in der vertrauten Rhetorik ersichtlich und auch durch Vorstufen des Gedichtes belegbar. Es sind die revolutionären Kriege Frankreichs gegen die alte Fürstenherrschaft, die Hölderlin und die Seinen vor der Jahrhundertwende umtreiben und die hier besungen werden. Es ist der Kampf gegen die gedungenen Söldnerheere, die »Würger« und

»Ehrelosen«, gegen die die Jünglinge aufstehen. Es ist die Hoffnung auf die Befreiung von Unterdrückung und auf die Verwirklichung von Freiheit, Gleichheit, Brüderlichkeit, die hier verkündet wird. Als Vaterland angerufen wird deshalb nicht das Land der Väter, der Herkunft und des Herkommens, sondern *la patrie*, das Land der Verheißung, für das Helden und Dichter aus alter Zeit stehen. Hölderlins Vaterlandsgesang ist seine *Marseillaise*, ebenso pathetisch und ebenso blutrünstig.

Die Nationalsozialisten haben sich das Gedicht und viele andere zunutze gemacht, haben es verfälschend umgedeutet und missbraucht. Schon 1936, zu den Olympischen Spielen in Berlin, ließen sie die letzten drei Verse am Eingang des Reichssportfeldes in Stein hauen – als Ankündigung und Vorschein der Opfer, die von der Jugend für die barbarischen Zwecke des Regimes noch erwartet wurden. Der Schlussvers selbst – »Dir ist, Liebes, nicht Einer zu viel gefallen« – sollte angesichts der Millionen von Toten zu dem im doppelten Wortsinn meistgebrauchten Hölderlin-Zitat werden.

Das Jahr 1943 ist ein Schlüsseldatum in der Rezeption Hölderlins. Am 7. Juni, mitten im Zweiten Weltkrieg, die Schlacht von Stalingrad war gerade mit Heerscharen von Opfern zu Ende gegangen, stand der 100. Todestag von Hölderlin an. Die Nazis nutzten die Gelegenheit, ihn als ideologisches Kampfmittel endgültig zu instrumentalisieren und systematisch in die Propagandamaschinerie aufzunehmen. Dazu brauchte es freilich eine passende Organisationsform. Die bot die Gründung der Hölderlin-Gesellschaft, die von der Reichspropaganda und ausgewiesenen Hölderlin-Forschern gleichermaßen betrieben wurde. Wie sehr dabei politische und philologische Interessen verquickt wurden, zeigen Satzung und Gründungsfeierlichkeiten der neuen Gesellschaft. Die Regie lag eindeutig bei der nationalsozialistischen Propaganda. Die Schirmherrschaft über die Hölderlin-Gesellschaft übte satzungsgemäß Joseph Goebbels höchstselbst als Reichsminister für Volksaufklärung und Propaganda aus. Er berief auch den notorischen Nazi-Dichter Gerhard Schumann zum ersten Präsidenten. Die Gründungsfeier vor Ort in Tübingen wurde dann vom Reichspropagandaamt Württemberg als eine von insgesamt 700 Hölderlin-Ehrungen im ganzen Land in Form einer ruchlosen Selbstdarstellung des Regimes organisiert – mit Kranzniederlegungen im Auftrag von Hitler und Goebbels, mit Bekenntnissen zu Hölderlin, dem »heldischen Kämpfer« und Verkünder eines »neuen Reiches Gottes, das ein Reich der Deutschen sein wird« sowie mit dem Beschluss, schnellstens eine Feldauswahl der Werke Hölderlins zu besorgen. Sie erschien noch im gleichen Jahr in einer Auflage von 100.000 Exemplaren – als geistiges Rüstzeug, das »den Widerstandswillen der Soldaten draußen stärken« sollte.

Nach dem Krieg wurde die Hölderlin-Gesellschaft von der französischen Militärregierung aufgelöst. Diese hatte zurecht moniert, dass die Gesellschaft Nazi-Propaganda betrieben habe und sich auch deren ehrbaren Mitglieder einer »manœuvre nazie« angedient hatten. Die Gesellschaft könne folglich nicht fortbestehen und müsse »sur des bases plus saines« neu gegründet werden. Es brauchte danach noch einige Zeit, bis das Bild von Hölderlin wieder zurechtgerückt, in seiner auch politischen Komplexität rekonstruiert wurde, und es war am Ende mit Pierre Bertaux nicht zuletzt einem Franzosen zu verdanken, dass die freiheitlich-revolutionäre Dimension des politischen Selbstverständnisses Hölderlins, sein Eintreten für die Werte der Französischen Revolution und die Menschenrechte endlich hinreichend wahrgenommen wurde.

18   Menschen, in Frankreich

*auf meiner Wanderschaft bin ich lange in
Frankreich herumgeloffen, es ist mir nichts als
Liebes und Gutes widerfahren*

Anonymes süddeutsches Flugblatt, 1797

Hölderlins Eindrücke von Frankreich, soweit sie sich in Versen und Briefen niedergeschlagen haben, sind fast durchweg positiv. Sein früher Enthusiasmus für die Französische Revolution war echt, wenn er auch kaum als ein wirklicher Akteur angesehen werden kann. Seinen Rousseau hatte er gelesen und selbst Napoleon war ihm lange Zeit als ein Held der Erneuerung erschienen. Wenn er an Frankreich denkt, dann steigt in ihm »Citronengeruch auf und das Öl, aus der Provence«, und was er dabei empfindet, ist eine »Dankbarkeit«, die ihm »die Gasgognischen Lande gegeben«.

Ich kann sie ohne Mühen nachempfinden. Seit Lyon komme ich fast täglich in Privatquartieren unter. Hinter Limoges finde ich Unterschlupf bei einem bezaubernden alten Paar. Gaston Audevard ist Müller, Renée seine lebhafte Hausherrin. Philemon und Baucis. Sie haben die Mühle vor einigen Jahren bereits aufgegeben, weil sie mit den modernen Anlagen nicht mehr konkurrieren konnten. Nun betreiben sie noch ihre Fremdenzimmer und bieten ihren Gästen auch einen Abendtisch in ihrer kleinen Familienrunde an.

Viele Nationen haben sie schon kommen und gehen sehen, auch Jakobspilger, denen die Füße bluteten und die am nächsten Tag dennoch wieder aufgebrochen sind, weil sie befürchteten, es sonst gar nicht mehr in ihre Stiefel zu schaffen. Ich bin bereits der dritte Gast in diesem Jahr, und es hat gerade erst begonnen.

Gaston ist außerordentlich aufmerksam gegenüber seiner Frau. Er trägt auf und trägt ab und schiebt ihr auch immer wieder das Essen zu. Es gibt Gemüsesuppe, hausgemachte Pâté, ein Omelett mit Ackersalat, Käse und Früchte, dazu Vin de Noix und einen einfachen Rotwein. Das Meiste aus dem eigenen Garten und Stall.

Wir verstehen uns prächtig, langen mächtig zu, verputzen gemeinsam die ganze Pâté und schauen uns zum Tagesabschluss noch die Telenovela »C'est mieux la vie« an, ein Feuilleton, das die beiden offensichtlich jeden Tag mit Begeisterung verfolgen, auf das sie auch in meiner Gegenwart nicht verzichten wollen und das sie mit trockenem Witz kommentieren.

Gaston macht mir am anderen Morgen das Frühstück. Das Kartoffelomelett vom Vorabend. Wie versprochen, hat er es zur Seite gestellt, in die Mikrowelle, wie er sagt, damit es die Hunde, von denen drei dauernd an den Beinen vorbeiwedeln, nicht wegfressen. Er fragt, ob ich Milch in den Kaffee wolle. Ich verneine. Da meint er, wenn die Kühe im Limousin Trauben fressen würden, dann würde ich ihre Milch nicht verschmähen. Prompt bietet er mir ein Glas Wein zu meinem Bauernfrühstück an. Ich akzeptiere und das freut ihn sichtlich. Das ist selbstverständlich eine Ausnahme, versichern wir beide.

Ich sitze noch am Frühstückstisch, da kommt schon der Besuch, den Renée am Vorabend angekündigt hatte. Zwei Ehepaare. Beide bringen sie Kuchen mit. Einer der Männer trägt ein Gewehr herein. Gaston packt es begeistert aus. Er ist wie praktisch alle Franzosen auf dem Lande Jäger und das Gewehr ist sein verspätetes Weihnachtsgeschenk. Er nimmt es in die Hand, prüft, ob es funktioniert, legt an und ich fürchte schon, durch ein peinliches Missgeschick erschossen zu werden. Das gäbe eine komische Schlagzeile: »Deutscher Fernwanderer beim Frühstück erlegt. Müller bedauert das Unglück und beschließt, seine Gästezimmer altershalber aufzugeben.«

Es kommt nicht dazu: Gaston bringt mir stattdessen das Gästebuch und eine voradressierte Postkarte, die ich ihm zuschicken soll, wenn ich angekommen bin.

Als wollten die Götter mir zeigen, wie ein ordentliches klassisches Drama korrekt abläuft, schicken sie mir einen großen Landregen. Bei der Wettervorhersage im Fernsehen waren noch leicht geschürzte Damen wie im Hochsommer vor der Bluebox hin- und hergesprungen und hatten die bewegte Wetterlage gestenreich illustriert. Wir haben alle Kanäle konsultiert, aber die Aussichten wollten einfach nicht besser werden. Hier ein Grad wärmer, dort ein Tropfen weniger Regen, die Tendenz blieb aber immer gleich trist. Grauer Himmel allerorten. Ich befürchte schon, wieder als rotes

Männlein im Walde herumhüpfen zu müssen. Da es aber bei meinem Aufbruch noch nicht regnet, verzichte ich auf das Cape. Dafür ist mein Anorak bald triefend nass.

Gut 40 Kilometer habe ich für den Tag vorgesehen. Nach den ersten zwei Stunden im Regen ist mir schleierhaft, wie das gelingen soll. Ich überlege mir schon, ob ich das reservierte Zimmer absage. Da das Wetter allmählich aufklart, ziehe ich einfach weiter, besorge eine neue Karte. Bei Einbruch der Dunkelheit gegen 18 Uhr habe ich die errechnete Strecke geschafft, bin aber noch zehn Kilometer, also zwei Wanderstunden von meinem Ziel entfernt. Ich rufe meinen Gastgeber an, berichte von meiner Verspätung und lasse mir den Weg zu seinem Haus erklären. Nun die Stirnlampe aufgesetzt und frisch losgelaufen. Leider erweist sich der vorgesehene Pfad durch den Wald als nicht gangbar. Nur Gestrüpp und keine sichere Wegführung. Also Umweg über zwei Dörfer. Berg runter, Berg rauf.

Es ist stockdunkel, drunten im Tal aber rauscht der Bach. Das macht den feuchten Weg nicht romantischer. Bei einem alten Gutshaus, auf halber Höhe am Hang und von mächtigen Mauern umgeben, verlaufe ich mich prompt. Die Hunde schlagen an. Ich beschleunige den Gang auf dem gekiesten Weg, der um das Gehöft herum führt. Doch statt weiter bergauf, geht es in Kehren wieder bergab. Der Vollmond scheint, aus den Gebüschen flattern Vögel hoch. Jetzt nur keine Furcht zeigen. Ich stelle mir vor, wie das gefilmt aussähe. Auf dem Weg liegt eine Ratte. Ich springe über sie hinweg. Irgendwann erreiche ich die Straße wieder und schleppe mich die letzten fünf Kilometer nach Cherveix-Cubas.

Am Eingang des Städtchens hoffe ich auf eine Bar. Mein Quartier liegt gut zwei Kilometer hinter dem Ort. Da ich nicht weiß, was mich dort erwartet und auch keine Table d'hôte angeboten wird, muss ich den ersten großen Durst vorher stillen. An der langen Straße, an der die Häuser aufgereiht sind, leuchtet ein Schild auf: Bar – Hotel – Restaurant. Ich zögere keine Sekunde und bestelle gleich zwei Bier. Die Dame hinter der Bar schaut sich nach meinem Wandergefährten um.

Am Tresen steht Christian, er fragt mich gleich nach dem Hereinkommen, wie viele Kilometer ich heute gemacht hätte. Offensichtlich ist mir die Anstrengung des Tages anzusehen.
»50 Kilometer, nein 53 sogar.«
Er schlägt sich in die Hände und kann's nicht fassen:

»50 Kilometer an einem Tag? Das ist unglaublich!«, raunt er seinen Kollegen am Tresen zu. Und spendiert mir ein Bier.

Er kippt seinen Pastis weg und lässt sich das Glas ebenfalls mit Bier füllen. Wir stoßen miteinander an und er will wissen, woher und wohin und wieso? Das braucht noch ein weiteres Bier und noch eines. Dann lädt er mich zum Essen nach Hause ein. Ich könne auch bei ihm schlafen. Er habe da ein kleines *dortoir* für seine Freunde geschaffen.
»Ich habe aber schon ein Zimmer reserviert.«
»Wo denn, bei wem?«
»Eine Chambre d'hôte bei einem Jacques Lacoste.«
»Bei Jacques? Aber das ist doch mein Cousin. Sein Vater ist der Bruder meiner Mutter. Komm, wir rufen ihn einfach an. Dann trinken wir einen Aperitif bei ihm und essen dann bei mir, oder umgekehrt.«

Und so machen wir es. Christian wohnt gleich gegenüber der Bar. Die Haustür ist unverschlossen, der Fernseher läuft, egal ob er zuhause ist oder unterwegs. Er sucht die Autoschlüssel. Mich friert es mittlerweile gottserbärmlich. Ich bin durchgeschwitzt, es ist bitterkalt und ich brauche jetzt als Erstes eine heiße Dusche. Auf der Fahrt zu meinem Herbergsvater, der jetzt nur noch Jacky heißt, fällt Christian ein, dass er noch einen Cousin in der Gegend hat und dass wir dort vielleicht einen allerersten Aperitif nehmen könnten. Er ignoriert daher die Abzweigung zu meinem Nachtquartier und dem herbeigesehnten Bad und hält auf das nächste Dorf zu. Mich überkommt ein kleiner Schüttelfrost. Entweder ich bekomme jetzt bald eine heiße Dusche und trockene Kleider oder ich muss eine ganze Flasche Pastis für mich alleine reklamieren. Mir klappern bereits die Zähne.

Die Läden von Vetter Numero 2 sind geschlossen und es ist kein Licht zu sehen. Christian sieht sofort, dass da nichts zu holen ist. Also doch gleich zu Jacky. Der ist telefonisch vorgewarnt und erwartet uns schon. Jacky und Christian sind so verschieden, wie man es sich kaum denken kann. Jacky war zehn Jahre lang Lehrer für Mathematik und Physik, bevor er mit Anfang dreißig eine Schirmfabrik übernahm. Er hat sie ein Vierteljahrhundert über Wasser halten können, bevor der *wind of change* mit dem Aufstieg Chinas ihr den Garaus gemacht hat. Anfangs hatte er noch versucht, die Fabrikation durch den Einkauf von in Asien vorproduzierten Stoffen aufrechtzuerhalten. Ende der 1990er-Jahre war es damit aber auch vorbei, er musste die Fabrik schließen und seine 20 Mitarbeiter entlassen. Um die Einkommensverluste etwas aufzufangen, entschied er sich, auf seinem großzügigen Anwesen Chambres d'hôtes anzubieten. Die vier Kinder waren aus dem Haus, ihre Zimmer standen leer. Vieles in den Gästezimmern, rosa Ballerina-Schuhe etwa, die über dem Bett im Louis-seize-Stil drapiert sind, erinnern an sie.

Jacky ist adrett gekleidet, scharf gescheitelt und die Korrektheit in Person. Alles bei ihm hat seinen Platz und seine Ordnung. Das Wildschweinfell und das Gewehr über dem Kamin sind Geschenke seiner Schwiegereltern in Madrid. Die Jägerei hätte auch nicht zu ihm gepasst. Christian dagegen ist ein Lebemensch, absolut spontan, freigebig bis zum letzten Hemd, der geborene Freund. Jacky erzählt mir, dass Christian mehrere Diskos besessen und verschiedene Snack-Restaurants geführt habe. Er hat eine Menge Geld damit verdient. Das Meiste davon allerdings wieder rausgehauen. Jetzt muss er sich mit einer kleinen Rente durchschlagen. Von seiner Frau sei er geschieden. Das Leben hat Spuren in seinem Gesicht hinterlassen, aber seine Augen glänzen heiter und zugewandt.

Während ich mit Jacky noch einen Pastis trinke, fährt Christian schon mal voraus und bereitet das Essen vor. Als wir eintreffen, sitzt er bereits über der Suppe. Er hatte befürchtet, wir würden nicht mehr kommen. Jacky hilft ihm beim Auftragen, besorgt Gläser und Teller. Christian mit seinen Erfahrungen im *Rapido-Restaurant* hat kurzerhand eine Kartoffelsuppe gezaubert. Danach holt er eine Gänseleberpastete aus dem Schrank und setzt noch ein Steinpilzomelett drauf. Mir macht nach den Bieren und den diversen Aperitiven schlagartig der Wein zu schaffen, so dass ich an die frische Luft muss.

Christian berichtet von seinen letzten Erlebnissen. Mit einer Gruppe von Freunden hatte er im September an einem großen Festival in Paris teilgenommen, einem Chanson-Wettbewerb, bei dem es darum ging, in drei Tagen 42 Bars zu stürmen. Christian hat es mit seinem Freund Carlos geschafft. Zum Beweis zeigt er uns den Videofilm, den sie darüber gedreht haben. Vor ein paar Tagen aber ist Carlos plötzlich gestorben und heute, da wir uns kennen gelernt haben, wurde er begraben. Eigentlich hätte Christian dabei sein sollen, er habe es aber nicht gekonnt. Gegen Mitternacht ziehen Jacky und ich uns zurück. Christian hatte bei unserer ersten Begegnung an der Bar ein Essen und einen Abend versprochen, »den du niemals vergessen wirst«. Er hielt Wort.

Am nächsten Tag blitzt mir auf allen Illustrierten am Kiosk das Bild von Carlos entgegen. Alle Zeitungen und alle Magazine berichten von seinem Begräbnis, selbst der Präsident der Republik hat sich zum Kondolieren eingefunden. Carlos war, wie ich jetzt lese, der *copain des copains* – »der Freunde Freund«, so hatte Hölderlin auch Landauer geheißen –, ein Relikt der süßen Tage von Saint Tropez, die Fleisch gewordene Verkörperung der französischen Lebensart. Christian und er waren ein gutes Duo. Ich schreibe ihm von unterwegs eine Postkarte, bedanke mich für die wunderbare Begegnung und berichte ihm, dass mir gerade aufgegangen sei, dass der Dichter, dessen Spuren ich folge, auch Christian geheißen habe, Johann Christian Friedrich.

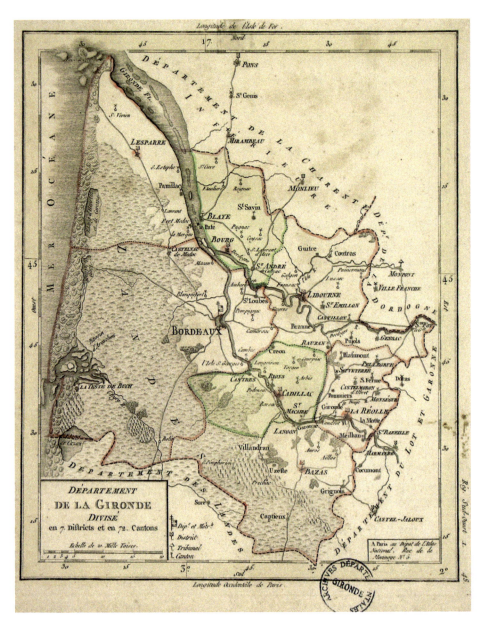

Karte des Bordelais um 1802
Die Karte zeigt die Region Entre-deux-mers und die Gironde, »wo herab / Die Dordogne kommt, / Und zusammen mit der prächt'gen / Garonne meerbreit / Ausgehet der Strom«.

19 Entre-deux-mers

O ihr Stimmen des Geschicks,
ihr Wege des Wanderers!

Hölderlin: Griechenland

In Menesplet übernachte ich auf einem Campingplatz mit drei angeschlossenen Gästezimmern, den kurz zuvor eine junge englische Familie übernommen hat. Sie sprechen zwar kein Französisch und kennen sich in der Gegend kaum aus. Auch kochen können sie bisher nicht, was gängige Vorurteile unterstreicht. Mit Enthusiasmus aber geht die Simpson-Family, allen voran Marianne, ans Werk. Gerade ist sie dabei, vom Vorbesitzer Claude das Kochen zu lernen. Ente und Kaninchen habe sie bereits hinter sich und deutet an, dass diese Gerichte schon sehr fremd und gewöhnungsbedürftig für sie gewesen seien. Ich bin gespannt, wie sie sich fühlen wird, wenn Froschschenkel und Schnecken dran sind. Bei Bedarf kann sie sich an den tausenden von kleinen Schnapsfläschchen bedienen, mit denen das ganze Gästehaus dekoriert ist. Vorwiegend Whisky, den Freunde und Gäste im Laufe von 30 Jahren mitgebracht haben. Claude hat sie großzügig hinterlassen. Ich denke, sie sind bei den Engländern in guten Händen, sie werden etwas damit anzufangen wissen.

Gleich hinter Menesplet beginnen die Weinberge des Bordelais. Das beschwingt den Gang. Zudem scheint die Sonne. Ich muss mein Glück mit jemandem teilen, der die Gegend kennt und die Lust, so frohgemut durch die Reben zu ziehen, versteht. Ich rufe Gerhard in Wien, Michael in Ulm und Ulrich in Göttingen an. Wir haben vor Jahrzehnten gemeinsam eine Weinlese im Pomerol mitgemacht. Ich erzähle ihnen, dass ich in zwei, drei Stunden am Château La Conseillante und am Vieux Château Certan vorbeikäme. Sie werden sofort sentimental. Für diese Weingüter leiste ich mir glatt einen kleinen Umweg und komme so etwas in Verzug. Um 16 Uhr wollte ich Pascal in Libourne treffen, wo Hölderlin wohl über die Dordogne gesetzt hat. Wir haben uns beim Studium in Bordeaux kennen gelernt, aber 25 Jahre nicht mehr gesehen und erst vor wenigen Tagen am Telefon wieder gesprochen.

Pascal wartet nicht lange, er fährt mir entgegen. Er vermutet, dass ich den Weg durch die Weinberge nehme. Da kombiniert er richtig. Er hupt, er hält an und wir fallen uns in die Arme. Wir können sofort da weitermachen, wo wir vor einem Vierteljahrhundert aufgehört haben. Er lädt mich ein zu seiner Schwiegermutter nach Ambarès, einem kleinen Städtchen im Entre-deux-mers, ganz nah an dem Punkt, den Hölderlin als einzigartig erkannt und besungen hatte:

> Dort an der luftigen Spitz
> An Traubenbergen, wo herab
> Die Dordogne kommt,
> Und zusammen mit der prächtgen
> Garonne meerbreit
> Ausgehet der Strom.

Von hier, vom Zusammenfluss der Dordogne und der Garonne, die sich dem Wechsel der Gezeiten folgend landein und landaus bewegen und zusammen die breite, zum Meer offene Gironde bilden, von hier liefen »zu Indiern«, zu den westindischen Inseln der Karibik, die »Männer« auf ihren Handelsschiffen aus. Hölderlin hat sie beschrieben als diejenigen, die »das Schöne der Erd« zusammenbringen und die

>   verschmähn
> Den geflügelten Krieg nicht, und
> Zu wohnen einsam, jahrlang, unter
> Dem entlaubten Mast, wo nicht die Nacht durchglänzen
> Die Feiertage der Stadt,
> Und Saitenspiel und eingeborener Tanz nicht.

Andenken

Ich hingegen darf an Land bleiben und eine glänzende Nacht mit Saitenspiel und Tanz genießen. Pascals Familie tischt zunächst ein Menü auf. Danach geht's zu Carole. Sie hat hundert Freunde und Verwandte zu ihrem Geburtstag in das Gemeindehaus gebeten, *à la bonne franquette*, ganz unkompliziert. Weil zu einer richtigen Feier ein richtiges Festmahl gehört, dazu aber nicht ganze Hundertschaften versammelt werden können, nutzt sie die Möglichkeit, einfach zum Dessert einzuladen. Das beginnt dann gegen 21 Uhr, wenn man zu Hause bereits gegessen hat. Carole kenne ich auch schon aus alten Zeiten. Ihr Sohn mit seinen 11 Jahren ist so artig, dass er alle Gäste, Männer und Frauen, Cousins und Cousinen mit *bises* begrüßt. Auch mich lässt er nicht aus, wahrscheinlich weil er sowieso nur die Hälfte der Leute kennt. Die örtliche Musikschule spielt auf, Freunde singen Ständchen, einer bläst Trompete. Es gibt Bier und Cola, *soupe de champagne*, eine Mischung aus Sekt und Limonade, erstaunlicherweise aber keinen Wein. Den hat man mit dem Abendessen abgeschlossen. Fettgebackenes und Mandarinen liegen bereit. Die Gäste sind sofort beim Tanzen. Und irgendwann erhebt sich ein stattlicher Mittvierziger, brauner Teint, kurzes schwarzes Haar, und trällert im Brustton der Überzeugung ein baskisches Lied. Keiner versteht ihn, aber alle sind gebannt. Die Unterhaltung ist schlagartig abgerissen. Alles lauscht ihm. Das Lied zieht rondoartig seine Bahn, kommt immer wieder auf die Eingangsstrophe zurück. Am Ende fallen alle mit einem großen la-la-la ein. Als das Lied zu Ende ist, setzt sich der Sänger genauso abrupt und unaufgeregt wieder hin, wie er aufgestanden ist. Dann kreischt die Tonanlage wieder.

Der Hafen von Bordeaux. Gemälde von Pierre Lacour, 1804–1806

Mit rund hunderttausend Einwohnern war Bordeaux um 1800 nach Paris und Lyon die drittgrößte Stadt Frankreichs. Der Hafen nahm nicht nur für die Stadt, sondern für den ganzen atlantischen Handel eine zentrale Rolle ein. Die Geschäfte waren während der Revolutionsjahre stark beeinträchtigt worden. Nach der Jahrhundertwende zogen sie jedoch wieder an und erlaubten eine allmähliche Konsolidierung.

20 Bourdeaux

*Die Geschichte des Handels ist die
Geschichte der Völkerverständigung.*

Montesquieu: Vom Geist der Gesetze

Am Morgen des 28. Januar 1802 traf Hölderlin in »Bourdeaux« ein. Die letzte Nacht war er durchgewandert. Ein lauer Frühlingswind hatte ihn leichten Schritts in die Stadt getragen. Er wird wärmstens empfangen und berichtet der Mutter sogleich:

> »Endlich, meine theure Mutter, bin ich hier, bin wohl aufgenommen, bin gesund und will den Dank ja nicht vergessen, den ich dem Herrn des Lebens und des Todes schuldig bin …
> Ich bin nun durch und durch gehärtet und geweiht, wie Ihr es wollt. Ich denke, ich will so bleiben, in der Hauptsache. Nichts fürchten und sich viel gefallen lassen. Wie wird mir der sichere erquikende Schlaf wohl thun! Fast wohn' ich zu herrlich. Ich wäre froh an sicherer Einfalt. Mein Geschäfft soll, wie ich hoffe, gut gehn …
> Der Anfang meiner Bekanntschaft, meiner Bestimmung ist gemacht. Er könnte nicht besser seyn. ›Sie werden glüklich seyn‹, sagte beim Empfange mein Konsul. Ich glaube, er hat Recht.«

Ich laufe bereits am 27. Januar ein – runde 12 Stunden früher als Hölderlin. Die Freuden einer Nachtwanderung schenke ich mir. In Libourne nehme ich Abschied von Pascal und genieße die letzte Etappe auf den schönen Pfaden des Entre-deux-mers. Etwas Wehmut stellt sich ein und eine gespannte Erwartung auf das Gefühl bei der Ankunft. Habe ich sie vielleicht im Geiste zu oft schon vorweggenommen? Kann da überhaupt noch etwas kommen nach so vielen Aufbrüchen und so vielen Ankünften Tag für Tag, über Wochen hinweg? Ist es Erlösung oder Erfüllung?

Eine lange Zielgerade auf der Avenue Thiers führt mich zum Pont de Pierre, der steinernen Brücke über die Garonne. Noch einmal, ein letztes Mal, spricht mich eine Radfahrerin an. Für einen Santiago-Pilger bin ich ihr zu weit ab vom Weg. Ich frage sie, wie lang es bis zur Brücke denn noch sei. Sie liege vor mir. Und tatsächlich, da ist sie, ein wenig verstellt von einem überdimensionalen Löwen aus Polyäthylen in blassblauem Schimmer.

Ich stehe vor der Brücke wie ein kleines Kind, das zum ersten Mal den Weihnachtsbaum sieht. Vor mir senkt sich die Sonne über der klassizistischen Silhouette der Stadt. Sie scheint mir ins Gesicht und ich strahle zurück. Die Brücke mit ihren Kandelabern streckt sich majestätisch über den Fluss. Paare promenieren wohlgelaunt an diesem späten Sonntagnachmittag über die Quais. Der Fluss nimmt träge seinen Lauf. Ich koste den Augenblick aus und mache keine Anstalten, über die Brücke zu gehen.

Wie von Göttern gesandt, fesselt' ein Zauber einst
Auf die Brüke mich an, da ich vorüber gieng

Heidelberg

Ich bin nicht der Einzige, der vom Anblick der Silhouette gebannt ist. Von Hölderlins Eindrücken haben wir keinen Bericht, aber Friedrich Johann Lorenz Meyer, der jüngere Bruder seines Dienstherrn, kam im Sommer 1801, also wenige Monate zuvor, ebenfalls nach Bordeaux. Er war wie so viele andere überwältigt vom Anblick der Stadt und er berichtet in seinem Reisetagebuch ausführlich davon:

> »An dem sich in einem Halbmond schwingenden Ufer des breiten Stroms hingestreckt liegt die schöne Stadt Bordeaux. Eine Reihe prächtiger Gebäude zieht sich längs dem Quay des Chapeaurouge, und weiter hinab bis an den Chartrons. Eine Linie flaggender Kauffahrteischiffe ankert, einer gerüsteten Flotte ähnlich auf dem offnen freien Strom. – Es ist eine Ansicht, die ich an Größe und Herrlichkeit des ganzen nur mit der von Genua und von Neapel zu vergleichen weiß.«

Über eine Stunde verharre ich in meiner Position. Dann passiere ich sie doch, »die schöne Garonne«, und schlendere den Quai entlang zur Place de

BRIEFE AUS DER HAUPTSTADT
UND DEM
INNERN FRANKREICHS,
von
F. J. L. MEYER Dr.
DOMHERRN IN HAMBURG,
Mitgliede mehrerer gelehrten Gesellschaften
in Deutschland und Frankreich.

ZWEITER BAND.

TÜBINGEN
IN DER J. G. COTTA'SCHEN BUCHHANDLUNG.
1802.

Reise
von
Paris
durch
das südliche Frankreich
bis
Chamouny.

Von
Johanna Schopenhauer.

Zweite verbesserte und vermehrte Auflage.

Zweiter Band.

Leipzig:
F. A. Brockhaus.
1824.

Reiseberichte von Bordeaux um 1800

Friedrich Johann Lorenz Meyer, der Bruder von Hölderlins Dienstherr Daniel Christoph Meyer, kam im Sommer 1801 nach Bordeaux, Johanna Schopenhauer im Frühjahr 1804. Beide veröffenlichten ausführliche Berichte von ihren Reisen und geben anschauliche Einblicke in das Leben der Hafenstadt nach der Revolution.

la Bourse, biege ins Quartier St. Pierre ein und ziehe über die kleinen Plätze und durch die schmalen Gassen zum Grand Théâtre. Vor mir liegen die Allées de Tourny mit ihrem eleganten Abschluss, dem Haus des Konsuls Daniel Christoph Meyer. Hölderlins Ziel und Hölderlins Arbeitsort für einige Monate. Ich quartiere mich in unmittelbarer Nachbarschaft, dem Hôtel de l'Opéra, ein.

Hölderlin musste sich bei seiner Ankunft in Bordeaux noch mit dem Schiff über die Garonne setzen lassen, der Pont de Pierre wurde auf Anordnung Napoleons erst zwischen 1810 und 1822 errichtet. Bei der Überfahrt konnte er bereits einen lebhaften Eindruck vom geschäftigen Treiben im *Port de la Lune*, dem halbmondförmigen Hafen von Bordeaux gewinnen: »Schaluppen eilten geschäftig zwischen den Schiffen hindurch, Fischerkähne, ankommende Marktschiffe, Nachen von allen Formen vermehrten das bunte, lustige Gewimmel.«

Am anderen Ufer angekommen, betrat Hölderlin eine Stadt, die mit ihren rund 100.000 Einwohnern nach Paris und Lyon zwar noch immer die drittgrößte Frankreichs darstellte, durch die Revolution aber stark in Mitleidenschaft gezogen worden war. Ihre Deputierten hatten im Nationalkonvent der eher gemäßigt ausgerichteten Partei der Girondisten die Bezeichnung verliehen. Indem diese sich für den Schutz des Privateigentums und eine starke regionale Selbstverwaltung stark machten, vertraten sie deutlich die Interessen gerade auch der bordelaiser Kaufleute. Im Verlauf der sich radikalisierenden Revolution gerieten sie aber immer stärker in Konflikt mit den Jakobinern und landeten während deren Schreckensherrschaft größtenteils auf dem Schafott. Allein in Bordeaux und dem Departement Gironde wurden während der neun Monate des Terrors 302 Todesurteile gefällt. Gut die Hälfte richteten sich gegen die »Aristocrates«, der Rest gegen die sogenannten »Fédéralistes«, denen eine Abspaltung von der »einigen und unteilbaren« Nation vorgeworfen wurde, gegen Priester und Ordensleute, gegen »Verdächtige« ganz allgemein und schließlich gegen Händler und Kaufleute, die des Wuchers und der Spekulation bezichtigt wurden. Zwölf von den Letztgenannten wurden deswegen guillotiniert. Zwar wurden auch deutsche Kaufleute inhaftiert und teilweise mit hohen Geldstrafen belegt, keiner von ihnen musste aber sein Leben lassen.

Um 1790 umfasste die deutsche Kolonie rund 500 Personen, während der Revolution und den damit verbundenen Turbulenzen ging deren Umfang beträchtlich zurück. Um 1800, zur Zeit Hölderlins in Bordeaux, sind in den Chartrons, dem von den Handelshäusern bevorzugten Viertel am Hafen, unter den Protestanten noch ganze 20 deutsche Namen auszumachen. Die Gesamtzahl der Deutschstämmigen dürfte daher bei etwas über hundert Personen gelegen haben.

Mit der Revolution kam es vor allem zu einem tief greifenden Wandel im Kolonialhandel. Er hatte im 17. und 18. Jahrhundert den Aufstieg Bordeaux' zum führenden Handelsplatz in Europa begründet. Der basierte auf einem raffiniert entwickelten Dreieckssystem, das im Kern so funktionierte: Waren aus Europa wurden in Afrika gegen Sklaven getauscht, diese dann auf die französischen Inseln in die Karibik transportiert und die Schiffe von dort wieder mit Kolonialwaren, insbesondere Zucker, Kaffee und Indigo, das für das Färben von Textilien benötigt wurde, nach Frankreich zurückgeschickt. Die Stadt Bordeaux war in diesem System so etwas wie die Spinne im Netz. Sie versorgte die Inseln, die sich mit ihren Plantagen auf Monokulturen spezialisiert hatten, mit Lebensmitteln und allen notwendigen Gütern des täglichen Bedarfs sowie zusätzlich mit allerlei Luxuswaren für die Kolonisten. Sie organisierte die Verteilung der Kolonialgüter in Nordeuropa und importierte von dort im Gegenzug Leinwand, Getreide und alle Materialien, die zum Bau und zur Ausstattung der Schiffe benötigt wurden.

Ein konstitutives Element in diesem System war der Sklavenhandel. Sklaven wurden in St. Domingue, Guadeloupe und Martinique als Arbeitskräfte in beträchtlicher Zahl auf den Plantagen gebraucht. Sie waren damit nicht nur das Rückgrat in der Produktion der Kolonialwaren, sondern bis zur Revolution ein eigenes Exportgut und tragender Pfeiler in der Konstruktion des gesamten französischen Seehandels. Noch 1787 wurden rund 30.000 Sklaven aus Afrika auf die französischen Inseln in der Karibik gebracht. Insgesamt 443 Sklavenexpeditionen aus Bordeaux sind bislang bekannt, bei mindestens 29 davon haben deutsche Kaufleute als Investoren und Schiffsausrüster das Kommando geführt. Mit dem Aufstand der Sklaven in Haiti 1791 verlor der französische Seehandel jedoch seinen wichtigsten Anlaufpunkt in der Karibik und mit der Unabhängigkeit der Kolonie St. Domingue schließlich den bedeutendsten Produzenten von Zucker, Baumwolle, Tabak und anderen Kolonialwaren. Der Sklavenhandel ging damit freilich noch lange nicht zu Ende. Erst 1866 sind die letzten Sklavenschiffe über den Atlantik gesegelt. Und auch 1802, als Hölderlin nach Bordeaux kam, wurde gerade durch den deutschen Kaufmann Jean-Charles Schultz und seinen Partner ein Schiff ausgerüstet, das für den Sklavenhandel in Mosambik bestimmt war. Hölderlins Verse in *Andenken*

> An Feiertagen gehen
> Die braunen Frauen daselbst
> Auf seidnen Boden,
> Zur Märzenzeit,
> Wenn gleich ist Nacht und Tag,
> Und über langsamen Stegen,
> Von goldenen Träumen schwer,
> Einwiegende Lüfte ziehen

dürften daher einen Reflex auf das bunte Menschengeflecht darstellen, das gerade in Bordeaux aufgrund des Kolonial- und Sklavenhandels das Alltagsbild bestimmte. Wie Johanna Schopenhauer, die Mutter des Philosophen, die Bordeaux 1804 mit ihrer Familie besuchte, in ihrem Reisebericht schildert, haben die ehemaligen Sklaven eine kleine Kolonie in einer aufgelassenen Kartause etwa eine Viertelstunde von der Stadt entfernt gefunden:

> »Nirgends weiter in Europa gibt es deshalb wohl so viele Neger als in Bordeaux, sie leben dort in vollkommener Freiheit von dem, was sie durch Fleiß und Industrie erwerben können … Die Neger tun jede Arbeit mit ausgezeichneter Geschicklichkeit, und viele von ihnen finden deshalb als Hausknechte und Bediente, sogar als Kutscher, in angesehenen Häusern leicht ihr Unterkommen. Andere verfertigen allerhand Kleinigkeiten für ihre eigene Rechnung; einer unter ihnen war damals der geschickteste Damenfriseur in Bordeaux. Er übte seine Kunst mit echtem Sinn für Schönheit und ordnete die Haare und Turbans der Damen sehr geschmackvoll nach Büsten, Medaillen, Kupferstichen, die er in den Kunstläden oft stundenlang für sich allein studierte. Auf den Bällen fehlte er nie, um mit Haarnadeln und Kamm bereit zu sein und jeder sinkenden Locke aufzuhelfen, die er früher aufgebaut hatte.«

Der Dienstherr Hölderlins in Bordeaux:
Konsul Daniel Christoph Meyer (1751–1818) und seine Frau Anne Marie Henriette (1753–1833), Ölbilder von ihrer Tochter Mathilde, 1811/1812.

So harmonisch und idyllisch das Leben in der Reminiszenz Johanna Schopenhauers erscheinen mag, die Revolution hatte das politische Selbstverständnis und die wirtschaftliche Struktur der Kaufmannsstadt in ihren Grundfesten erschüttert. Die Schreckensherrschaft kostete nicht wenigen ihrer politischen Elite buchstäblich den Kopf, durch die Koalitionskriege und die Kontinentalsperre wurde die Stadt von wesentlichen Märkten abgekoppelt, durch die Krise des Kolonialhandels ihrer singulären Stellung beraubt und durch den Geldverfall aufgrund der Assignatenwirtschaft in zusätzliche Unsicherheiten gestürzt. Viele Handelshäuser, darunter auch einige deutsche, gingen Bankrott. Am spektakulärsten waren die Zusammenbrüche der Gesellschaft *Romberg, Bapst und Cie* im Jahr 1793 und des Kaufmanns *Jakob Philipp von Bethmann* 1807. Erstere hatten sich insbesondere im Sklavenhandel und in der Plantagenwirtschaft engagiert, hielten zu diesem Zweck ständig sechs Schiffe unter ihrer Flagge, bekamen ihre immensen Investitionen aber nicht mehr amortisiert und häuften am Ende einen

Schuldenberg von über 34 Millionen Livres auf. Alle Rettungsversuche eines runden Dutzends beteiligter Kaufleute, die befürchteten, in den Strudel mitgerissen zu werden, blieben vergebens. Die Firma brach zusammen.

Der Konkurs Bethmanns hingegen, dessen Großvater Johann Jakob eine führende Stellung in der bordelaiser Kaufmannschaft erworben hatte und dessen Sohn im 19. Jahrhundert gar Bürgermeister von Bordeaux werden sollte, bedeutete eine große Peinlichkeit für die ursprünglich aus Frankfurt stammende Familie. Der Bankrotteur entzog sich den Gläubigern durch Flucht und versuchte sein Glück als Offizier in napoleonischen Diensten.

Angesichts der epochalen Krise Bordeaux' um 1800 und der damit verbundenen Turbulenzen mutet der Lebenslauf von Hölderlins Dienstherrn Daniel Christoph Meyer auf den ersten Blick erstaunlich konstant und geradlinig an. Meyer war 1772 als Sohn eines Hamburger Weinhändlers mit Hilfe des ihm zuvor zugefallenen Erbes mit gerade mal 20 Jahren nach Bordeaux gekommen. Um das Geschäft zu lernen, arbeitete er wohl zunächst als Volontär bei der Kompanie *Boyer, Metzler & Zimmermann* und tat sich 1775 mit dem ebenfalls aus Hamburg stammenden Kaufmann Ernst Wilhelm Overmann zusammen, der in das Metier wiederum als Sozius im Hause Bethmann eingestiegen war. 1777 werden die beiden zusammen mit sechs Angestellten zu einer gemeinsamen Kopfsteuer veranlagt und als Adresse die Allées de Tourny angegeben. Ihr Geschäftsvolumen scheint noch begrenzt gewesen zu sein. Die Steuerliste weist ihnen lediglich den 29. Platz unter 55 deutschen Handelshäusern zu, und die ihnen auferlegte Steuer liegt deutlich unter dem Durchschnitt. Sechs Jahre später sind sie aber zusammen mit einem weiteren Partner bereits in der Lage, ein eigenes Schiff auszurüsten. Es ist die *Archiduchesse Marie-Christine*, benannt nach der älteren Schwester der Königin Marie-Antoinette, die sie zunächst nach Angola schicken. Dort nimmt das Schiff 386 Sklaven an Bord und bringt sie in den Hafen von Les Cayes im Süden von St. Domingue. Angekommen sind dort nur 351 Sklaven, 35 von ihnen dürften den erbärmlichen Zuständen beim Transport zum Opfer gefallen sein.

Die Unternehmung war gefährlich und sie scheint nicht gut ausgegangen zu sein. Im Gegensatz zum Kommissionshandel mit Nordeuropa, der zwar im eigenen Namen, aber auf Rechnung und Kosten der Kunden

Die Familie Meyer im Hafen von Bordeaux
Der Ausschnitt aus dem Gemälde von Pierre Lacour zeigt womöglich die Familie Meyer während eines Spaziergangs an den Quais, vorne Daniel Christoph Meyer mit der Tochter Mathilde, dahinter Amélie Leblond und die Mutter Anne Marie Henriette Meyer.

erfolgte, musste das Risiko im Kolonialhandel von den Ausrüstern selbst getragen werden. Und dieses Risiko war enorm, denn viele Schiffe erreichten ihr Ziel nie, weil sie entweder Opfer der Elemente oder Beute von Kaperern wurden. Zwar wurden die Schiffe und ihre Ladungen für gewöhnlich versichert, doch konnten im Fall eines Totalverlustes gewiss nicht alle Investitionen abgedeckt werden. Und die betrugen bei der Archiduchesse Marie-Christine laut Versicherungspolicen mindestens 493.000 Livres. Das war mehr als das Vierfache dessen, was Meyer aufgrund des Erbes seines Vaters als Ausgangskapital für seinen Geschäftseinstieg zur Verfügung gestanden hatte. *Overmann & Meyer* gingen 1783 in Konkurs und es ist von

Daniel Christoph Meyer kein weiteres Schiff bekannt, das er unter seinem Namen in die Kolonien geschickt hätte. Er konnte seine Geschäfte auch nur fortführen, weil ihm seine Familie in Hamburg im Vorgriff auf das mütterliche Erbe neues Kapital bereitstellte. Im zweiten Anlauf liefen die Geschäfte erfolgreicher. Nach zehn Jahren war er wieder vollkommen rehabilitiert, wurde allgemein respektiert und verfügte auch vor Ort über sehr guten Kredit.

Dazu hatte gewiss auch sein politisches Engagement beigetragen. Erstaunlicherweise wurde er gerade im Jahr seines Konkurses 1783 erstmals von seiner Heimatstadt Hamburg beauftragt, deren Interessen und die der hamburgischen Kaufleute in Bordeaux zu vertreten. Und als sich die Hansestadt 1797 im Gefolge des ersten Koalitionskrieges mit den neuen Machtverhältnissen in Frankreich zu arrangieren suchte und in Bordeaux endlich ein offizielles Konsulat errichtete, wurde Meyer zu ihrem ersten Generalkonsul berufen, ein Amt, das er zwei Jahrzehnte später seinem Neffen und Nachfolger vererbte.

Daniel Christoph Meyer war fast schon vierzig, als er 1790, wie so viele seiner Landsleute, eine Französin heiratete. Anne Marie Henriette Andrieu de Saint André brachte aus ihrer ersten Ehe zwei Kinder in die Familie mit und anschließend mit Meyer noch zwei weitere, ein Mädchen und einen Jungen, der bereits 1798 starb, zur Welt. Welche der Kinder Hölderlin zu unterrichten hatte, lässt sich nicht sicher feststellen.

Seine Anstellung war indes keineswegs ungewöhnlich. Die deutschen Kaufmannsfamilien in Bordeaux griffen für die Erziehung ihrer Kinder immer wieder auf deutsche Hauslehrer zurück. Der Erfolg ihrer Unternehmungen bestand im Kern ja aus dem Netzwerk, das sie zwischen der Handelsstadt am Atlantik, den Häfen an der Nord- und Ostsee und dem innerdeutschen Wirtschaftsraum mit den Zentren Frankfurt und Magdeburg gespannt hatten. Um es aufrechtzuerhalten oder gar auszudehnen, mussten ihre potenziellen Nachfolger in der Sprache und den Umgangsformen beider Kulturräume, des deutschen wie des französischen, erzogen werden. Am allerbesten konnte das freilich gelingen, wenn man wie Konsul Meyer und viele andere deutsche Kaufleute in bordelaiser Familien einheiratete und so eine politisch und gesellschaftlich unhinterfragbare, wirtschaftlich zudem hilfreiche rechtliche und persönliche Basis für die Existenz vor Ort schuf. In jedem Falle bedurfte es aber zur notwendigen Instruktion der eigenen

Kinder entsprechender Erzieher. Nicht selten kamen sie aus dem württembergischen Bildungssystem, was insofern verwundert, als es zwar eine Reihe von Kaufleuten gab, die aus dem Gebiet des Oberrheins und des Bodensees stammten, aber bislang keine aus dem Herzogtum Württemberg ausfindig gemacht werden konnten. Johann Friedrich Senger aus Tuttlingen, der 1762 im Hause Bethmann in Dienst tritt, ist einer der ersten deutschen Hofmeister, die für Bordeaux nachgewiesen sind. Karl Friedrich Reinhard, der zehn Jahre vor Hölderlin das Tübinger Stift absolviert hatte und im Verlauf der Revolution zum Gesandten der Republik in Hamburg und Florenz aufstieg und es sogar für kurze Zeit zum französischen Außenminister brachte, ist der bekannteste unter ihnen, Friedrich Jakob Ströhlin aus Stuttgart, der Hölderlin die Stelle in Bordeaux verschafft hatte, ein weiterer.

Das Hôtel Meyer in Bordeaux
Konsul Meyer hat das Haus, in dem Hölderlin seinen Dienst versah, an einem der repräsentativsten Plätze Bordeaux' errichten lassen. Die klassizistische Fassade wurde von Louis Combes entworfen, der auch das berühmte Châteaux Margaux im Médoc gestaltete.

Adresse Hölderlins in Bordeaux
Die ersten Zeilen bis »chez M.« sind von Hölderlins Hand, der Name und Ort sind von anderer Hand ergänzt.

21 Port de la Lune

La mémoire efface le souvenir

Anne und Patrick Poirier

Das Haus, in dem die Familie Meyer residierte und in dem Hölderlin seinen Erziehungsaufgaben nachkam, war eines der exponiertesten in der Stadt. Es ist es bis heute. An den Allées de Tourny, der Flaniermeile am Rande der Altstadt gelegen, bildet es städtebaulich und auch in seiner von einer Kolonnade geprägten architektonischen Erscheinung das Gegenstück zum Grand Théâtre. Meyer hat es in den Jahren 1795 bis 1796 von Louis Combes errichten lassen. Der hatte sich ein paar Jahre an der französischen Akademie in Rom aufgehalten, war stark von der Architektur der Antike und der Renaissance geprägt und engagierte sich während der Revolution als vehementer Propagandist des Klassizismus und eifriger Inszenator von allerhand Festen und Feiern. So schlug er der Nationalversammlung 1790 einen Tempel der Freiheit auf dem Platz der Bastille vor und gestaltete in Bordeaux die Kirche Notre-Dame zu einem Tempel der Vernunft um. 1813 wollte er gar den Gipfel des Mont Cenis in den französischen Alpen zu einer Pyramide umformen und darauf eine Statue Napoleons, der die vorbeiführende Passstraße hatte anlegen lassen, platzieren. Dazu ist es ebenso wenig gekommen wie zu der gigantischen Pyramide, die er in Leipzig 1814 als ein Denkmal für den Frieden vorschlug. Mit dem Wohnhaus Konsul Meyers und dem berühmten Château Margaux im Médoc, in denen er seine klassizistischen Vorstellungen beispielhaft verwirklichen konnte, hat er sich dennoch markant in die Architektur des Bordelais eingeschrieben.

Hölderlin wohnte vermutlich nur zu Beginn seines Bordeaux-Aufenthaltes im vornehmen Hôtel Meyer. Auf seinem letzten Brief aus Frankreich und auf dem Pass, den er sich für die Rückreise ausstellen ließ, sind als Adresse »Mons: Gauthier et Compagnie« und die »rue Remi No. 2« vermerkt. Die Wohnung lässt sich nicht ganz präzise lokalisieren. Sehr wahrscheinlich befand sie sich im Haus Nummer 2 oder 3 der heutigen rue

Jouannet. In jedem Falle aber lag sie gleich hinter der damaligen Place de la Liberté, heute Place de la Bourse, und damit in unmittelbarer Nähe zu den Quais, an denen sich sonn- wie wochentags das Leben der Kaufleute, Börsianer, Hafenarbeiter und Promeneure abspielte.

Hölderlins eigene Zeugnisse geben kaum Aufschluss über sein Leben und seine Erfahrungen in Bordeaux. Neben seinem ausgeführten Gedicht *Andenken* gibt es gerade mal zwei Briefe aus Bordeaux, und auch diese sind nur als Abschrift erhalten, dazu noch ein paar Gedichtfragmente wie *Das Nächste Beste* und einige wenige Hinweise in den späten hymnischen Entwürfen und Gesängen.

Mehr Einblick in das Stadt- und Hafenleben bieten die Tagebücher und Briefe der recht zahlreichen Frankreichreisenden um 1800. Von Frauen wie Sophie von La Roche, der Freundin Martin Wielands, die 1785, also noch vor der Revolution, die Hafenstadt besuchte, und von Johanna Schopenhauer mit ihrem Sohn. Oder von den Hamburger Angehörigen des Konsuls, die dem Hausherrn Hölderlins in den Jahren 1801 und 1802 Besuche abstatteten und am ausführlichsten Auskunft über das Leben vor Ort und in der Familie gewähren.

Friedrich Johann Lorenz Meyer kam im Sommer 1801 aus Paris mit der Postkutsche angereist. In seinen *Briefen aus der Hauptstadt und dem Innern Frankreichs* schildert er ausführlich die Umstände der Reise. Aufgebrochen wurde bei der Fahrt mit der *Diligence* um drei Uhr morgens, gefahren dann auf teilweise ganz »abscheulichen Landstrassen« bis neun Uhr abends, lediglich unterbrochen durch ein Frühstück und ein Mittagessen. Eine Nacht wurde ganz durchgefahren, in den anderen konnte man wenigstens für einige Stunden in »schmutzigen Wirthshäuser[n] und Stallähnlichen Nachtlager[n]« ausruhen, »wo man die Reisenden oft ohne Noth einkehren« ließ. Fünfeinhalb Tage dauerte eine solche Fahrt über eine Strecke, die mit knapp 600 Kilometern genauso lang war wie die Reise von Lyon nach Bordeaux. Auch das ist ein Indiz dafür, dass Hölderlin, der ja 19 Tage für diese Distanz brauchte, doch einen Großteil davon gewandert sein dürfte.

Meyer, der die Stadt schon vor der Revolution einmal besucht hatte, erkannte sogleich: »Der vorige Glanz von Bordeaux ist verschwunden.« Die Verwüstungen der Revolution und die Verluste der Kolonien, dazu die Kriege und das »unselige« Papiergeld, hätten den Handel und damit den Wohlstand »dieser wichtigsten Stadt Frankreichs gestürzt«. Er sah aber auch, dass die Stadt schon wieder dabei war, sich neu einzurichten: »Ganze Quartiere, neue Gassen, neue Plätze, sind seit einigen Jahren angelegt, und man fährt den Plan der Vergrößerung immer weiter aus«. Vor allem um das Haus seines Bruders, des Konsuls, herum, zeigte sich die wiedergewonnene Vitalität der Stadt: »Jeder kauft und baut sich in den schöneren Gegenden von Tourny und den Chartrons an.« Nach und nach sollten die neuen Gebäude die »Baraken, elende Häuser, Ställe und Magazine« ersetzen, die in der »Zeit der Anarchie«, also während der Revolution, dort errichtet worden waren.

Was Meyer in der Gesellschaft der bordelaiser Kaufleute besonders gefiel, war der gesellige Umgang:

> »Gastfreiheit, die liberalste Aufnahme, die freundlichste Begegnung des Fremden, und ein gewisses treuherziges Interesse für seine Unterhaltung, findet man in den meisten Häusern. Französische Politur ist da mit deutscher Gutmüthigkeit gemischt.« Das Leben spiele sich vornehmlich im Privaten ab: »Man lebt unter Freunden, der Cirkel bildet eine Familie.« Im Gegensatz zu Paris, der »Stadt des ausschweifenden Luxus, und der täglich wechselnden Thorheiten« trug Bordeaux für ihn die Merkzeichen einer Landstadt: »Genießlust hat hier nicht, wie dort, den Karakter der Schwelgerei …, die Ausschweifung selbst verhüllt sich in ein minder anstössiges Gewand, und ärgert wenigstens nicht, durch öffentliche Schaustellung des Lasters.« Die Gasthäuser und Kaffeeschenken schlössen abends schon um 11 Uhr. Zu diesem Zeitpunkt gingen auch die Abendgesellschaften zu Ende, die in den Kaufmannsfamilien von den Hausherrn und Damen getrennt gegeben würden: »Die karakteristischen Cirkel der Damen … bestehen aus Freunden und Freundinnen des Hauses … Man kommt und geht ohne Zwang, sezt sich zu den Damen oder konversirt mit den Männern; – der Fremde wird vorgezogen, man lässt sich angelegen sein, ihn zu unterhalten.«

Hölderlin scheint sich in diesem Umfeld, das sich Fremden gegenüber angesichts der täglichen Übung im internationalen Geschäft aufgeschlossen zeigte, durchaus wohl gefühlt zu haben. Am Karfreitag 1802 schreibt er an seine Mutter. Es ist sein dritter und letzter Brief von der ganzen Frank-

**Die Kinder der Familie Meyer,
die Hölderlin zu unterrichten hatte:**
Jacques Leblond (1782–1862),
Amélie-Eugénie Leblond (1784–1863)
und Anne Mathilde Meyer (1793–1872)

reich-Reise. Darin gedenkt er der Großmutter, die kurz zuvor gestorben war und spricht den Seinen Trost und Mitgefühl aus. Sein Ton ist verhalten. Die »zärtlichen, guten Worte«, die ihm, wie er schreibt, nur »zu leicht vom Munde gehen«, er »muß sie sparen«, darf nicht die Angehörigen und nicht sich selbst »noch mehr dadurch bewegen«.

Über sich und sein Leben in der Fremde weiß er indes nur Gutes zu berichten: »Mir gehet es so wohl, als ich nur wünschen darf«. Kein Groll, kein Arg, nicht der Hauch eines Misstons. Im Gegenteil: Eher die bange Sorge, sich »der wahrhaft vortrefflichen Menschen«, denen er sich dort verbunden fühlt, einmal, wenn er in die Heimat zurückgekehrt sein mag, nicht ganz würdig erweisen zu können.

Was aber hat ihn die ganze Zeit in Bordeaux beschäftigt, mit wem hatte er Umgang? Zunächst natürlich mit seinen Dienstherren und deren Kindern. Hölderlin spricht von seinen Zöglingen als »lebendigen Bildern der Hoffnung«. Wie viele Zöglinge und welche er tatsächlich zu unterrichten hatte, lässt sich nicht genau feststellen. Von den insgesamt fünf Kindern der Familie waren zwei schon verstorben, darunter Jean Valentin, der einzige eigene Sohn Meyers. Im Jahr 1802 lebten in der Familie daher nur Pierre Jacques Leblond, aus Madame Meyers erster Ehe stammend, der damals bereits 19 Jahre alt war, die 17jährige Marie Françoise Eugénie Leblond, genannt Amélie, sowie die neunjährige Mathilde Meyer. Für einen Kopf wie Hölderlin dürfte dies kaum eine erfüllende Aufgabe gewesen sein.

Wie wir aus dem Bericht Friedrich Johann Meyers ersehen können, folgte das Leben im Hause des Konsuls festen Bahnen. Diese wurden an den Werktagen bestimmt durch die Arbeit im Kontor und die Geschäfte an der Börse, und an Sonntagen durch den Besuch der Gottesdienste in den Chartrons. Hinzu kamen die Zusammenkünfte im sogenannten Museum, dem Salon der geistig und kulturell Interessierten, der Besuch von Aufführungen in den zahlreichen Theatern der Stadt, gesellschaftliche Verpflichtungen und an den Wochenenden Spaziergänge oder gar Ausfahrten auf das eigene Weingut im Médoc.

Mit den geschäftlichen Aufgaben wird der Dichter nichts zu tun gehabt zu haben. Sie dürften freilich den Tageslauf und die Gespräche weitgehend bestimmt haben. Karl Friedrich Reinhard, der Stiftsgenosse und Vorläufer Hölderlins als Hofmeister in Bordeaux, klagte 1789 einem Freund über den »engen Zirkel kaufmännischer Erwerbungssucht« vor Ort:

> »Glaube mir, wenige Städte in der Welt sind von einem so herzverengenden Egoism so allgemein angesteckt, enthalten so wenige Kenntnisse bei so vielem Gold, und so wenige Menschen bei so vielen Einwohnern, als Bordeaux.
> Man lebt in diesem Gewühl ferne von Wissenschaften, und ich habe noch keinen Menschen gekannt, der einer wahrhaft schönen Handlung fähig wäre. Die hiesige Moral hat keine andre Base als Eigennuz.«

So hart das Urteil Reinhards ist und so sehr die Handelsgeschäfte und das Gewinnstreben das Selbstverständnis gerade der deutschen Gemeinde bestimmt haben dürften, so wenig ging es darin auf. Als Kaufleute zur wirtschaftlichen Elite zu gehören, war das eine, als Protestanten religiöse Außenseiter zu sein, dagegen das andere. Beides zusammen hat die besondere Stellung und die Identität der Gesellschaft ausgemacht, in der Hölderlin zu tun hatte.

Die überwiegende Mehrzahl der deutschen Kaufleute in Bordeaux war lutherischen Bekenntnisses. Das hatte insbesondere mit ihrer Herkunft aus Städten wie Hamburg, Bremen, Frankfurt und Magdeburg zu tun. Diese Städte waren allesamt protestantisch und sie bestimmten ganz wesentlich das Handelsnetz, seitdem sich der internationale Warenverkehr vom Mittelmeerraum über die Alpen und die süddeutschen Metropolen auf den Atlantikhandel verlagert und damit die norddeutschen Hafenstädte und ihre Verteilerstationen im Hinterland in eine vorteilhaftere Position gebracht hatte.

Die Crux an dieser Konstellation bestand allerdings darin, dass die Ausübung der protestantischen Konfession in Frankreich seit der Aufhebung des Ediktes von Nantes unter Ludwig XIV. im Jahr 1685 verboten war. Folge davon war der Exodus von hunderttausenden von Hugenotten aus Frankreich nach Deutschland und in die Schweiz gewesen. Nur in Hafenstädten wie Nantes oder Bordeaux wurden sie ihrer wirtschaftlichen Leistungen und ihrer nutzbringenden Verbindungen wegen ausnahmsweise geduldet. Merkantilistische Staatsräson stand hier gegen dogmatischen Eifer. Die Verbindung bordelaiser Reeder und Händler zumeist reformierten Glaubens mit deutschen Kaufleuten gewöhnlich lutherischer Konfession war die Erfolgsbasis für das ausgeklügelte Handelsnetz, das im Laufe des 18. Jahrhunderts zwischen Frankreich, Afrika, der Karibik und Nordeuropa gesponnen wurde und dessen zentraler Verteiler der Port de la Lune von Bordeaux war.

Die offene Ausübung ihrer Religion war den Protestanten gleichwohl nicht gestattet. Vor Nachstellungen und Verfolgungen waren sie auch hier nie ganz sicher, und dies schon gar nicht, wenn sie ihren abweichenden Glauben erkennbar zeigten. Ehen etwa durften nicht von protestantischen Geistlichen geschlossen werden. Wer dagegen verstieß, konnte einem Urteil des bordelaiser Parlaments von 1749 zufolge als Mann auf die Galeeren geschickt und als Frau ins Gefängnis geworfen werden. Sophie von La Roche schauderte es ob dieses »fürchterlichen« Spruches noch 40 Jahre später, als sie den »traurigen Versammlungsspeicher der Protestanten« besuchte.

Auch für Begräbnisse standen den Protestanten lange Zeit keine eigenen Friedhöfe zur Verfügung. Die deutschen Kaufleute mussten ihre Angehörigen deshalb häufig in ihren Gärten oder Kellern beerdigen. Erst mit dem Toleranzedikt von 1787 wurde den Protestanten die Ausübung ihres Glaubens offiziell erlaubt und protestantisch geschlossene Ehen wurden rechtlich anerkannt. Bis dahin waren Eingaben mit der Bitte um religiöse Gleichberechtigung regelmäßig abgelehnt worden. Immerhin war es den Protestanten in Bordeaux ab 1753 mehr und mehr gelungen, sich auch außerhalb privater Kreise zu organisieren und Versammlungsräume in der Altstadt und in den Chartrons, der Vorstadt, wo die ausländischen Kaufleute zuhause waren, einzurichten. Die Vorhut machten die Reformierten. Sie räumten auch den Lutheranern in ihrem *temple* die Möglichkeit für Gottesdienste ein. Einen eigenen Pfarrer hatten diese damit aber noch nicht, weshalb sie sich ab dem ausgehenden 18. Jahrhundert um lutherische Prediger in privater Anstellung bemühten.

Vor diesem Hintergrund ist zu verstehen, warum Hölderlin nicht nur als Hauslehrer fungieren, sondern auch als Privatprediger wirken sollte. Zu seiner Erleichterung wurde er davon zumindest anfänglich dispensiert. Wenn man bedenkt, wie sehr er sich zeitlebens gegen den Beruf des Pfarrers gewehrt hat, wird man davon ausgehen können, dass er sich ihm auch in Bordeaux allen von ihm im Karfreitagsbrief prätendierten »Beschäfftigungen« zum Trotz so weit wie möglich entzogen haben wird.

Wenn Hölderlin von seiner späteren Wohnung bei der Börse zum Hôtel Meyer ging, dann passierte er das Grand Théâtre. Bis 1780 von Victor Louis erbaut, war es nicht das einzige Theater der Stadt, aber das bei weitem größte. Architektonisch galt es den meisten als ein Meisterwerk, in seinen Opern- und Tanzaufführungen erntete es heftige Kritik. Lorenz Meyer sah das Haus wie die ganze dramatische Kunst in Frankreich »im tiefen Verfall«. Und auch der junge Arthur Schopenhauer fand die Aufführungen äußerst dürftig und langweilig: »Schade, daß in diesem schönen Saal keine bessre Truppe spielt, wie diese, die nur höchstens für sehr mittelmäßig angesehen werden kann … Die Ballette aber sind sehr schlecht.« Wem das Grand Théâtre nicht zusagte, der fand reichlich Alternativen in anderen Häusern, im Théâtre Français etwa, das sich mit seinen hohen Eintrittspreisen und nachmittäglichen Aufführungszeiten dezidiert auf das bürgerliche Publikum ausrichtete, oder im Théâtre de la Gaieté, das sich mit seinen Operetten und Vaudevilles deutlich populärer gab, aber noch während Hölderlins Aufenthalt im März 1802 in Flammen aufging. Ob und in welchem Maße Hölderlin Theateraufführungen in Bordeaux besuchte oder sich anderen

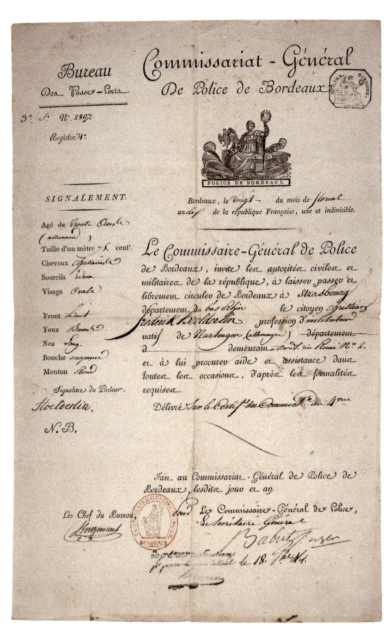

Pass für die Rückreise von Bordeaux
Hölderlin verbrachte die Zeit von Ende Januar bis Mitte Mai 1802 in Bordeaux. Er gibt als Adresse des Dichters »Bord. rue Remi No. 2« an und weist ein Visum von Straßburg aus vom 18. prairial (7. Juni 1802) »pour passer le pont de Kehl« – um die Brücke über den Rhein nach Kehl zu passieren.

Vergnügungen hingab, darüber liegen keine Hinweise vor. Belustigungen und Verführungen, von öffentlichen Spielcasinos bis hin zu kaum verhohlenen Liebesdiensten, gab es in der Stadt jedenfalls zur Genüge, für jeden Geschmack und auf allen denkbaren Niveaus.

Als eine besondere Möglichkeit des geistigen und künstlerischen Austauschs dürften sich ihm die Zusammenkünfte im *Musée d'instruction publique* eröffnet haben. Als Versammlungsort der Freunde der Wissenschaften vereinte das Museum ein naturhistorisches Kabinett, eine Kunstsammlung und ein Lesezimmer und versprach seinen Mitgliedern neben regelmäßigen Vorlesungen und periodischen Schriften zur Kultur auch gelegentliche Ausstellungen junger Künstler. Hölderlins Dienstherr Meyer war jedenfalls ein regelmäßiger Besucher dieser gerade eröffneten Einrichtung und einer seiner eifrigsten Förderer. Von seinem Haus brauchte er höchstens drei Minuten, um zu ihr zu gelangen. Überhaupt waren die Allées de Tourny mit ihren Läden und Cafés das Vergnügungszentrum der Stadt, die Flaniermeile schlechthin. Sie luden sonn- wie werktags die »elegante Welt« zum Spaziergang ein und führte am Hôtel Meyer, in dessen Erdgeschoss sich gleichfalls ein Café befand, vorbei zum *Jardin Public*. Auch der war vom Namensgeber der Allee, dem königlichen Intendanten Louis-Urbain de Tourny, Mitte des 17. Jahrhunderts im Zuge seiner radikalen Stadterneuerung, die den Eingriffen des Baron Haussmann in Paris hundert Jahre später kaum nachsteht, angelegt worden. Hölderlin gedachte gewiss gerade auch dieses Gartens, als er sein Gedicht *Andenken* mit den Versen anheben ließ:

> Der Nordost wehet,
> Der liebste unter den Winden
> Mir, weil er feurigen Geist
> Und gute Fahrt verheißet den Schiffern.
> Geh aber nun und grüße
> Die schöne Garonne
> Und die Gärten von Bourdeaux

Vom Jardin Public war es dann nur noch ein Katzensprung zu den Chartrons, wo sich an der Garonne entlang die Handelshäuser der Kaufleute mit ihren Kontoren und Lagerhallen, den Höfen und privaten Gärten gleichmäßig wie eine Perlenschnur aneinanderreihten. François de la Rochefoucauld schwärmte 1783 über diese Hafenfassade:

> »Weder in Lyon noch in Marseille habe ich so etwas Schönes gesehen wie diesen Quai, dessen Gebäude fast alle schön und viele ebenmäßig sind, der über mehr als zwei ausgedehnte Plätze verfügt, von der Art, dass man sich zwischen den schönen Häusern und einem Wald von Masten ermüdet, denn es gibt Stellen, an denen man den Fluss nicht sehen kann … Die Vorstadt der Chartrons unterhalb des Château Trompette ist eine der schönsten Vorstädte in Europa … Alles in allem ist der Luxus der Gebäude in Bordeaux ebenso groß wie in Paris.«

Vor diesen Häusern der Chartrons, dem Zentrum des Handels von Bordeaux, entfaltete sich das faszinierende und pittoreske Hafenleben:

> »Das stete Leben der größern und kleinern Fahrzeuge, das Ein- und Aussegeln der großen Schiffe, der Verkehr des Ab- und Aufladens am Ufer, das Treiben und Lärmen der Matrosen auf dem Strom – es ist ein herrliches, immer neues, und selbst durch die verschiedne Beleuchtung in den Tageszeiten wechselndes Gemälde!«

Auch Hölderlins Blick auf Bordeaux in *Andenken* hat Züge eines Gemäldes. Es transformiert Erinnerung in Gedenken, ja Andacht. Und wie die meisten Vedoutenmaler der Stadt hat Hölderlin, dessen Verse nicht zuletzt ob ihrer präzisen Anschauung bestechen, seinen Standort wohl auf dem rechten Ufer der Garonne beim Dorf Lormont eingenommen. Darauf hat wiederholt Jean-Pierre Lefebvre hingewiesen. Dort lässt sich tatsächlich das »scharfe Ufer« verorten, das Hölderlin in der Erinnerung aufscheinen lässt, und von dort auch »in den Strom / Tief fällt der Bach«. Von dieser Stelle aus hat man nicht nur die beste Sicht auf die Stadt, sondern weit mehr noch – über das ganze Land bis auf die Gironde und ahnungsvoll bis hin zum offenen Meer. Sogar »die Mühl«, über welche die »breiten Gipfel neiget / der Ulmwald« und in deren Hofe »wächset ein Feigenbaum« – sogar sie lässt sich in der Perspektive von dieser Anhöhe aus belegen. Denn an der äußersten Spitze der Chartrons befand sich zu Hölderlins Zeit, wie Friedrich Johann Meyer berichtet, ein großes Mühlenwerk mit 25 Mahlgängen. Es war zehn Jahre zuvor von einem in den Kolonien reich gewordenen bordelaiser Zimmermann errichtet worden und sollte über den Gezeitenwechsel der Garonne gesteuert werden. Die Idee war genial, sie fand auch die Unterstützung zahlreicher Aktionäre. Leider hatten die Erbauer eines nicht einkalkuliert: Mit dem einfließenden Wasser gelangten Massen von Schlamm in das Mühlenwerk und verstopften regelmäßig die Kanäle. Das Projekt scheiterte, das Bauwerk verfiel und der Ulmwald neigte nun die »breiten Gipfel … über die Mühl«.

Château de Fongravey in Blanquefort, Zeichnung von Henri Duphot, um 1880
Daniel Christoph Meyer hatte das kleine Schloss 1793, also noch während der Revolution, aus Privatbesitz erworben und wohl von seinem Hausarchitekten Louis Combes umbauen lassen. Es bestach durch eine ausgesuchte klassizistische Eleganz. Der Besuch Hölderlins auf dem Landsitz seines Dienstherrn ist nicht sicher belegt, aber sehr wahrscheinlich.

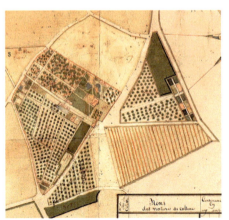

Karte mit den Besitzungen des Konsuls Meyer in Blanquefort, 1808
Meyer vergrößerte seinen Besitz im Médoc ständig und besaß in Blanquefort schließlich rund 20 Hektar an Weinbergen, Weiden, Gärten und Wäldern, die ein sicheres Einkommen boten und das gesellschaftliche Renommee steigerten. In der Mitte der Karte ist das kleine Schloss mit dem angelegten Garten zu sehen.

22   Finis terrae

Freiheit wäre da, wo wir an einer Grenze sagten: es ist genug.

Alfred Andersch: Hohe Breitengrade

Bevor ich wieder nach Deutschland und in mein altes Leben zurückkehre, muss ich noch das Terrain in der Umgebung Bordeaux' erkunden, das Hölderlin so nahegegangen ist, wenn er von den »Hirten des südlichen Frankreichs«, von der »Stille der Menschen«, ihrem »Leben in der Natur« und der Dankbarkeit spricht, die ihm »die Gasgognischen Lande gegeben«.

Ich nehme mir einen Mietwagen und fahre ins Médoc, nach Blanquefort. Hier besaß Konsul Meyer ein Landgut, das Château de Fongravey. Wie bei vielen Kaufleuten aus Bordeaux trug es dazu bei, seinen gesellschaftlichen Status zu erhöhen und zu sichern. Alte Güter mit ehrwürdigen Namen vermittelten nicht nur den Eindruck der finanziellen Solidität, sondern auch das Gefühl, schon immer dazuzugehören. Dazu hin boten sie eine willkommene Abwechslung im Wochen- und Jahresrhythmus und eine lohnenswerte wirtschaftliche Investition.

Meyer hatte das kleine Schloss 1793 aus Privatbesitz erworben und wohl von seinem Hausarchitekten Louis Combes umbauen lassen. In seinem Ausmaß und mit seinen zwei Etagen, dazu noch einem Souterrain, in dem sich Küche, Waschküche und Keller befanden, war es keineswegs pompös. Es bestach aber durch eine ausgesuchte klassische Eleganz. Dazu verhalfen ihm eine wohlproportionierte Fassade mit einem kleinen Treppenaufgang, zwei Säulen, die den Eingang umfassten und den darüber befindlichen Balkon stützten sowie eine Balustrade, die das Dach verdeckte und so dem ganzen Gebäude Leichtigkeit und Klarheit verlieh. Im Innern ließ sich der klassizistische Gestaltungswille am reichen Dekor von Böden und Wänden ablesen.

Ich erinnere mich an meinen ersten Besuch im Château de Fongravey. Damals, vor einem Vierteljahrhundert, beherbergte es eine Art Seniorenclub.

Die Szenerie wirkte bizarr. Ich hatte den Eindruck, im falschen Film gelandet zu sein, einer kruden Mischung aus *Letztes Jahr in Marienbad* und Louis de Funès. Ältere Damen saßen an verstreuten Tischen zusammen und spielten Bridge, dazwischen Männer, die sich langweilten.

Ich finde das Schloss verlassen und sanierungsbedürftig vor. Die Feinheiten der klassizistischen Fassade sind schon vor langem einem Umbau zum Opfer gefallen. An den hübschen Dekorationen des Treppenaufgangs mit eingravierten Früchtearrangements und Füllhörnern mit Weintrauben hat sich Moos angesetzt. Das Haus steht wohl seit geraumer Zeit leer. Mittlerweile sind das Schloss und seine Terrasse Teil eines großen Erneuerungsprojekts, das dem Park die Gestalt und den Zauber des 19. Jahrhunderts zurückbringen soll.

Wie sich das Leben der Gutsbesitzer zur Zeit Hölderlins abspielte, haben Friedrich Johann Meyer und sein Neffe Georg Christian in ihren Reiseerinnerungen geschildert. Der Weg zum Landgut im Médoc konnte mit der Kutsche über Land oder mit dem Schiff über Wasser erfolgen. Die Distanz von der Stadt betrug gerade mal zehn Kilometer, die Fahrt mit der Kutsche dauerte eineinhalb Stunden und zu Fuß auch nicht viel länger. Da Meyer die Gegend um Bordeaux aber »nicht schön, sondern flach, sandig, steinig oder morastig«, also ohne jegliche ästhetische Reize empfand, zog er eine »Lust-Partie« auf der Garonne vor – an Pappelgruppen und Ulmen vorbei, wie sie auch Hölderlin in seinem eigenen Andenken erinnert.

Gewöhnlich wurden die Landgüter nur im Frühjahr und im Herbst bewohnt. Der Größe der Güter und ihrer Ausstattung entsprechend hatten sich die Besitzer um die Bewirtschaftung zu kümmern, ansonsten gab man Gesellschaften, ging zur Jagd, lud zu Tanz und Spiel oder unternahm kleinere Ausflüge an den Fluss oder ins Landesinnere. Für die Kaufleute, die ihre Geschäfte in der Stadt versehen mussten, waren diese Lustbarkeiten zumeist auf die Wochenenden beschränkt. Der Sommer galt für den Aufenthalt auf dem Lande allgemein als zu heiß und zu feucht. Im Juli zogen die Landbesitzer daher in die Stadt zurück, um erst im September zur Weinlese wieder zurückzukehren. Da der Frühling in Bordeaux jedoch schon früh einsetzt – Hölderlin war bereits »in Einem schönen Frühlinge« angekommen – ist gewiss anzunehmen, dass er mit seinen Zöglingen nach Blanquefort gekommen ist; sichere Zeugnisse fehlen allerdings auch hier.

Wie in Bordeaux, wo verdorrte Freiheitsbäume und jakobinische Straßennamen an die kaum überstandene Revolution erinnerten, so konnte er auch im Médoc deren Auswirkungen beobachten. Sie bestanden hier insbesondere in der Zerschlagung alter Besitzverhältnisse. Einige Eigentümer der berühmtesten Schlösser, darunter Château Margaux und Château Lafite, waren Opfer der Schreckensherrschaft geworden und hatten unter der Guillotine ihr Leben gelassen, andere waren enteignet, ihre Güter als Staatsbesitz eingezogen und wieder veräußert worden. Nun, um 1800, drohte der Angriff von ganz anderer Seite. Insbesondere Engländer entdeckten ihre alte Liebe zum guten Bordeaux und schickten sich an, verstärkt in den Weinanbau zu investieren. Lorenz Meyer klagt: »Schon ist das Gut Château Margot, welches ein Holländer von der Nation kaufte, den englischen Erztrinkern verpachtet, sein schöner Wein kommt also nun in ihre Hände – und keine Rettung ist aus dieser Hölle!«

Man kann davon ausgehen, dass Meyer hier ein Murren der ganzen Gesellschaft um seinen Bruder und Konsul wiedergibt, denn Daniel Christoph Meyer hatte sich Blanquefort nicht ohne Grund als Landsitz ausgesucht. Hier hatte er eine ganze Reihe von Angehörigen seiner Frau zu Nachbarn und wohl deswegen auch hier 1790 seine Hochzeit gefeiert. Hier wusste er zudem einige Kollegen und Geschäftsfreunde um sich, mit denen er sich vergnügen, austauschen und im Notfall beraten konnte. Meyer war mit dieser Konstellation offensichtlich sehr zufrieden, denn er vergrößerte seinen Besitz Stück für Stück, erwarb andere Güter hinzu und verfügte am Ende über ein respektables Anwesen mit Weinbergen, Weiden, Gärten und Wäldern im Umfang von rund 20 Hektar. Von seinem leicht erhöht liegenden Landhaus konnte er die ganze Gegend bis zur Garonne hin überblicken und mit einiger Genugtuung den lebhaften Schiffsverkehr, Quelle seines Reichtums, beobachten.

Von Blanquefort fahre ich die Gironde entlang. Ich suche die luftige Spitz,

> wo herab
> Die Dordogne kommt,
> Und zusammen mit der prächt'gen
> Garonne meerbreit
> Ausgehet der Strom.

Die Sicht auf die Gironde ist an diesem Tag aber durch Nebel getrübt. Auch reihen sich mehrere kleine Inseln aneinander, so dass es nicht den einen definitiven Punkt gibt, von dem, so das Gedicht,

> zu Indiern
> Die Männer gegangen
>
> Andenken

Ich bin sowieso der Auffassung, dass Hölderlin mit seiner »Spitz« nicht einen einzigen geographischen Punkt gedacht und gemeint hat, sondern zwei, die sich ergänzen, und diese zu einem großen synoptischen Bild, nämlich einer vortrefflichen Beschreibung der Eigenart der Gironde-Mündung, ihres Ursprungs und ihres Ausgangs, gefügt hat. Der eine charakteristische Punkt dafür ist der Zusammenfluss von Dordogne und Garonne, der tatsächlich in einem spitzen Winkel erfolgt und woraus die Gironde entsteht. Der andere Punkt aber ist die *Pointe de Grave*, der nördlichste Zipfel des Médoc. Hier erst geht »der Strom meerbreit« aus, hier ist die wahrhaft »luftige Spitz« und hier auch findet der endgültige Abschied der Männer auf ihren Fahrten zu den westindischen Inseln statt.

Von einer besonderen Ausfahrt, die hier ihren Ausgang nahm, kündet ein Denkmal. Es erinnert an den Marquis de La Fayette, der von der Gironde aus 1777 mit einer Schar von weiteren Freiwilligen in See stach, um George Washington und seiner Armee im amerikanischen Unabhängigkeitskrieg zur Seite zu stehen. Die Sache des Freiheitskämpfers, der sich danach auch in der Französischen Revolution einsetzte, gelang und Hölderlin wusste darum im einen wie im anderen Fall. Ein weiteres Denkmal wäre angebracht an dieser Stelle – nicht als Abschieds-, sondern als Willkommensgruß. Denn am 1. August 1804 erreichten Alexander Humboldt und Aimé Bopland auf dem Rückweg von ihrer legendären Amerikareise an der Pointe de Grave zum ersten Mal wieder Europa. Hölderlin hatte ihren Aufbruch fünf Jahre zuvor verfolgt und sich ihrer noch in der ersten Zeit seines Tübinger Turmaufenthaltes erinnert: Auf der Rückseite einer Wäscherechnung notierte er jedenfalls »Tende« und »Teneriffa« – die erste Station von Humboldts Amerikareise und womöglich den »Teide«, den Berg also, den er auf Teneriffa erstiegen und beschrieben hat.

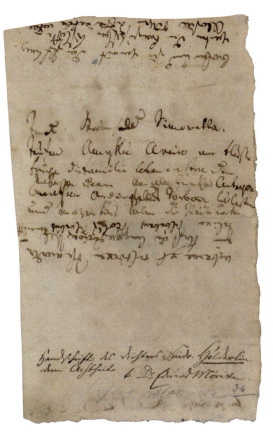

Wäscherechnung aus der Tübinger Turmzeit, kurz nach 1806
Auf der Rückseite dieser Rechnung, die dem »Hern Bübeletücarius« für das Waschen und Reparieren von Hemden, Weste, Strümpfen, Hals- und Taschentücher 17 Batzen und 2 Kreuzer summiert, notierte Hölderlin zahlreiche Namen von Orten und Personen, darunter Tende, Teneriffa und Sulaco, die Aufschluss zu der Frage geben, ob Hölderlin während seines Bordeaux-Aufenthaltes das Meer gesehen hat. Die eigentümlich kreuz und quer geschriebenen Zeilen geraten in die richtige Ordnung, wenn man das Blatt in den alten Knicken faltet. Die »Ächtheit« der Handschrift wird unten von Eduard Mörike bestätigt.

Die Pointe de Grave ist der entfernteste geographische Ort, den Hölderlin auf der exzentrischen Bahn seines Lebens erreicht haben dürfte. Der Endpunkt der von ihm erlebten Welt. *Finis terrae.* Wie sehr er sich »auf den Anblick des Meeres« freute, das hatte Hölderlin schon vor der Abreise nach Bordeaux in seinem Abschiedsbrief an Casimir Böhlendorff betont. Die Anziehungskraft des Meeres ging indes über herkömmliche Sehnsüchte weit hinaus. Sie besaß bei ihm fast schon mythische Züge, denn im Gedichtentwurf *Kolomb* schreibt er:

> Wünscht' ich der Helden einer zu sein
> Und dürfte frei es bekennen,
> So wär' es ein Seeheld.

In Kolumbus personifiziert sich der ungeheure, der heroische Aufbruch, den jede Fahrt über das Meer mit ihrer Einsamkeit, mit ihren Stürmen, der »Stimme des Meergotts«, bedeutete. Nach Genua, wo er »Kolombos Haus« erfragen will, ist Hölderlin nicht gelangt, und auch nicht nach Lissabon, das er gleichsam in dem Gedicht anruft.

Hier an der Pointe de Grave aber kann, hier muss er gewesen sein. Darauf deutet ein winziges Fragment, ein Wort nur, das er nach der Rückkehr aus Bordeaux auf einem Stück Papier notiert hat: »Sulaco«. Es bezeichnet, soweit wir wissen, den Ort Soulac-sur-Mer, wenige Kilometer südlich der Gironde-Mündung gelegen, mit seiner berühmten, heute zum Weltkulturerbe zählenden romanischen Basilika *Notre-Dame de la Fin des Terres*. Wie so viele Orte an der atlantischen Küste – Land's End in Cornwall, das Departement Finistère in der Bretagne, Kap Finisterre bei Santiago de Compostella – trägt auch diese Kirche ihre exzentrische Lage am Ende der Welt im Namen. Ihr war ein eigentümliches Schicksal beschieden. Als Benediktinerkloster angelegt und mit bedeutenden Stiftungen ausgestattet, war sie nicht nur selbst ein bedeutender Wallfahrtsort, sondern diente über Jahrhunderte hinweg als erster Anlaufpunkt für Pilger, die sich mit dem Schiff aus Nordfrankreich und insbesondere aus England auf den Weg nach Santiago de Compostella gemacht hatten. Als die Jakobspilger mehr und mehr ausblieben und das Kloster 1744 aufgegeben wurde, versandete die Kirche buchstäblich, bis schließlich nur noch der Kirchturm, der von den Schiffen als unentbehrliche Navigationshilfe genutzt wurde, herausschaute. Erst Mitte des 19. Jahrhunderts wurde die Basilika wieder freigelegt und ihrer ursprünglichen Bestimmung zurückgegeben.

Hölderlin hat das Meer in seinem Spätwerk vielfach angerufen, etwa in der Ode *Wenn aus der Ferne*:

> Und alles Schöne hatt' er behalten, das
> An seligen Gestaden, auch mir sehr wert,
> Im heimatlichen Lande blühet
> Oder verborgen, aus hoher Aussicht,
>
> Allwo das Meer auch einer beschauen kann,
> Doch keiner sein will.

Für das Verständnis der Verse wie auch für das Verständnis seiner ganzen Poetik ist die Frage, ob er das Meer tatsächlich gesehen hat, von einiger Bedeutung. Eine Reihe von Indizien und alles, was wir über ihn als Wanderer und Spaziergänger wissen, deuten darauf hin, dass es ihm gelungen ist. Vor allem aber ist an der Pointe de Grave und in Soulac, vielleicht auch südlicher, bei der Dune de Pilat am Becken von Arcachon, genau die Situation gegeben, in die Hölderlin sein *Andenken* münden lässt:

> Es nehmet aber
> Und gibt Gedächtnis die See,
> Und die Lieb auch heftet fleißig die Augen,
> Was bleibet aber, stiften die Dichter.

Hier, am äußersten Punkt des Médoc, hatte Hölderlin den offenen Blick aufs offene Meer, hier konnte er sich den Gezeiten, der hypnotisierenden Bewegung der Wellen hingeben, jenen gleichmäßigen Rhythmus von Kommen und Gehen leibhaftig erfahren, der die Gedanken hin- und herpendeln lässt, der Erinnerung aufscheinen und wieder verschwimmen lässt, jenen Moment erspüren, in dem Vergangenheit, Gegenwart und Zukunft eins werden, Mensch und Natur ineinander übergehen, die eigene Liebe und die Liebe der anderen sich ununterscheidbar durchdringen. Hier konnte und musste er freilich auch erkennen, dass dieser Augenblick der Versunkenheit die Augen heftet, neues Verlangen hervorruft, die Sehnsucht nach Dauer erweckt – »Augenblick – verweile doch! du bist so schön!«. Diesen Moment des Andenkens und der Andacht festhalten, ihn bannen zu wollen, aber kann nur bedeuten, ihn in Worten, Bildern und Tönen wieder erschaffen zu müssen – und dazu eben bedarf es der Dichter.

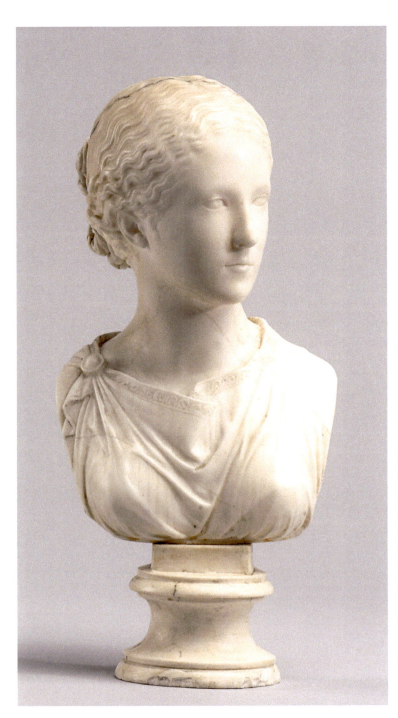

Büste der Susette Gontard von Landolin Ohnmacht, Alabaster, um 1795
Von einem »Madonnenkopfe« und einem »Wesen, das sich recht in dies arme geist- und ordnungslose Jahrhundert verirrt« habe, berichtet Hölderlin seinem Freund Neuffer: »Sie ist schön, wie Engel. Ein zartes geistiges himmlischreizendes Gesicht! ... Majestät und Zärtlichkeit, und Fröhlichkeit und Ernst, und süßes Spiel und hohe Trauer und Leben und Geist, alles ist in und an ihr zu Einem göttlichen Ganzen vereint.«

23 Diotima

Was wir leiden müssen ist unbeschreiblich,
aber warum wir's leiden ist auch unbeschreiblich.

Susette Gontard an Hölderlin, 1799

Warum ist Hölderlin in Bordeaux so plötzlich, fast unvermittelt, wieder aufgebrochen, warum musste er so rasch nach Deutschland zurückkehren? Die Antwort auf diese Frage scheint der Schlüssel zum Verständnis seiner fatalen Frankreich-Reise zu sein und eine mögliche Erklärung für den tiefen Bruch in seiner Biographie, den manifesten Ausbruch seiner Krankheit.

Spekulationen über die Gründe der Rückkehr gibt es viele. Schelling mutmaßte, Hölderlin habe »ganz falsche Vorstellungen von dem, was er bei seiner Stelle zu thun hätte«, gehabt, und dass »man Forderungen an ihn gemacht zu haben scheint, die zu erfüllen er theils unfähig war, theils mit seiner Empfindlichkeit nicht vereinigen konnte«. Carl Gok, der Stiefbruder, vermutete ein Schreiben Susette Gontards, »worin sie ihm von einer schweren Krankheit Nachricht gab, und mit einer Vorahnung ihres nahen Todes noch auf ewig Abschied von ihm nahm«. Andere führten Reiseerlebnisse, einen Überfall gar an, die ihn aus der Bahn geworfen hätten.

Hölderlin selbst gibt in einem ausführlichen Brief vom November 1803 nur vage Auskunft. Er berichtet:

> »Es war mir nöthig gewesen, nach manchen Erschütterungen und Rührungen der Seele mich festzusetzen, auf einige Zeit, und ich lebe indessen in meiner Vaterstadt.«

Die schwerste Erschütterung in diesen Monaten war zweifellos der Tod Susette Gontards, seiner Diotima. Was Laura für Petrarcas Canzoniere und Peregrina für Mörikes Liederzyklus, das war Diotima für Hölderlins Dichtung – die Verwandlung einer unsterblichen Liebe in unsterbliche Literatur.

Der Weiße Hirsch in Frankfurt, Lithographie von A. Fay, vor 1872
Im ersten Stock des Weißen Hirschen, dem großbürgerlichen Anwesen des Gontardschen Familienclans, hatten auch Jakob und Susette Gontard ihr Zuhause. Hier unterrichtete Hölderlin die Kinder, wenn die Familie in der Stadt war, und hier traf er nach der Trennung heimlich auch die Hausherrin und Geliebte, die als Diotima in seine Gedichte einging.

Genommen hatte Hölderlin den Namen aus Platons *Gastmahl*. Dort ist sie die Frau, von der Sokrates sagt, sie habe ihn »in den Dingen der Liebe unterrichtet«. Das verband sich bestens mit der Frau, von der auch einer von Hölderlins Freunden gesagt haben soll: »Eine lehrte ihn ganz, was Liebe sei«. Und diese eine war Susette Gontard.

Zum ersten Mal begegnet sind sie sich offensichtlich am 31. Dezember 1795, als sich Hölderlin im Hause des Frankfurter Bankiers Jacob Friedrich Gontard, Abkömmling einer Hugenottenfamilie aus Grenoble, als neuer Hofmeister vorstellte. Sie, eine reiche Kaufmannsgattin, Star der Frankfurter Gesellschaft, vielfach umschwärmte Schönheit, Mutter von vier Kindern – er, ein widerstrebender Pfarraspirant, gescheiterter Hauslehrer und also Dienstbote. Sie, eine unglückliche, ja unbefriedigte Ehefrau, deren

Jakob Friedrich Gontard (1764–1843), Miniatur um 1790
Die Gontards, bei denen Hölderlin 1796 Hofmeister wurde, entstammten aus einer hugenottischen Familie in Grenoble und hatten sich über mehrere Generationen hinweg zu einer der erfolgreichsten Kaufmanns- und Bankiersfamilien in Frankfurt hochgearbeitet. Jakob Friedrich Gontards Wahlspruch »Les affaires avant tout« – zuallererst die Geschäfte – signalisiert den denkbar größten Abstand zu Hölderlins poetischem Sendungsbewusstsein.

Susette Gontard (1769–1802), Miniatur von Margarethe Elisabeth Sömmering, um 1798
In einer wohlhabenden Familie in Hamburg aufgewachsen, heiratete Susette Borkenstein mit siebzehn Jahren ihren Vetter zweiten Grades Jakob Gontard. Als Hölderlin ihr 1795 begegnete, war sie schon Mutter von vier Kindern – und eine vielfach umschwärmte Schönheit. Die Liebe Hölderlins zu seiner Hausherrin war in jeder Hinsicht unmöglich, in der Erfüllung wie im Verzicht, und konnte deshalb nur in Literatur verwandelt und aufgehoben in der Dichtung Bestand haben.

Gatte nach der Devise lebt »Les affaires avant tout« – er, ein attraktiver und genialischer, aber leider mittelloser junger Dichter mit himmelstrebenden Ideen. Beide zusammen zwei junge Menschen von 25 und 26 Jahren, die sich in ihrem persönlichen Charakter und in ihren musischen Bedürfnissen treffen und gar nicht umhin können, sich zu lieben. Denn obwohl sie sich an diesem Silvestertag tatsächlich das erste Mal sahen, schien es für beide eine Art Wiederbegegnung zu sein:

> Eh' ich dir die Hand gegeben,
> Hab' ich ferne dich gekannt.
>
> **Diotima**

Die Frau, die so wohlbekannt und unvermutet vor ihm erschien, hatte er in seinem *Hyperion* schon längst imaginiert, hatte sie in aller Einzelheit – »wie aus Licht und Duft gewebt« – beschrieben. Und nun stand diese Priesterin der Liebe plötzlich vor ihm. Auch für sie, für Susette, erfüllte sich in der Begegnung eine bereits vorgezeichnete Bahn. Denn auch sie hatte ihn ferne schon gekannt. Ein leidenschaftlicher Verehrer namens Zeerleder hatte ihr das *Hyperion*-Fragment, das 1794 in Schillers *Neuer Thalia* erschienen war, eigenhändig abgeschrieben überreicht. Der Autor dieses hymnischen Hoheliedes der Liebe war ihr also bereits wohl vertraut. Und es scheint auch so, dass sich beide von Anfang an der literarischen Dimension ihrer Beziehung bewusst waren. Mehr noch als im wirklichen Leben erfüllt sich diese Liebe in der Literatur – in Gedichten, die sich die beiden heimlich zustecken, und vor allem im Roman, den Hölderlin ihr am Ende mit der einfachsten und schönsten und ehrlichsten Widmung, die sich denken lässt, überreichen wird: »Wem sonst als Dir«. Da sind sie aber bereits getrennt, da war ihre unmögliche Beziehung bereits öffentlich geworden und schließlich nicht mehr haltbar.

Siebzehn Briefe an Hölderlin sind von ihr erhalten. Liebesbriefe, die zu den schönsten und ergreifendsten zählen, die jemals geschrieben wurden. Und drei Briefentwürfe Hölderlins an sie. Über ein Jahrhundert waren sie in seiner Familie aufbewahrt, weggeschlossen, verheimlicht worden, ehe sie schließlich 1921 freigegeben und veröffentlicht wurden. Nicht alle, einige sind verlorengegangen oder vernichtet worden, doch blieben immerhin so viele, dass man sich eine Vorstellung von der Unbedingtheit und Unerbittlichkeit dieser Liebe machen kann. Einer Liebe, die »in den Meeresgrund hinab und an den Himmel hinauf« führte und die in jeder Hinsicht unmöglich war, in der Erfüllung wie im Verzicht. Eine Liebe, die tatsächlich auf Leben und Tod ging und folglich auch nur in Literatur verwandelt und aufgehoben in der Dichtung Bestand haben konnte.

Zwei Jahre geht das Verhältnis gut. Hölderlin und Susette verbringen sehr, sehr viel Zeit miteinander. Auch weil Cobus, wie sie ihren Mann nennt, viele Abende aus geschäftlichen Gründen außerhalb des Hauses zu tun hat und sie in der Gesellschaft des Hofmeisters nicht ungern versorgt sieht. Die beiden musizieren miteinander, sie spielt Klavier, er die Flöte. Als im Krieg mit Frankreich am 10. Juli 1796 die Revolutionstruppen vor

Brief Susette Gontards an Hölderlin vom Herbst 1799.
Siebzehn Briefe an Hölderlin sind von Susette erhalten und drei Briefentwürfe Hölderlins an sie. Sie gehören zu den schönsten und ergreifendsten Liebesbriefen, die jemals geschrieben wurden.

Frankfurt stehen, schickt Gontard seine Familie nach Norden in Sicherheit. Die Gouvernante und der Hofmeister sollen sie begleiten, er selbst bleibt in Frankfurt zurück. Die Wochen, die folgen, werden für Hölderlin und seine Diotima zu den glücklichsten ihres ganzen Lebens. Sie reisen zunächst nach Kassel, später nach Bad Driburg. Sie sind vollkommen unbehelligt von äußeren Verpflichtungen und können sich ganz auf sich konzentrieren: Hölderlin nach der Rückkehr an seinen Freund Neuffer:

> »Ich habe eine Welt von Freude umschifft, seit wir uns nicht mehr schrieben. Ich hätte Dir gerne indes von mir erzählt, wenn ich jemals stille gestanden wäre und zurückgesehen hätte. Die Woge trug mich fort; mein ganzes Wesen war immer zu sehr im Leben, um über sich nachzudenken. / Und noch ist es so! noch bin ich immer glücklich, wie im ersten Moment. Es ist eine ewige fröhliche heilige Freundschaft mit einem Wesen, das sich recht in dies arme geist- und ordnungslose Jahrhundert verirrt hat! Mein Schönheitssinn ist nun vor Störung sicher. Er orientiert sich ewig an diesem Madonnenkopfe.«

Wie nicht anders zu erwarten, komplizieren sich die Verhältnisse zusehends. So einträchtig und im Gleichmaß schwingend sie sich in der geschützten Welt des häuslichen Miteinanders fühlen dürfen, so sehr trennen sie die Verhältnisse, wenn sie in Gesellschaft sind. Hölderlin muss schmerzhaft erfahren, dass »der Hofmeister besonders in Frankfurt überall das fünfte Rad am Wagen ist, und doch der Schicklichkeit wegen muß dabei sein«. Gontard, sein Dienstherr, lässt es ihn zunehmend spüren und Hölderlin wird es immer unerträglicher:

> »… der unhöfliche Stolz, die geflissentliche tägliche Herabwürdigung aller Wissenschaft und aller Bildung, die Äußerungen, daß die Hofmeister auch Bedienten wären, daß sie nichts Besonders für sich fordern könnten, weil man sie für das bezahlte, was sie täten, usw. und manches andre, was man mir, weils eben Ton in Frankfurt ist, so hinwarf – das kränkte mich … immer mehr und gab mir manchmal einen stillen Ärger, der für Leib und Seele niemals gut ist.«

Auch das unschickliche Verhältnis selbst bleibt der Umgebung nicht verborgen. Schon auf ihrer glückseligen Flucht vor den französischen Truppen war dem Gastgeber in Bad Driburg aufgefallen, dass die Gontardsche Familie »fast gar nicht« zu sehen war, die Liebenden sich »immer auf ihren Zimmern« einschlossen. Bald machen auch in Frankfurt Gerüchte die Runde.

Noch hegen die beiden Hoffnung, ihre Liebe bewahren zu können. Die Lage aber wird immer verzweifelter. Hölderlin im Rückblick:

> »Immer hab' ich die Memme gespielt, um Dich zu schonen, – habe immer getan, als könnt' ich mich in alles schicken, als wäre ich recht zum Spielball der Menschen und der Umstände gemacht und hätte kein festes Herz in mir, das treu und frei in seinem Rechte für sein Bestes schlüge, teuerstes Leben! Habe oft meine liebste Liebe, selbst die Gedanken an Dich mir manchmal versagt und verleugnet, nur um so sanft wie möglich, um Deinetwillen dies Schicksal durchzuleben.«

Am Ende tragen sich die beiden sogar mit dem Gedanken an einen gemeinsamen Freitod. Hölderlin hat ihn in dem Gedicht *Der Abschied* erwogen:

> Reich die Schale mir selbst, daß ich des rettenden
> Heilgen Giftes genug, daß ich des Lethetranks
> Mit dir trinke, daß alles,
> Haß und Liebe, vergessen sei!

Und Susette antwortet in einem Brief:

> »Die Leidenschaft der höchsten Liebe findet wohl auf Erden ihre Befriedigung nie! – Fühle es mit mir! diese suchen wäre Torheit. – Mit einander sterben! – Doch still, es klingt wie Schwärmerei, und ist doch so wahr, – ist die Befriedigung.«

Den gemeinsamen Selbstmord begehen sie schließlich doch nicht. »Heilige Pflichten für diese Welt« halten sie ab. Die Trennung aber wird unausweichlich, der Zustand unhaltbar. Es braucht nur noch einen Anlass.

Der ergibt sich im September 1798. Da kommt es zu einem Eklat zwischen Hölderlin und seinem Hausherrn. Was ihn letztlich ausgelöst hat, ist unklar. Doch die Frankfurter Gesellschaft tratscht, Hölderlin fühlt sich von seinem Dienstherrn herablassend als Domestik behandelt, es folgt ein heftiger Wortwechsel und Hölderlin verschwindet Hals über Kopf, einen enttäuschten Zögling und eine ihm weiterhin ergebene Geliebte zurücklassend. Es war offensichtlich kein Rauswurf, Hölderlin selbst hatte die Initiative ergriffen, wie ein Brief seines Schülers, des gerade mal elfjährigen Henri Gontard, belegt:

>»Lieber Hölder!
>Ich halte es fast nicht aus, daß Du fort bist. Ich war heute bei Herrn Hegel, dieser sagte: Du hättest es schon lange im Sinn gehabt ...
>Der Vater fragte bei Tische, wo Du wärst, ich sagte, Du wärst fort gegangen und Du ließt Dich ihm noch empfehlen. Die Mutter ist gesund und läßt Dich noch vielmals grüßen, und Du möchtest doch recht oft an uns denken; sie ... will alles, was Du uns gelernt hast, wieder mit uns durchgehn. Komm bald wieder bei uns, mein Holder; bei wem sollen wir denn sonst lernen. Hier schick ich Dir noch Tabak ...
>Lebe wohl, lieber Hölder.
>Ich bin Dein Henri«

Die Beziehung Hölderlins zu Susette hielt noch weitere eineinhalb Jahre an. Offiziell konnte er nicht mehr in ihr Haus kommen, das Auseinandergehen hatte eine zu »feindselige Farbe angenommen«. Also mussten sie sich heimlich treffen. Das gelang am einfachsten, wenn sie sich auf dem Sommersitz der Familie, dem Adlerflychthof, aufhielt und er aus dem nahe gelegenen Bad Homburg herüberkam. Bei solch einer Gelegenheit übergab er ihr im November 1799 den endlich fertig gestellten *Hyperion*, Frucht ihrer »seelenvollen Tage«.

Vom 8. Mai 1800 datiert der letzte erhaltene Brief Susettes an Hölderlin, am 22. Juni 1802 ist sie mit 33 Jahren gestorben. Dazwischen liegen die Reise Hölderlins nach Bordeaux und sein abrupter Aufbruch von dort. Stehen ihre Krankheit, ihr Tod und seine Rückkehr, seine Verwirrung in un-

Der Adlerflychthof im Norden Frankfurts, Gouache von Johann Georg Meyer, 1779
Die Sommer verbrachte die Familie Gontard wie andere reiche Bürger in Landhäusern vor den Toren der Stadt, von 1797 bis 1800 im Adlerflychthof. Hier traf sich Hölderlin mehrfach mit seiner Geliebten Susette und tauschte durch die Hecke Briefe mit ihr aus.

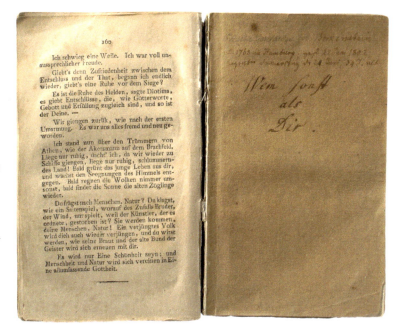

Erstausgabe des *Hyperion* von 1797/1799
Den Zweiten Band überreichte Hölderlin seiner Geliebten im Herbst 1799 mit der berühmt gewordenen Widmung: »Wem sonst als Dir.«

mittelbarer Beziehung zueinander? Gab es zwischen dem letzten Brief und dem frühen Tod einen weiteren Briefwechsel, eine Begegnung gar zwischen den beiden? Konnte es sie überhaupt geben? Argumente für und wider stehen sich unversöhnt gegenüber. Pierre Bertaux hat leidenschaftlich dafür plädiert, Adolf Beck dagegen. Letzte Beweise fehlen, die Möglichkeit, ja die Wahrscheinlichkeit bleibt jedoch bestehen. Zu verstört ist der Eindruck, den Hölderlin bei seiner Rückkehr in Stuttgart macht, zu massiv ist sein Zusammenbruch, als dass er durch Äußerlichkeiten, durch Inkonvenienzen in Bordeaux oder abenteuerliche Reiseerlebnisse erklärt werden könnte. Dieser Zusammenbruch ist existenziell und er muss existenzielle Ursachen haben.

Die bedrückendste aller möglichen Ursachen aber ist der Tod Diotimas. Hölderlin hatte ihn in seinem *Hyperion* dichterisch schon vorweggenommen. Jetzt jedoch war er tatsächlich eingetreten. Gestorben ist Susette an den Röteln, die sie sich erst kurz zuvor bei der Pflege ihrer Kinder zugezogen hatte. Durch eine Lungenkrankheit geschwächt aber war sie schon seit Monaten, so dass man seit geraumer Zeit mit allem rechnen musste. Mehr noch: Seit der Trennung von Hölderlin sind ihre Briefe durchzogen von Klagen der Einsamkeit, der Trauer, ja von kaum verhüllter Todessehnsucht. Ihre Freunde erkennen darin »ganz das Gepräge einer wehmütig betrübten Seele, die wenig mehr an dieser Welt hängt«.

Wie aber sollte Hölderlin vom Befinden seiner Diotima erfahren haben? Ein direkter Kontakt mit ihr dürfte kaum möglich gewesen sein, der Weg über die Mutter, die Schwester, den Stiefbruder schieden aus. Sie waren in die Liebschaft nicht eingeweiht. Die Mutter erfuhr erst nach der Rückkehr ihres Sohnes aus Bordeaux davon. Und auch der Stiefbruder Carl äußerte erst Jahrzehnte später die Vermutung, Hölderlin habe in Bordeaux von Susette einen Brief bekommen; Belege dafür hat er jedoch nicht.

Wenn wirklich ein Nachrichtenaustausch zwischen Frankfurt und Bordeaux erfolgt sein sollte, dann muss eine andere Verbindung bestanden haben. Und die gab es tatsächlich! Hölderlins Hausherr in Bordeaux, Konsul Meyer, war in seinem Hauptberuf Weinhändler. Ihm und seinen Kollegen aus Hamburg, Frankfurt und Bremen war es im Laufe des 18. Jahrhunderts gelungen, den Holländern die Vorherrschaft über den Handel der Bordeaux-Weine abzujagen und deren Vertrieb in die Haupt- und Residenzstädte Deutschlands über das dicht gestrickte Netz protestantischer Kaufmannsfamilien neu zu organisieren.

Das Gedicht *Diotima* in der Abschrift Susette Gontards

In die Figur der Diotima überführte Hölderlin seine Liebesidee und seine Liebeserfahrung mit Susette Gontard. Bevor er ihr indes das erste Mal begegnete, hatte er sie längst in seinen Entwürfen zum Hyperion-Roman imaginiert, weshalb er in mehreren Varianten dichten konnte: »Eh' ich dir die Hand gegeben, Hab' ich ferne dich gekannt.«

Eine Masche in diesem Netzwerk war Heinrich Borckenstein, Susettes Bruder. Vier Jahre jünger als seine Schwester, hatte er sich in Hamburg eine Existenz als Weinhändler aufgebaut. Das Kapital dazu dürfte er aus dem Erbe seines zu einigem Vermögen gekommenen Vaters genommen haben. Zugänglich für ihn wurde es spätestens 1793, als auch seine bei Susette in Frankfurt lebende Mutter starb. Da war er 20 Jahre alt, also just am Beginn seiner Kaufmannskarriere. Der Weinhandel bot gerade in Hamburg glänzende Erfolgsaussichten. Hier saßen nicht nur potente Abnehmer – Hamburg war zu diesem Zeitpunkt die einzige deutsche Metropole von europäischem Rang –, die Stadt hatte sich durch eine konsequente Neutralitätspolitik auch geschickt durch die Revolutionskriege manövriert und so ihre internationalen Verbindungen erhalten und ausbauen können. Heinrich Borckenstein hat sich nicht selbst in Bordeaux, der zentralen Quelle des europäischen Weinhandels im 18. und 19. Jahrhundert, niedergelassen. Er brauchte aber, um daran teilhaben zu können, Partner vor Ort, am besten Verwandte, da die Geschäfte gewöhnlich über Familienbande geregelt wurden. Bisher ist über die Handelsbeziehungen von Susettes Bruder wenig bekannt, außer dass sie offensichtlich erfolgreich waren. Immerhin aber finden sich in den Akten in Bordeaux ein paar wenige Hinweise auf mögliche Verwandte und Partner. So erscheint in einem Verzeichnis von 95 deutschen, holländischen und skandinavischen Geschäftsleuten, die sich am 2. März 1789 zusammen mit 414 weiteren Händlern, Kommissionären, Bankiers und Versicherern von Bordeaux in der dortigen Börse versammelt haben, auch ein Herr »Brokinstin«. Als A.G. Brockenstein wird er an anderer Stelle bereits für die Jahre 1779 und 1782 greifbar. Er stammte aus Hamburg und sein ursprünglicher Name war August Wilhelm Borckenstein 1750–1828). Er ist ein Cousin von Heinrich Borckenstein und Susette und lebte wohl bis weit nach 1800 in Bordeaux. Der Informations- und womöglich auch Briefaustausch zwischen Susette und Hölderlin könnte daher über ihren Bruder in Hamburg und den Cousin in Bordeaux erfolgt sein.

Denn Susette war mit Heinrich, ihrem einzigen Bruder, sehr eng vertraut. Sie erwähnt ihn mehrmals in ihren Briefen und nennt ihn darin ihren »guten Bruder«. Sie bemerkt auch, dass er Hölderlin so ähnlich sehe. Obwohl sie in Frankfurt und er in Hamburg lebte, sahen sie sich regelmäßig. In den viereinhalb Jahren, in denen Susette und Hölderlin zusammen waren, kam er immer wieder zu Besuch und blieb gelegentlich für mehrere

Wochen. Henri, wie sie ihn nannte, wusste bereits Mitte 1797 Bescheid, was vorging, und er unterhielt sich darüber auch mit Bekannten, die der Familie nahe standen. So berichtet die Schwester von Gontards Gouvernante in einem Brief:

> »Hr Borkenstein war hier mit seiner lieben Frau. Ich kann dir gar nicht sagen welche Freude es mir machte; wir haben uns beinahe heiser von Frankfurt gesprochen, und da habe ich denn so viele Neuigkeiten vernommen, welche schon lange vorgefallen sind in der Familie, von denen ich aber kein Wort gewußt, Borkenstein konnte sich nicht genug wundern daß ich nicht au courant wäre von allem was mich doch interessieren müßte, denn er wollte von mir noch was Neues hören. Zuletzt war unser Schluß ›Verliebte leben nur für sich, und durch sich, vor ihnen ist die ganze Welt tot‹ Amen, amen !!!.«

Hölderlin und Borkenstein sind sich womöglich nie persönlich begegnet. Und doch hatte Susette guten Grund, sich mit ihrem Bruder über ihre geheime Beziehung auszutauschen. Er stand ihr nicht nur nahe wie sonst kaum jemand, er befand sich auch in einer ähnlichen Situation. Seine Ehe war kinderlos geblieben und hat ihn offensichtlich auch sonst nicht hinreichend erfüllt. Jedenfalls pflegte er über mindestens 20 Jahre ein außereheliches Verhältnis. Die vier Kinder, die daraus erwuchsen, ließ er auf seinen Namen taufen. Allzu geheimniskrämerisch ist das nicht, er dürfte daher auch Verständnis für seine Schwester gehabt haben.

Hölderlin war in Bordeaux also keineswegs von der Nachrichtenlage in Frankfurt abgeschnitten. Die enge Beziehung zwischen Susette und ihrem Bruder und dessen geschäftlichen wie verwandschaftlichen Verbindungen nach Bordeaux erlaubten bereits einen hinreichenden Informationsfluss. Abgesehen davon gab es auch direkte Geschäftbeziehungen zwischen Frankfurt und Bordeaux, sodass sich interessante Nachrichten – und dazu zählten Klatsch und Tratsch über führende Familien allemal – über viele Kanäle verbreiten konnten. Selbst Christian Landauer, der Stuttgarter Freund, der auch mit Susette vertraut war, so dass sie ihn als geheimen Vermittler in Betracht gezogen hatte, sah sich durch wilde Spekulationen über ein angeblich ausschweifendes Leben des Dichters während seines Bordeaux-Aufenthaltes veranlasst, an die Familie Meyer zu schreiben, sich nach den tatsächlichen Begebenheiten zu erkundigen – und durch »das schönste Zeugniß« beruhigt zu werden. Die Verbindungen waren also mannigfaltig, kurz und direkt. Im Mai 1802 stattete gar der ältere Bruder Konsul Meyers, der Kaufmann und Senator Johann Valentin Meyer, auf seiner Reise nach Bordeaux der Familie Gontard in Frankfurt einen Besuch ab. Dreimal kommt er zusammen mit seinem Sohn, der Tagebuch darüber führt, in deren Haus. Sie treffen den Familienvater und die Kinder, Susette selbst wird erstaunlicherweise nicht genannt. Hat sie sich der Begegnung entzogen?

All die vielen Verbindungen zeigen auf: Man musste von der delikaten Beziehung Hölderlins zu Susette überhaupt nichts wissen, um ihm Kenntnis von ihrem schlechten Befinden, ja ihrem allmählichen Dahinsiechen zukommen zu lassen. Die Informationen konnten vollkommen arglos weitergegeben werden. Dazu genügte eine kleine Bemerkung unter Kollegen, eine freundliche Antwort auf ein besorgtes Erkundigen während des sonntäglichen Gottesdienstes in der protestantischen Kirche in den Chartrons, wo sich die kleine deutsche Gemeinde regelmäßig traf, und schon konnte sie die Runde machen.

Für Hölderlins Rückkehr aus Bordeaux mag es viele Gründe geben. Die Unzufriedenheit mit seiner Stellung ist ein möglicher. Dass er sich mit seinem Dienst als Hauslehrer immer schwer tat, ist bekannt. Die Anhänglichkeit und die von ihm anscheinend geweckte Strebsamkeit seines Frankfurter Zöglings Henri stellt in seinem Pädagogendasein eine absolute Ausnahme dar. Auch fiel es ihm nie leicht, sich mit der Zwitterstellung des Hofmeisters als einerseits ebenbürtiger intellektueller Gesprächspartner und andererseits untergeordneter Dienstbote abzufinden. Und schließlich war er emotional alles andere als stabil. Er war leicht verletzlich, aufbrausend und hitzköpfig, was ihn als Student in den Karzer gebracht und zuletzt die Stellung im Hause Gontard gekostet hatte.

Was auch immer ihn letztlich fortgetrieben haben mag, hingetrieben haben dürfte es ihn zu Diotima. Wo sonst hätte er hinwollen können nach dem einmal getroffenen Entschluss zurückzukehren. Zu seiner Familie – dahin drängte es ihn nicht. Zu seinen Freunden – das hatte Zeit. Der Zustand Susettes aber duldete keinen Aufschub. Zwar scheint der Aufbruch in

Bordeaux nicht überhastet erfolgt zu sein. Aber mit der Rückkehr beeilt hat sich Hölderlin doch. Für die Reise nach Bordeaux hatte er von Straßburg aus 29 Tage benötigt, für die Rückreise brauchte er, der diesmal in Frankreich frei »zirkulieren« durfte, maximal 28 Tage, denn am 10. Mai 1802 hatte er seinen Pass in Bordeaux erhalten und am 7. Juni wurde ihm in Straßburg das Ausreisevisum erteilt. Dazwischen blieb ihm ein kurzer Aufenthalt in Paris, was ihm den von ihm gelobten »Anblick der Antiquen« bescherte.

Anfang Juni also konnte Hölderlin Straßburg verlassen, für Ende Juni ist sein Erscheinen in Stuttgart bezeugt. Genau in der Zwischenzeit aber, jeweils wenige Tagesreisen entfernt, liegt Susette im Sterben. Und Hölderlin, der von seinem alten Homburger Freund Sinclair am 30. Juni auch schriftlich darüber unterrichtet wird, soll nichts davon erfahren haben? Wohl kaum.

Nürtingen. Gouache eines
unbekannten Künstlers C.P., 1815

24 Heimkunft

Wo gehen wir denn hin?
Immer nach Hause

Novalis: Heinrich von Ofterdingen

Hölderlins Heimkehr war ein Schock. Für seine Freunde und Verwandten wie für ihn selbst. Nur ein Jahr zuvor, nach dem gescheiterten Zwischenspiel als Hauslehrer im schweizerischen Hauptwil, hatte er, im Angesicht der Alpen über den Bodensee setzend und über die Alb wandernd, seine Heimkunft noch in ganz anderer Gestimmtheit und in ganz anderen Tönen zu fassen gewusst:

> Freilich wohl! das Geburtsland ists, der Boden der Heimath,
>   Was du suchest, es ist nahe, begegnet dir schon.
> Und umsonst nicht steht, wie ein Sohn, am wellenumrauschten
>   Thor' und siehet und sucht liebende Nahmen für dich,
> Mit Gesang ein wandernder Mann, glükseeliges Lindau!
>   Eine der gastlichen Pforten des Landes ist diß,
> Reizend hinauszugehn in die vielversprechende Ferne,
>   Dort, wo die Wunder sind, dort, wo das göttliche Wild
> Hoch in die Ebnen herab der Rhein die verwegene Bahn bricht,
>   Und aus Felsen hervor ziehet das jauchzende Thal,
> Dort hinein, durchs helle Gebirg, nach Komo zu wandern,
>   Oder hinab, wie der Tag wandelt, den offenen See;
> Aber reizender mir bist du, geweihete Pforte!
>   Heimzugehn, wo bekannt blühende Wege mir sind,
> Dort zu besuchen das Land und die schönen Thale des Nekars,
>   Und die Wälder, das Grün heiliger Bäume, wo gern
> Sich die Eiche gesellet mit stillen Birken und Buchen,
>   Und in Bergen ein Ort freundlich gefangen mich nimmt.

Heimkunft. An die Verwandten

Hölderlin vernahm die »Stimme der Stadt, der Mutter«. Er fühlte sich empfangen und aufgehoben »Unter den Blüthen des Baums« und »in den Feiertagen des Frühlings«. Noch einmal, für einen Moment, dieses Eintauchen in das Vertraute, in die heimische Landschaft, in die gesegnete Erinnerung an die Kindheit, in den Rhythmus der ewig gleich dahinfließenden Zeit, in das Gottvertrauen seligen Eins-und-mit-sich-Seins. Freude pur, naive Freude, angerufen Zeile für Zeile.

Nun, ein Jahr später, bei der Rückkehr aus Bordeaux, ist die Situation vollkommen verändert. Sein Auftritt ist überraschend, sein Aufzug desolat. Die Freunde wissen offensichtlich nicht, dass er die Stelle in Frankreich aufgegeben hat. Sinclair, der große Gönner und stete Helfer aus Homburg, bietet ihm, die schreckliche Nachricht vom Tod Susettes überbringend, sogar an, nach Bordeaux zu kommen und ihn dort abzuholen. Da ist Hölderlin bereits in Stuttgart. Die Mutter und die Schwester begegnen ihm, so das Zeugnis von Julius Breunlin, gänzlich unerwartet auf der Neckarbrücke in Nürtingen und sind »starr vor Schrecken über den schaurigen Eindruck von dem an Geist und Leib heruntergekommenen Sohn und Bruder«. Carl, der Bruder, berichtet von einem Zustand, »der die deutlichsten Merkmale seiner Geisteszerrüttung zeigte«. Am markantesten jedoch sind die Schilderungen Friedrich von Matthissons. Er erlebt den Heimkehrer »leichenbleich, abgemagert, von hohlem wildem Auge, langem Haar und Bart, und gekleidet wie ein Bettler«. Der Schrecken der Freunde und Verwandten ist verständlich, aber auch Hölderlin ist schockiert. Er sieht sich bei seiner Rückkehr einer unerhörten Verletzung seiner intimsten Sphäre ausgesetzt. Denn noch vor ihm selbst war sein Gepäck aus Frankreich zurückgekehrt und von der Mutter geöffnet worden. Dabei war sie »in einem geheimen Behälter« auf die Briefe Susettes gestoßen. Ein Affront sondergleichen – für die Mutter und den Sohn. Für die Mutter, da das unstandesgemäße Verhältnis mit einer zudem verheirateten Frau allen gültigen Vorstellungen eines geordneten, gottgefälligen Lebens widersprach, und für den Sohn, da ihm damit das letzte Geheimnis eines schmerzlich gelebten Glücks genommen wurde. Hölderlin ist außer sich. In der Raserei jagt er die Mutter und sämtliche Mitbewohner aus dem Haus.

So klar die Befunde für Hölderlins Verfassung bei der Rückkehr aus Bordeaux sind, so offen und rätselhaft bleiben ihre genauen Umstände. Im

**Friedrich von Matthisson
(1761–1831), Ölbild von Ferdinand
Hartmann, 1794**
Von Matthisson, mit Hölderlin seit
1793 bekannt, stammt der eindrücklichste Bericht über den Zustand
des Dichters nach der Rückkehr aus
Bordeaux: »leichenbleich, abgemagert, von hohlem wildem Auge, langem Haar und Bart, und gekleidet
wie ein Bettler«.

Juni 1802, in der entscheidenden Phase der Heimkunft, tut sich eine chronologische Lücke auf. Am 7. Juni, so belegt es der Sichtvermerk im französischen Reisepass, verlässt er Straßburg und passiert die Brücke nach Kehl. Am 3. Juli berichtet der Freund Christian Landauer aus Stuttgart an Carl Gok in Nürtingen, dass Hölderlins Zustand allmählich ruhiger werde und er lebhaft überzeugt sei, dass er sich vollends bessern werde«. Hölderlin muss also bereits einige Tage davor in Stuttgart eingetroffen sein. Wo aber hat er sich in der Zwischenzeit aufgehalten?

In Frankfurt, wo am 22. Juni Susette Gontard, seine Diotima, an den Röteln starb, wie Pierre Bertaux nahelegt? Zwischen Nürtingen und Stuttgart pendelnd, wie Adolf Beck vermutet? Oder aber in den Alpen schweifend, wie Dietrich E. Sattler aus den Gedichten herausliest? Alle Mutmaßungen über Hölderlin haben ihren Reiz, doch bleiben sie alle doch immer nur Mutmaßungen, solange nicht weitere Belege zu Hölderlins Verbleiben in diesen Wochen gefunden werden.

Sind sie entscheidend? Am Ende nicht. Denn die Eckmomente der persönlichen wie der dichterischen Existenz Hölderlins blieben wohl unverrückt: die vertrackten familiären Verhältnisse, die Erfahrung des immer wiederkehrenden Scheiterns im Verständnis des bürgerlichen Wertekanons und

Wenn aus der Ferne ...
Handschrift Hölderlins des Gedichtes, in dem die Motive der geschiedenen Liebe, des Erlebnisses der fernen Fremde und der Wiederbegegnung mit Diotima so klar und ungebrochen zusammenkommen, dass man sie auf die tragische Konstellation im Frühsommer 1802 beziehen kann.

die fortschreitende Krankheit, die freilich im Kontext des Frankreich-Aufenthaltes einen ungeheuren Schub erfahren hat. Unverrückbar bleiben aber auch die großen Gedichte und die ureigenen Übertragungen aus dem Griechischen, die zwischen 1802 und 1806, also nach der Bordeaux-Reise und vor dem Einzug in den Turm zu Tübingen entstanden sind. In ihnen offenbart sich das wirkliche Geheimnis dieses Lebensabschnittes. Wie nur ist es diesem Flüchtling vor dem Herrn, diesem von der Mutter Getriebenen, von der Umwelt Verkannten, von der Krankheit Verfolgten möglich gewesen, sich noch einmal solche Gesänge abzuringen?

Eines ist gewiss: Die Bordeaux-Reise wurde zu einem der tiefsten Einschnitte in Hölderlins Leben. Sie gliederte sein Dasein in ein Davor und ein Danach. Günter Mieth hat deshalb den Frankreich-Aufenthalt als eine »Totalerfahrung« bezeichnet. Zu dieser Erfahrung zählt ganz wesentlich die Auslieferung an die Elemente der Natur: die Konfrontation mit dem bitteren Winter auf der Hinreise, die er wohl doch zu großen Teilen zu Fuß zurückgelegt hat, das Erlebnis der südlichen Sonne und der drückenden Hitze mit all ihren sinnlichen Komponenten und der Blick auf das offene, das gewaltige Meer. Dazu kamen gänzlich neue Einblicke in die Geschehnisse der Revolution und die sozialen Gegebenheiten der Republik. Sie mussten seine Vorstellungen von den Möglichkeiten der politischen Erneuerung in ihren Grundfesten erschüttern, und sie haben sie erschüttert. Hoffnungen auf eine baldige Veränderung der politischen Verhältnisse treten zugunsten quasireligiöser Motive zurück. Und auch sein Werk folgt gänzlich veränderten Vorstellungen von Aufgabe und Gestalt der Dichtung.

Neben dem Befund des Einschnitts darf noch etwas Weiteres als sicher angesehen werden. Die Erlebnisse der Bordeaux-Reise wirkten noch lange, bis weit in die Turmzeit nach. Sie sind ablesbar in mehreren Gedichtfragmenten, in Wortlisten und wohl auch an den bizarren Pseudonymen, mit denen Hölderlin unterzeichnet und seine Besucher verwirrt hat.

Bleibt als letztes die Frage nach der Verbindung der Winterreise mit der Liebesbeziehung Hölderlins zu Susette Gontard, seiner Diotima. Sie ist weiterhin ein Geheimnis. Es mehren sich jedoch die Hinweise, dass der kommunikative Austausch zwischen Bordeaux und Frankfurt weit dichter war, als wir uns dies für die alte, vormoderne Zeit vorstellen mögen. Hölderlin war keineswegs abgeschnitten vom Geschehen in der alten Heimat, so wie er zuhause auch immer Nachrichten aus aller Welt erhalten und aufgenommen hat. Es bleibt die Möglichkeit, ja die Wahrscheinlichkeit bestehen, dass er Susette in ihren letzten Tagen noch einmal begegnet ist. Es lässt sich nicht beweisen, doch auch nicht sicher ausschließen. Gewiss aber ist, dass sich in diesem Punkt die beiden größten Begebenheiten in seinem Leben begegnen. Noch in seinen späten Turmtagen reagiert Hölderlin ungewöhnlich erregt und abweisend, wenn die Rede seiner Besucher auf Diotima kommt.

Und in der Ode *Wenn aus der Ferne …*, einem Rollengedicht in der Perspektive der Geliebten aus der Zeit nach der Bordeaux-Reise, fügen sich die Motive der geschiedenen Liebe, des Erlebnisses der fernen Fremde und der Wiederbegegnung so klar und ungebrochen zusammen, dass man wie Jochen Bertheau kaum umhinkommt, sie auf die tragische Konstellation des Frühsommers 1802 zu beziehen.

Wenn aus der Ferne, da wir geschieden sind,
Ich dir noch kennbar bin, die Vergangenheit
O du Teilhaber meiner Leiden!
Einiges Gute bezeichnen dir kann,

So sage, wie erwartet die Freundin dich?
In jenen Gärten, da nach entsetzlicher
Und dunkler Zeit wir uns gefunden?
Hier an den Strömen der heilgen Urwelt.

Das muß ich sagen, einiges Gutes war
In deinen Blicken, als in den Fernen du
Dich einmal fröhlich umgesehen
Immer verschlossener Mensch, mit finstrem

Aussehn. Wie flossen Stunden dahin, wie still
War meine Seele über der Wahrheit daß
Ich so getrennt gewesen wäre?
Ja! Ich gestand es, ich war die deine.

Wahrhaftig! wie du alles Bekannte mir
In mein Gedächtnis bringen und schreiben willst,
Mit Briefen, so ergeht es mir auch
Daß ich Vergangenes alles sage.

Wars Frühling? war es Sommer? Die Nachtigall
Mit süßem Liede lebte mit Vögeln, die
Nicht ferne waren im Gebüsche
Und mit Gerüchen umgaben Bäum' uns.

Die klaren Gänge, niedres Gesträuch und Sand
Auf dem wir traten, machten erfreulicher
Und lieblicher die Hyacinthe
Oder die Tulpe, Viole, Nelke.

Um Wänd und Mauern grünte der Efeu, grünt'
Ein selig Dunkel hoher Alleen. Oft
Des Abends, Morgens waren dort wir
Redeten manches und sahn uns froh an.

In meinen Armen lebte der Jüngling auf,
Der, noch verlassen, aus den Gefilden kam,
Die er mir wies, mit einer Schwermut,

Aber die Namen der seltnen Orte
Und alles Schöne hatt' er behalten, das
An seligen Gestaden, auch mir sehr wert
In heimatlichen Lande blühet
Oder verborgen, aus hoher Aussicht,

Allwo das Meer auch einer beschauen kann,
Doch keiner sein will. Nehme vorlieb, und denk
An die, die noch vergnügt ist, darum
Weil der entzückende Tag uns anschien,

> Der mit Geständnis oder der Hände Druck
> Anhub, der uns vereinet. Ach! Wehe mir!
> Es waren schöne Tage. Aber
> Traurige Dämmerung folgte nachher.
>
> Du seiest so allein in der schönen Welt
> Behauptest du mir immer, Geliebter! das
> Weißt aber du nicht,
>
> **Wenn aus der Ferne ...**

53 Tage war ich auf meiner Wanderung von Nürtingen nach Bordeaux unterwegs. Der TGV bringt mich in 7 Stunden und 40 Minuten wieder zurück. Im Zug versuche ich, mich noch einmal aus der Zeit zu nehmen. Ich höre mir ein letztes Mal die *Winterreise* an, jetzt aber gesungen von Christine Schäfer. Eine wundersam klare weibliche Stimme im Reflex auf einen vehement männlichen Text. Umkehrung der Perspektive, Korrespondenz möglicher Verstörungen, Erweiterung des Erfahrungsraums. Im Booklet der CD stoße ich – Spiegelung des Gespiegelten – auf Verse von Thomas Brasch:

> Was ich habe, will ich nicht verlieren, aber
> Wo ich bin, will ich nicht bleiben, aber
> Die ich liebe, will ich nicht verlassen, aber
> Die ich kenne, will ich nicht mehr sehen, aber
> Wo ich lebe, da will ich nicht sterben, aber
> Wo ich sterbe, da will ich nicht hin:
> Bleiben will ich, wo ich nie gewesen bin.
>
> **Thomas Brasch: Der Papierflieger**

Anhang

Nachweis der Zitate

Hölderlins Werke und Briefe wie auch die Briefe an ihn und die Dokumente zu seinem Leben werden i.d.R. nach der Großen Stuttgarter Ausgabe (StA), hg. von Friedrich Beißner und Adolf Beck, Stuttgart 1946–1985, zitiert. Kurzangaben zu Autoren werden im Literaturverzeichnis nachgewiesen.

5
Je ne suis qu'un piéton – Ich bin nur ein Fußgänger, sonst nichts: Brief an Paul Demeny vom 28.8.1871, zit. n. Lacarrière 2007, S. 9.

8
Ich wanderte durch fremdes Land: StA 3, S. 186-198, hier S. 187 – *die Herzens- und die Nahrungsnot*: Brief Hölderlins vom 4.12.1801 an Casimir Böhlendörff, StA 6,1, S. 425-428 – *fast zu herrlich*: Brief an die Mutter vom 28. Januar 1802, StA 6,1, S. 429-430 – *Mir gehet es so wohl*: Brief vom Karfreitag (16.4.) 1802 an die Mutter; StA 6,1, S. 429-430 – *leichenbleich*: StA 7,2, S. 223ff. – *fatale Reise*: Brief Schellings an Hegel vom 11.7.1803, StA 7,2, S. 216-263.

10
So warst Du noch nie getroffen: zit. nach Güntter 1928, Nr.3.

11
So komm: StA 2,1, S. 90ff. – *die Herzens- und die Nahrungsnot*: Brief vom 4.12.1801 an Casimir Ulrich Böhlendörff, StA 6,1, S. 425-428.

12
Bekanntschaft einer halben Stunde und *die Nähe eines großen Mannes*: zit. nach Beck/Raabe 1970, S.362 – *Altar des lieblichsten Danks*: Goethe, Bd. 1, S. 50ff.

14
Die Erfahrungen: Brief vom 24.8.1799, in: Schiller, Bd.11, S. 481.

15
vielleicht auf immer: Brief vom 4.12.1801 an Casimir Ulrich Böhlendorff, StA 6,1, S. 425-428.

16
Ich melde mich nur mit wenigem: StA 7,1, S. 169.

17
So viel: Brief vom 4.12.1801 an den Bruder Karl, StA 6,1, S. 424-425 – *beschwerlicher:* Brief vom 9.1.1802 an die Mutter, StA 6,1, S. 428-429 – *Sie werden glücklich sein:* Brief vom 28.1.1802 an die Mutter, StA 6,1, S. 429-430 – *Mir gehet es so wohl:* Brief vom Karfreitag (16.4.) 1802 an die Mutter, StA 6,1, S. 430-431 – *die schöne Garonne:* aus dem Gedicht *Andenken*, StA 2,1, S. 188-189 – *leichenbleich:* StA 7,2, S. 223ff. – *deutlichsten Spuren:* zit. nach Beck/Raabe 1970, S. 64 – *querfeldein:* zit. n. Beck/Raabe 1970, S.67 – *Der traurigste Anblick:* Brief Schellings an Hegel vom 11.7.1803, StA 7,2, S. 261-263.

18
Ich überzeugte mich bald, zit. nach Beck/Raabe 1970, S. 67 – *ganz falschen Vorstellungen:* StA 7,2, S. 261-263 – *Mein Theurer:* Brief vom November 1803 an Casimir Ulrich Böhlendorff, StA 6,1, S. 432-433.

19
Wer das Dichten: Goethe 1979, S. 127.

20
If you gotta go – Wenn du gehen musst, dann geh jetzt: Dylan 1988, S. 246f. – *guten, schwerbezwingten Knotenstock:* Seume 1995, S. 11 – *Lasst alles los:* zit. n. Lacarrière 2007, S. 281, übersetzt durch den Verf.

21
für den lieben Fritz: StA 7,1, S. 281-294.

22
Ausgaben vor den L. Fritz: StA 7,1, S. 281-294.

23
bis zu deßen Wiederherstellung: StA 7,2, S. 360-362.

24
Es reiche aber: StA 2,1, S. 188-189.

26
Hölderlin war ein Typ für die Masse: zit. n. Theater Lindenhof 2002, S. 33 – *In deinen Thälern:* StA 2,1, S. 17-18.

27
Weggerissen: zit. n. Beck/Raabe 1970, S. 342.

28
Weggerissen: zit. n. Beck/Raabe 1970, S. 342.

31
Zeit-Raum: zit. n. *Spuren,* Installation von Margarete Rebmann in der Internationalen Musikschulakademie Kulturzentrum Schloss Kapfenburg, Lauchheim.

32
Nur Einen Sommer: StA 1,1, S. 241.

33
Das Fest verhallt: StA 2,1, S. 114.

35
Hölderlins Schicksal: zit. nach StA 2,2, S. 585.

36
Andenken: Seckendorf 1808, S. 128ff.

38
Ich fand: Brief an Wilhelm Hartlaub vom 6.2.1843, Mörike, Bd. 14, S. 84-85.

40
Da er sich: Brief von Hölderlins Mutter an Isaak Sinclair vom 20.12.1802, StA 7,2, S. 241-245 – *Wieder ein Glück:* StA 2,1, S. 86-89.

41
Vgl. StA 2,2, S. 800-807, hier S. 801.

43
Hier ist Fallen: Rilke 1999, S. 572-573.

46
Auf dem Friedhof: Biermann 1991, S. 311-312 – *Wir wußten lange nicht:* Gottlob Kemmler, zit. n. StA 7,3, S. 365-368 – *An das Sterben:* StA 7,3, S. 321-322.

47
Er ... spielte: StA 7,3, S. 321-322 – *Um seiner Freunde willen* und *Wir fanden* und *Das Gehirn:* StA 7,3, S. 336-337.

48
um seiner Freunde willen und *sehr interessante Resultate:* StA 7,3, S. 336-337 – *nur sehr wenige:* zit. n. Beck/Raabe 1970, S. 110 – *feierlich und ergreifend:* Theodor Köstlin, StA 7,3, S. 345-346.

49
An Feiertagen: StA 2,1, S. 188-189.

51
nur war ihm: Büchner 1979, S. 3 – *Ich werde:* Brief vom November 1790 an die Schwester Rike, StA 6,1, S. 57-58.

52
Heute haben wir großen Markttag: StA 6,1, S. 57-58 – *Wie mirs:* ebenda.

53
Freund meiner Jugend: zit. n. Beck/Raabe 1970, S. 356 – *Losung:* ebenda.

54
Wie mirs: StA 6,1, S. 57-58.

55
nichts anderes sein und folgende Auszüge: StA 4,1, S. 297-299.

56
Die Freiheit ist es: Stammbucheintrag des Carlsschülers Friedrich Julius von Göhler aus Dänemark vom 14. April 1783, zit nach Kuhn/Schweigard 2005, S. 107.

57
Wenn verödet die Tirannenstühle: StA 1,1, S. 139-142 – *Wir müssen dem Vaterlande:* StA. 6,1, 73-75.

58
Glaube mir: StA 6,1, 77 – *schönen, klaren Frühlingsmorgen:* zit. nach Kuhn/Schweigard 2005, S. 274-275.

59
Göthe: Beck/Raabe 1970, S. 26.

60
Wenn die Rätsel: Heidegger 1989, S. 11.

61
Man suchte: Tagebücher Friedrich August Köhler, WLB cod. Hist. 8°, 140 a.

62
Mancher trägt Scheue: aus dem Gedicht *Andenken,* StA 2,1, S. 188-189 – *Drüben hinterm Dorfe:* Der Leiermann, aus: Schubert o.J., S. 120-121.

64
Und nun leb wohl: Brief an Casimir Ulrich Böhlendorff aus Nürtingen vom 4. Dezember 1801, StA 6,1, S. 425-428.

65
Und nun leb wohl: Brief an Casimir Ulrich Böhlendorff aus Nürtingen vom 4. Dezember 1801, StA 6,1, S. 425-428.

66
wie ein ungeheurer Sarg und folgende Auszüge: Schwab 1823, S. 51-52.

68
Wälder, das Grün heiliger Berge: aus dem Gedicht *Heimkunft. An die Verwandten*, StA 2,1, S. 96–99 – *Hinunter sinket:* aus dem Gedicht *Der Winkel von Hardt*, StA 2,1, S. 116.

72
wem, Aus Lebensliebe: aus dem Gedicht *Griechenland*, 3. Fassung, StA 2,1, S.257–258.

74
kräftigen Mann: Brief von Zimmer an Hölderlins Schwester vom 18. Juli 1829, StA 7,3, S. 111–112 – *noch so munter:* Brief Zimmers an einen Unbekannten vom 22. Dezember 1835, StA 7,3, S. 132–139 – *mancherlei Gedanken:* Brief an den Bruder vom Dezember 1800, St.A 6,1, S. 406–408 – *Ich hab' im Sinne* und folgende Zitate: Brief an die Mutter vom April 1791, StA 6,1, S. 67.

75
Ich muß doch einmal wieder: Brief an den Schwager Breunlin von Pfingsten 1794, StA 6,1, S. 120–121 – *Ich werde wahrscheinlich:* Brief an die Mutter vom 30. Juli 1794, StA 6,1, S. 129–130.

76
Diesen Winter über: Brief an die Schwester vom 20. April 1795, StA 6,1, S. 165–168 – *Ich war zu Ende des Winters:* Brief an Ludwig Neuffer vom 28. April 1795, StA 6,1, S. 168–170 – *Sehr beträchtlich:* Brief an die Mutter vom 22. Mai 1795, StA 6,1, S. 173–174 – *Komm! Ins Offene, Freund!:* aus dem Gedicht *Der Gang aufs Land*, StA 2,1, S. 84–85 – *den ewigen Lebensmuth:* Brief an den Bruder um Neujahr 1801, StA 6,1, S. 406–408.

77
Nächtlichen Wanderer, StA 1,1, S. 7 – *Einsam stand ich:* aus dem Gedicht *Der Wanderer*, StA 2,1, S. 80–83.

79
Wie eng begrenzt: aus dem Gedicht *Rousseau*, StA 2,1, S. 12–13.

80
Und ihr sanftblickenden Berge: aus dem Gedicht *Ihr sichergebaueten Alpen*, StA 2,1, S. 231–232.

81
Und ihr sanftblickenden Berge: aus dem Gedicht *Ihr sichergebaueten Alpen*, StA 2,1, S. 231–232.

82
In jüngern Tagen: aus dem Gedicht *Ehmals und jetzt*, StA 1,1, S. 246.

83
Die Linien des Lebens: aus dem Gedicht *An Zimmern*, StA 2,1, S. 268.

84
Die Linien des Lebens: aus dem Gedicht *An Zimmern*, StA 2,1, S. 268.

85
Wo aber ist einer: Aus dem Gedicht *Der Rhein*, StA 2,1, S. 142–148 – *Ich glaubte neugebohren zu werden:* Brief an die Mutter vom Juni 1788 mit Tagebuch der Reise an den Rhein, StA 6,1, S. 32–39, hier S. 39.

86
Der Rhein vereint alles: zit. n. Schmidt / Malsch / van de Schoor 1995, S. 14 – *5 Pfund fein Caffé:* zit. n. *Auf den Spuren der Habsburger*, Online Ausstellung, www.habsburg.net (28.9.2009).

88
genöthiget, länger: Brief an die Mutter aus Lyon vom 9. Januar 1802, StA 6,1, S. 428–429 – *Französ: mittelmäsig:* StA 7,1, S. 360.

90
Dann aber habe ich: Brief Sinclair an Franz Wilhelm Jung vom 25. Oktober 1793, StA 7,1, S. 470–472 – *man kann sich ja:* Brief an Johann Gottfried Ebel vom 2.9.1795, St.A. 6,1, S. 176–180 – *erste Liebe:* Vorrede der vorletzten Fassung zum *Hyperion*, StA 3, S. 235.

91
Er kann im Gedichte: aus dem Gedicht *Buonaparte*, StA 1,1, S. 239 – *the man who walked to Bordeaux:* Friedrich Kurz in: Stadt Nürtingen 2006, Beiheft – *jene geheimnisvolle:* Auster 1993, S. 134.

93
Wo Vater Rhein: Conz 1792, S. 24–29.

95
als mutiger Verteidiger: Kerner o.J., S. 56.

96
wo ich freiere Luft atmen: Brief von Kerner an Auguste Breyer, wahrscheinlich Anfang Juli 1791, zit. nach Fritz 2002, S. 77 – *gewiß nicht wenig versprechenden Hymnendichter:* Brief von Stäudlin an Schiller vom 20. 9.1793, zit. n. Volke 1999, S. 268f. – *als das beste dichterische Genie:* Brief von Christian Friedrich

Daniel Schubart an Balthasar Haug vom 10. Mai 1776, zit. n. Volke 1999, S. 41.

97
Oberpriester: zit. n. Beck/Raabe 1970, S. 357 – *so bittet Sie Hölderlin:* StA 7,1, S. 467-468.

98
Hölderlin habe ich voriges Jahr: Brief von Rudolf Magenau an Ludwig Neuffer vom 24. November 1796, zit. n. Volke 1999, S. 347 und 434.

100
O Stimme der Stadt: aus dem Gedicht *Heimkunft. An die Verwandten*, StA 2,1, S. 96-99.

105
Glückselig Suevien: aus dem Gedicht *Die Wanderung*, StA 2,1, S. 138-141.

107
Wo aber Gefahr ist: aus dem Gedicht *Patmos*, StA 2,1, S. 165-172.

110
ein Freund sei besser: zit. n. Kuhn / Schweigard 2005, S. 130.

111
Ewig – – verbunden: StA 7,1, S. 431f – *Mort ou Liberté – Tod oder Freiheit:* Eintrag im Stammbuch seines Studienkollegen Christian Friedrich Hiller vom 24.1.1792, zit. n. Kuhn / Schweigard 2005, S. 131 – *La meilleure leçon:* zit. n. Mieth 2007, S. 153.

112
Egalité – Gleichheit: ebenda – *Die Grenzen:* aus dem Gedicht *Hymne an die Menschheit*, StA, 1,1, S. 146-148 – *Ewig:* StA. 7,1, S. 431f.

115
Alles prüfe der Mensch: aus dem Gedicht *Lebenslauf*, StA 2,1, S. 22.

116
Das Geheimnis des Glücks: Thukydides 2000.

123
Einen Weiser seh' ich stehen: aus dem Gedicht *Der Wegweiser*, zit. n. Härtling 1991, S. 147-148.

124
Die klugen Sinne pflegend: aus dem Entwurf *Das nächste beste* StA 2,1, S. 237-239.

126
Was ist der Menschen Leben: StA 2,1, S. 209.

127
Es würde alles besser gehen: aus J.G. Seume: *Mein Sommer 1805*, zit. n. Seume 1974, S. 638 – *Ein Zeichen sind wir:* aus dem Gedicht *Mnemosyne*, 2. Fassung, StA 2,1, S. 195-196.

130
Man erblickt nur: aus dem Tagebuch F. von Müller vom 24. April 1819, in: Goethe, Bd. 35, S. 267f

131
Sei mir gegrüßt: aus dem Gedicht *Der Spaziergang*, Schiller 2004, Bd. 1, S. 228-234.

132
Täglich geh' ich heraus: aus dem Gedicht *Menons Klagen um Diotima*, StA 2,1, S. 75-79 – *Ich mache wirklich:* Brief an Louise Nast, kurz nach dem 18. April 1788, StA 6,1, S. 31 – *Poeten Schritt:* zit. n. Bertaux 1981, S. 283.

134
heiligen Gefäße: aus dem Gedicht *Buonaparte*, StA 1,1, S. 239.

135
hier ists jezt so lebhaft: Brief an die Mutter vom 9. Januar 1802, StA 6,1, S. 428-429 – *durch Überschwemmungen:* ebenda.

137
Meine theure Mutter: StA 6,1, S. 428-429.

138
Gefahren zeugen Männerkräfte: aus dem Gedicht *Zornige Sehnsucht*, StA 1,1, S. 90-91 –

139
Es war ein beschwerlicher: Brief an die Mutter vom 9. Januar 1802, StA 6,1, S. 428-429.

142
Wieder geht's los, zit. n. Süddeutsche Zeitung vom 27.3.2008, S. 16.

146
auf den gefürchteten überschneiten Höhen: Brief an die Mutter vom 28. Januar 1802, StA 6,1, S. 429-430 – *aus den Lebensgefahren:* ebenda.

149
Nemlich es reichen: aus dem Gedicht *Mnemosyne*, 1. Fassung, StA 2,1, S. 193-194.

150
furchterregend: Frédéric-Auguste Bartholdi, zit. n. einem Faltblatt der Stadt Belfort.

152
Du kömmst, o Schlacht: Der Tod fürs Vaterland, StA 1,1, S. 299.

154
heldischen Kämpfer: Gerhard Schumann bei der Gründung der Hölderlin-Gesellschaft am 7. Juni 1943, zit. n. Kurz 1994, S. 121 – *neuen Reiches Gottes:* Friedrich Beißner zum gleichen Anlass, ebenda, S. 12.

155
den Widerstandswillen: Adolf Beck, n. Kurz 1994, S. 125 – *manœuvre nazie* und *sur les bases:* ebenda, S. 125.

156
auf meiner Wanderschaft: zit. nach Bertaux 1980, S. 90 – *Citronengeruch:* aus dem Gedicht *Vom Abgrund nemlich …*, StA 2,1, S. 250–251.

161
der Freunde Freund: aus dem Gedicht *An Landauer*, StA 2,1, S. 114.

162
wo herab: aus dem Gedicht *Andenken*, StA 2,1, S. 188–189.

163
O ihr Stimmen: aus dem Gedicht *Griechenland*, 2. Fassung, StA 2,1, S. 256.

164
Dort an der luftigen Spitz: aus dem Gedicht *Andenken*, StA 2,1, S. 188–189 – *verschmäh:* ebenda.

167
Die Geschichte des Handels: Montesqieu 2006, 21. Buch, 5. Kapitel, S. 347 – *Endlich, meine theure Mutter:* Brief an die Mutter vom 28. Januar 1802, StA 6,1, S. 429–430.

168
Wie von Göttern gesandt: aus dem Gedicht *Heidelberg*, StA 2,1, S. 14–15 – *An dem sich in einem Halbmond:* Meyer 1802, Bd. 2, S. 22.

170
Schaluppen eilten: Schopenhauer 1993, S. 41 – *Aristocrates, Fédéralistes,* zit. n. Weber 2004, S. 207.

172
An Feiertagen gehen: aus dem Gedicht *Andenken*, StA 2,1, S. 188–189 – *Nirgends weiter in Europa:* Schopenhauer 1993, S. 55.

179
La mémoire efface le souvenir – Das Gedächtnis löscht die Erinnerung aus: zit. n. Klüser 1992, Bd. 2, S. 73 – *Mons: Gauthier:* zit. n. Schlesier 2002, S. 255 – *rue Remi No. 2:* abgebildet in: Oelmann / Therstappen 2010, S. 104.

180
abscheulichen Landstrassen und nachfolgende Zitate: Meyer 1802, Bd. 2, S. 19ff. – *Der vorige Glanz* und weitere Zitate: Meyer 1802, Bd. 2, S. 23ff.

181
Gastfreiheit: Meyer 1802, S. 75.

182
zärtlichen, guten Worte und weitere Zitate: Brief an die Mutter vom Karfreitag 1802, StA 6,1, S. 430–431.

183
Glaube mir: zit. n. Henninger 1993, S. 189.

184
fürchterlichen: La Roche 2006, S. 122f.

185
im tiefen Verfall: Meyer 1802, Bd. 2, S. 79 – *Schade, daß:* Schopenhauer 1988, S. 124.

187
elegante Welt: Meyer 1802, Bd. 2, S. 32 – *Der Nordost wehet:* aus dem Gedicht *Andenken*, StA 2,1, S. 188–189.

188
Weder in Lyon: zit. n. www.frankreich-sued.de/bordeaux-server/Marquis%20de%20Tourny.htm (30.4.2011) – *Das stete Leben:* Meyer 1802, 2. Bd., S. 36 – *scharfe Ufer* und weitere Zitate: aus dem Gedicht *Andenken*, StA 2,1, S. 188–189.

191
Freiheit wäre da: Andersch 1969, S. 60 – *Hirten des südlichen Frankreich* und weitere Zitate: Brief an Casimir Ulrich Böhlendorff vom November 1802, StA 6,1, S. 432–433 – *die Gasgognischen Lande:* aus dem Gedicht *Vom Abgrund nemlich*, StA 2,1, S. 250–251.

192
nicht schön, sondern flach: Meyer 1802, Bd.2, S. 91.

193
Schon ist das Gut: Meyer 1802, Bd. 2, S. 92 – *wo herab* und folgende Zitate: aus dem Gedicht *Andenken*, StA 2,1, S. 188–189.

194
Tende und *Teneriffa:* StA. 2,1, S. 340.

195
auf den Anblick des Meeres: Brief vom 4. Dezember 1801 an Casimir Ulrich Böhlendorff, StA 6,1, S. 425-428 – *Wünscht' ich der Helden:* aus dem Gedicht *Kolomb*, StA 2,1, S. 242.

196
Kolombos Haus: aus dem Gedicht *Kolomb*, StA 2,1, S. 242 – *Sulaco:* StA. 2,1, S. 340 – *Und alles Schöne:* aus dem Gedicht *Wenn aus der Ferne*, StA 2,1, S. 262.

197
Es nehmet aber: aus dem Gedicht *Andenken*, StA 2,1, S. 188–189 – *Augenblick:* Goethe 1978 b, 1. Teil, Vers 1700, und 2. Teil, Vers 11582.

198
Madonnenkopfe: Brief an Ludwig Neuffer vom 16. Februar 1797, StA 6,1, S. 235-237.

199
Was wir leiden müssen: Brief Susette Gontard an Hölderlin vom November 1799, StA 7,1, S. 92-95 – *ganz falsche Vorstellungen:* Brief an Hegel vom 11. Juli 1803, StA 7,2, S. 261-263 – *worin sie ihm:* Lebensabriss von Karl Gok, zit. in St.A 7,2, S. 201f – *Es war mir nöthig gewesen:* Brief vom November 1803 an Casimir Ulrich Böhlendorff, StA 6,1, S. 432-433.

200
in den Dingen der Liebe unterrichtet: Platon 1987: S. 47 – *eine lehrte ihn ganz:* Böhlendorff, zit. im Tagebuch Geog Wilhelm Keßlers, Berlin, 9. März 1803, StA 7,2, S. 245-250.

201
Les affaires avant tout – Zuallererst die Geschäfte: Beck 1980, S. 291 – *Eh ich dir die Hand gegeben:* aus dem Gedicht *Diotima*, Jüngere Fassung, StA 1,1, S. 220-222.

202
wie aus Licht und Duft geweht: aus *Fragment von Hyperion*, StA 3, S. 163–184, hier S. 166 – *Wem sonst als Dir:* abgebildet in diesem Band, S. 207 – *in den Meeresgrund hinab:* Brief an Ludwig Neuffer vom 16. Februar 1797, StA 6,1, S. 235-237.

204
Ich habe eine Welt von Freude: Brief an Ludwig Neuffer vom 16. Februar 1797, StA 6,1, S. 235-237 – *der Hofmeister:* Brief an die Mutter vom November 1797, StA 6,1, S. 255-258 – *der unhöfliche Stolz:* Brief an die Mutter, vom 10. Oktober 1798, StA 6,1, S. 283-286.

205
fast gar nicht: Freiherr von Sierstorpff an seine Frau am 25. August 1796, zit. n. Beck 1980, S. 256 – *Immer habe ich die Memme:* Brief an Susette Gontard vom Herbst 1799, StA 6,1, S. 370-371 – *Reich die Schale mir selbst:* aus dem Gedicht *Der Abschied*, StA 2,1, S. 24-25 – *Die Leidenschaft der höchsten Liebe:* Brief von Susette Gontard von Ende 1798/Anfang 1799, StA 7,1, S. 62-65 – *Heilige Pflichten:* Ebenda.

206
Lieber Hölder: Brief von Henri Gontard vom 27. September 1798, StA 7,1, S. 57 – *feindselige Farbe:* Brief von Susette Gontard von Anfang Oktober 1798, StA 7,1, S. 58-62 – *seelenvollen Tage:* Brief an Susette Gontard von Anfang November 1799, StA 6,1, S. 370-371.

208
ganz das Gepräge: Brief Marie Freifrau Rüdt von Collenberg an ihren Bruder Daniel Rätzer vom 18. August 1802, StA 7,2, S. 217.

209
Eh' ich dir die Hand gegeben: aus dem Gedicht *Diotima*, Jüngere Fassung, StA 1,1, S. 220–222.

210
guten Bruder: zit. n. Isberg 1954, S. 123.

211
Hr. Borkenstein war hier: Brief Elise von Malschitzky an Marie Rätzer vom 8.Juni 1797, StA 7,2, S. 94-95.

212
das schönste Zeugniß: mündlicher Bericht Fritz Breunlins vom 11. Juli 1856, StA. 7,2, S. 198-199.

213
zirkulieren: Pass abgebildet in diesem Band, S. 186 – *Anblick der Antiquen:* Brief an Casimir Böhlendorff vom November 1802, StA 6,1, S. 432-433.

215
Wo gehen wir denn hin?: Novalis 1999, Bd.1, S. 373 – *Freilich wohl!* und folgende Zitate: aus dem Gedicht *Heimkunft. An die Verwandten*, StA 2,1, S. 96-99.

216
starr vor Schrecken: zit. n. BA 9, S. 194 – *der die deutlichsten Merkmale:* Schlesier 2002, S. 140 – *leichenbleich, abgemagert:* berichtet von Wilhelm Waiblinger, StA 7,3, S. 50-88, hier S. 60 – *in einem geheimen Behälter:* zit. n. BA 9, S. 195.

217
leichenbleich: berichtet von Wilhelm Waiblinger, StA 7,3, S. 50–88, hier S. 60.
219
Totalerfahrung: Mieth 2007, S. 159–164.
220
Wenn aus der Ferne: StA 2,1, S. 262–263.
221
Was ich habe: zit. n. Schäfer / Schneider 2006.

Literatur

Werke Hölderlins

Hölderlin: Sämtliche Werke, hg. von Friedrich Beißner und Adolf Beck, Große Stuttgarter Ausgabe (StA), Stuttgart 1946–1985.

Hölderlin, Friedrich: Sämtliche Werke, Briefe und Dokumente in zeitlicher Reihenfolge, hg. von D.E. Sattler, Bremer Ausgabe (BA), Darmstadt 2004.

Hölderlin, Friedrich: Vom heiligen Reich der Deutschen, ausgewählt und eingeleitet von Erich Wolf (Deutsche Reihe Nr. 24), Jena 1935.

Hölderlin: Feldauswahl, im Auftrag der Hölderlin-Gesellschaft von Friedrich Beißner besorgt, Stuttgart 1943.

Hölderlins Werke, ausgewählt und mit einer biographischen Einleitung versehen von Will Vesper (Front Buchhandelsausgabe für die Wehrmacht, Printed in France), Leipzig o.J.

Hölderlin: Poèmes (Gedichte), Traduction et Préface de Geneviève Bianquis, Paris 1943 (Nachdruck 1977).

Hölderlin, Friedrich (2002): »… belle Garonne et les jardins …«, Version planétaire, hg. von Jean-Pierre Lefébvre, Bordeaux.

Schlesier, Gustav (2002): Hölderlin-Aufzeichnungen, hg. von Hans Gerhard Steimer, Weimar.

Archivquellen

Archives départementales du Bas-Rhin, Straßburg:
Atlas portatif et itinéraire de l'Europe, Paris 1807
Almanach du Bas Rhin 1799 bis 1801.

Archives départementales du Doubs, Besançon:
Annuaire 1804.

Archives municipales de Lyon:
Almanach de la Ville de Lyon et du Département du Rhône pour l'An X de la République Fonds Pointet.

Archiv des Verfassers
Satzung der Hölderlin-Gesellschaft, Tübingen 1943. Reichspropagandaamt Württemberg: Hölderlin-Ehrung in Stuttgart, Lauffen, Tübingen vom 6.–7. Juni 1943, Stuttgart 1943.

Württembergische Landesbibliothek Stuttgart:
WLB cod. Hist. 8°, 140 a – Tagebücher von Friedrich August Köhler 1792–1843. WLB cod. Hist. 8°, 140 f – Albreise im Jahre 1790 von Friedrich August Köhler.

Gedruckte Quellen

Andersch, Alfred (1969): Hohe Breitengrade, Zürich.

Auster, Paul (1993): Die Erfindung der Einsamkeit, Reinbek 1993.

Biermann, Wolf (1991): Alle Lieder, Köln.

Büchner, Georg (1979): Lenz. Der Hessische Landbote, Stuttgart.

Conz, Carl Philipp (1792): Gedichte. Erste Sammlung, Tübingen.

Dylan, Bob (1988): Lyrics 1962–1985, London u.a.

Goethe, Johann Wolfgang (1978 a): Gedichte, hg. und kommentiert von Erich Trunz (Hamburger Ausgabe), 11. Aufl., München 1978.

Goethe, Johann Wolfgang (1978 b): Faust. Der Tragödie erster und zweiter Teil, hg. und kommentiert von Erich Trunz (Hamburger Ausgabe), 10. Aufl., München 1978.

Goethe, Johann Wolfgang (1979): West-östlicher Divan, hg. und erläutert von Hans-J. Weitz, 3. Aufl., Frankfurt a.M.

Goethe, Johann Wolfgang: Sämtliche Werke. Briefe, Tagebücher und Gespräche, Band 35, Frankfurt.

Härtling, Peter (1986): Hölderlin. Ein Roman, 9. Auflage, Darmstadt und Neuwied.

Härtling, Peter (1991): Der Wanderer, Hamburg.

Härtling, Peter (1998): Melchinger Winterreise. Stationen für die Erinnerung, Stuttgart.

Heidegger, Martin (1989): Der Feldweg, Frankfurt a.M.

Herzog, Werner (1981): Vom Gehen im Eis. München – Paris 23.11. bis 14.12.1974, München.

Kerner, Justinus (o.J.): Poetische Werke, hg. von Josef Gaiermaier, Bd. 4, Leipzig.

Klüser, Bernd (Hrsg.) (1992): Der gefrorene Leopard, 2. Bde, München.

Lacarrière, Jacques (2007): Chemin faisant, Paris.

La Roche, Sophie von (2006): Reisetagebücher. Aufzeichnungen zur Schweiz, zu Frankreich, Holland, England und Deutschland. Ausgewählt und mit Einführungen versehen von Klaus Pott und Charlotte Nerl-Steckenberg (Bibliotheca Suevica No. 21), Konstanz / Eggingen.

Lefébvre, Jean-Pierre (1990): Hölderlin, journal de Bordeaux (1er Janvier – 14 Juin 1802), Périgeux.

Meyer, Friedrich Johann Lorenz (1802): Briefe aus der Hauptstadt und dem Innern Frankreichs, 2 Bde, Tübingen.

Montaigne, Michel de (2002): Tagebuch der Reise nach Italien über die Schweiz und Deutschland von 1580 bis 1581, übersetzt, herausgegeben und mit einen Essay versehen von Hans Stilett, Frankfurt a.M.

Montesquieu, Charles-Louis de (2006): Vom Geist der Gesetze, Auswahl, Übersetzung und Einleitung von Kurt Weigand, Stuttgart.

Mörike, Eduard (1967ff.): Werke und Briefe, Historisch-kritische Gesamtausgabe, hg. von Hubert Arbogast, Hans-Henrik Krummacher, Herbert Mayer und Bernhard Zeller, Stuttgart, hier: Band 14.

Novalis (1999): Werke, Tagebücher und Briefe Friedrich von Hardenbergs, hg. von Hans-Joachim Mähl und Richard Samuel, 3 Bände, Darmstadt.

Platon (1989): Das Gastmahl oder Von der Liebe, 3. Aufl., München.

Reinhard, Karl Friedrich (1790): Briefe über die Revolution in Frankreich. Geschrieben vom 23. Jul. Bis zum 2ten Oct. 1789: In: Schwäbisches Archiv, 1790, S. 459–518.

Rilke, Rainer Maria (1999): Lyrik und Prosa, Darmstadt.

Schäfer, Christine / Eric Schneider (2006): Franz Schubert, Winterreise D 911, CD und Booklet, o.O.

Schiller, Friedrich (2002): Werke und Briefe in zwölf Bänden, hg. von Otto Dahn u.a., Frankfurt a.M.

Schiller, Friedrich (2004): Sämtliche Werke in fünf Bänden, München / Wien, hier: Band 1.

Schopenhauer, Arthur (1988): Reisetagebücher aus den Jahren 1803–1804. In: ders.: Die Reisetagebücher, Zürich.

Schopenhauer, Johanna (1993): Promenaden unter südlicher Sonne. Die Reise durch Frankreich 1804, hg. von Gabriele Habinger, Wien.

Schubert, Franz (o.J.): Lieder für eine Singstimme mit Klavierbegleitung, Band I, Frankfurt a.M. u.a.

Schwab, Gustav (1823): Die Neckarseite der Schwäbischen Alb mit Andeutungen über die Donauseite. Wegweiser und Reisebeschreibung, Stuttgart.

Seckendorf, Leo Freiherr von (Hrsg.) (1807): Musenalmanach für das Jahr 1808, Regensburg.

Seume, Johann Gottfried (1974): Prosaschriften. Mit einer Einleitung von Werner Kraft. Darmstadt.

Seume, Johann Gottfried (1995): Spaziergang nach Syrakus, 4. Aufl., München.

Stendhal (1995): Voyage à Lyon, Saint-Cyr-sur-Loire.

Sterne, Laurence (2010): Leben und Ansichten von Tristram Shandy, Gentleman, Frankfurt a.M.

Thukydides (2000): Der Peloponnesische Krieg, hrsg. von H. Vretska und W. Rinner, Stuttgart.

Sekundärliteratur

Archives départementales du Doubs / Musée comtois (2001): Le long du canal entre Saône et Rhin, Besançon.

Beck, Adolf (1950): Vorarbeiten zu einer künftigen Hölderlin-Biographie. In: Hölderlin-Jahrbuch 4 (1950), S. 72–94.

Beck, Adolf / Paul Raabe (Hrsg.) (1970): Hölderlin. Eine Chronik in Text und Bild, Frankfurt a.M.

Beck, Adolf (1975): Hölderlin. Chronik seines Lebens mit zeitgenössischen Abbildungen, Frankfurt a.M.

Beck, Adolf (1977): Hölderlin im Juli 1802 in Frankfurt? Zur Frage seiner Rückkehr aus Bordeaux. In: Hölderlin-Jahrbuch 19/20 (1975–1977), S. 458–474.

Beck, Adolf (Hrsg.) (1980): Hölderlins Diotima Susette Gontard. Gedichte – Briefe – Zeugnisse, Frankfurt a.M.

Benscheidt, Anja (1994): Nürtinger Lebenswelten. Alltagskultur in einer württembergischen Kleinstadt zur Zeit Hölderlins. In: Härtling, Peter / Gerhard Kurz (Hrsg.) (1994): Hölderlin und Nürtingen (Schriften der Hölderlin-Gesellschaft, Bd. 19), Stuttgart, Weimar, S. 31–47.

Bertaux, Pierre (1980): Hölderlin und die Französische Revolution, 5. Aufl., Frankfurt a.M.

Bertaux, Pierre (1981): Friedrich Hölderlin, Frankfurt a.M.

Bertaux, Pierre (1983): Zu Hölderlins Reise nach Bordeaux. In: Hölderlin-Jahrbuch, Band 23 (1982–1983), S.258–260.

Bertheau, Jochen (2003): Hölderlins französische Bildung, Frankfurt a.M. u.a..

Bertheau, Jochen (2013): Hölderlin in Bordeaux. In: Frankreich-Jahrbuch 2012, hg. v. Deutsch-Französisches Institut, Wiesbaden, S. 183–194.

Biermann, Werner (2008): »Der Traum meines ganzen Lebens«. Humboldts amerikanische Reise, Berlin.

Burckhardt, Lucius (2008): Warum ist Landschaft schön? Die Spaziergangswissenschaft, 2. Aufl., Berlin.

Centre d'Information des Viandes (o.J.): Carnet de Voyage d'un Gourmet. Un voyage délicieux dans les berceaux d'origine des Races à Viande, 2. Aufl., Paris.

Delinière, Jean (1989): Karl Friedrich Reinhard (1761-1837). Ein deutscher Aufklärer im Dienste Frankreichs, Stuttgart.

Espagne, Michel (1991): Bordeaux – Baltique. La présence culturelle Allemande à Bordeaux aux XVIIIe et XIXe siècles, Bordeaux.

Findeisen, Hans-Volkmar (1997): Mit den Beinen geschrieben. Eine historische Albreise im Jahr 1995. In: ders.: Auf der Spitze des Zauns. Eigenartige Begegnungen, Stuttgart.

Fingerhut, Karlheinz (2007): Goethe und Heine als Reisende im Harz und in Italien. In: ders.: Kleine Blumen, kleine Blätter. Sieben Vorlesungen zu Goethe, Freiburg, S. 53–79.

Fritz, Andreas (2002): Georg Kerner (1770–1812): Fürstenfeind und Menschenfreund. Eine politische Biographie, Ludwigsburg.

Gaier, Ulrich / Valérie Lawitschka / Stefan Metzger / Wolfgang Rapp / Violetta Waibel (1996): Hölderlin Texturen 3, ›Gestalten der Welt‹, Frankfurt 1796–1798, Tübingen.

Gaier, Ulrich (1989): Hölderlins vaterländischer Gesang ›Andenken‹. In: Hölderlin-Jahrbuch 26 (1988–1989), S. 175–201.

Gromer, Johannes (2011): Das Haus, in dem Friedrich Hölderlin in Nürtingen aufwuchs. In: Schwäbische Heimat 1/2011, S. 68–76.

Güntter, Otto (Hrsg.) (1928): Die Bildnisse Hölderlins. Mit Nachbildungen seiner Handschrift und Bildnissen aus seinem Verwandten- und Freundeskreise, Stuttgart / Berlin.

Härtling, Peter (1987): Heimkunft. In: Hölderlin-Jahrbuch 25 (1986–1987), S. 1–11.

Härtling, Peter / Gerhard Kurz (Hrsg.) (1994): Hölderlin und Nürtingen (Schriften der Hölderlin-Gesellschaft, Bd. 19), Stuttgart / Weimar.

Henrich, Dieter (1986): Der Gang des Andenkens. Beobachtungen und Gedanken zu Hölderlins Gedicht, Stuttgart.

Hansen, Frank-Peter (1989): »Das älteste Systemprogramm des deutschen Idealismus«. Rezeptionsgeschichte und Interpretation, Berlin / New York.

Henninger, Wolfgang (1993): Johann Jakob von Bethmann 1717–1792. Kaufmann, Reeder und kaiserlicher Konsul in Bordeaux (Dortmunder historische Studien, Bd. 4), 2 Teile, Bochum.

Isberg, Jürgen (1954): Die Familie der Diotima. In: Hölderlin-Jahrbuch 8, S. 110–127.

Jacobs, Wilhelm G. (1989): Zwischen Revolution und Orthodoxie? Schelling und seine Freunde im Stift und an der Universität Tübingen, Texte und Untersuchungen, Stuttgart.

Jamme, Christoph / Helmut Schneider (Hrsg.) (1984): Mythologie der Vernunft. Hegels »ältestes Systemprogramm des deutschen Idealismus«, Frankfurt a.M.

Klünemann, Clemens (2010): Akt einer neuen politischen Kultur. De Gaulles Aufruf vom 18. Juni 1940 und die »France éternelle«. In: Dokumente – Zeitschrift für den deutsch-französischen Dialog / Documents – Revue du dialogue franco-allemand, Bonn, S. 37–41.

Knobloch, Hans-Jörg (1992): Wenn Dichter lieben … Goethe und Friederike Brion / Hölderlin und Susette Gontard. Typoskript der Rundfunksendung im Südwestfunk vom 10. Oktober 1992.

Knubben, Thomas (Hrsg.) (1994): La vache qui rit. Europa, der Stier und die Kuh in der Plastik und Fotografie des 20. Jahrhunderts, Fellbach.

Kreuzer, Johann (Hrsg.) (2002): Hölderlin Handbuch, Leben – Werk – Wirkung, Stuttgart.

Kuhn, Axel / Jörg Schweigard (2005): Freiheit oder Tod! Die deutsche Studentenbewegung zur Zeit der Französischen Revolution (Stuttgarter Historische Forschungen, Bd. 2), Köln / Weimar / Wien.

Kurz, Gerhard (1994): Hölderlin 1943. In: Peter Härtling / Gerhard Kurz: Hölderlin und Nürtingen (Schriften der Hölderlin-Gesellschaft, Bd. 19), Stuttgart / Weimar, S. 103-128.

Lefébvre, Jean-Pierre (1989): Auch die Stege sind Holzwege. In: Hölderlin-Jahrbuch 26 (1988–1989), S. 202-223.

Lefébvre, Jean-Pierre (2007): Abschied von ›Andenken‹, Erörtern heißt hier verorten. In: Hölderlin-Jahrbuch 35 (2006–2007), S. 227-251.

Leroux, Alfred (1918–1920): La colonie germanique de Bordeaux, 2 Bde, Bordeaux.

Levine, Robert (2011): Eine Landkarte der Zeit. Wie Kulturen mit Zeit umgehen, 16. Auflage, München / Zürich.

Martini, Fritz (1988): Hölderlin und Stuttgart. In: Christoph Jamme und Otto Pöggeler (Hrsg.): »O Fürstin der Heimath! Glükliches Stutgard«. Politik, Kultur und Gesellschaft im deutschen Südwesten um 1800, Stuttgart, S. 204-226.

Mieth, Günter (2001): Friedrich Hölderlin, Dichter der bürgerlich-demokratischen Revolution, 2. Aufl., Würzburg.

Mieth, Günter (1995): Hölderlins Frankreich-Aufenthalt im Jahre 1802 als »Totalerfahrung« und als eine entscheidende Voraussetzung für sein Spätwerk. In: Hölderlin-Jahrbuch 29 (1994–1995), S. 150-152.

Mieth, Günter (2007): Friedrich Hölderlin, Zeit und Schicksal, Vorträge 1962-2006, Würzburg.

Municipalité de Soulac-sur-Mer (2005): Soulac-sur-Mer et le Chemin Littoral dans le Pèlerinage de Compostelle, Actes du colloque du 17 septembre 2005, Soulac-sur-Mer.

Oelmann, Ute (2008): Hölderlin – Entdeckungen. Studien zur Rezeption, Ausstellungskatalog, Stuttgart.

Oelmann, Ute / Aude Therstappen (Hrsg.) (2010): Friedrich Hölderlin, Présence du poète, avec la collaboration de Christophe Didier et Jörg Ennen, Straßburg.

Ritter, Joachim (1977): Hegel und die französische Revolution. In: ders.: Metaphysik und Politik. Studien zu Aristoteles und Hegel, 2. Aufl., Frankfurt a.M., S. 183-233.

Sattler, D.E. (1987): O Insel des Lichts! Patmos und die Entstehung des Homburger Foliohefts. In: Hölderlin-Jahrbuch 25 (1986–1987), S. 213-224.

Saugera, Eric (1995): Bordeaux port négrier. Chronologie, économie, idéologie, XVIIe-XIXe siècles, Biarritz / Paris.

Schmidt, Hans M. / Friedemann Malsch / Frank van de Schoor (Hrsg.) (1995): Der Rhein, Le Rhin, De Waal, Ein europäischer Strom in Kunst und Kultur des 20. Jahrhunderts, Köln.

Schmidt, Jochen (2007): Stoischer Pantheismus als Medium des Säkularisierungsprozesses und als Psychotherapeutikum um 1800: Hölderlins Hyperion. In: Wilfried Barner u.a. (Hrsg.): Jahrbuch der Deutschen Schillergesellschaft, 51. Jg., Göttingen.

Stadt Nürtingen (2006): Hölderlinrundgang, CD mit Beiheft, Nürtingen.

Stadt Stuttgart u.a. (1969): Cuvier und Württemberg. Ausstellung zum 200. Geburtstag des Naturforschers Georges Cuvier 1769-1832, Stuttgart.

Straub, Rudolf (1991): Hölderlin der Wanderer, Berlin und Weimar.

Strauch, Michael (2007): Harte Fehler. Hölderlins Grabstein. In: Hölderlin-Jahrbuch 35 (2006–2007), S. 397–409.

Taquet, Philippe (1998): Les premiers pas d'un naturaliste sur les sentiers du Wurtemberg: récit inédit d'un jeune étudiant nommé Georges Cuvier. In: Geodiversitas, S. 285–318.

Theater Lindenhof (Hrsg.) (2002): Drei Reden zum Jubiläum. Walter Jens, Erwin Teufel, Wolfgang Alber, Tübingen.

Theater Lindenhof Melchingen (2002): Hölderlin, Heimkunft. O Stimme der Stadt, der Mutter! Nürtinger TheaterSpaziergang 2002, Nürtingen.

Thiers, Adolphe (1845): Geschichte des Consulats und des Kaiserthums, Dritter Band, Leipzig.

Uffhausen, Dietrich (o.J.): Heimath und Fremde. Hölderlin unterwegs von Lauffen nach Bordeaux. In: ders.: Hölderlin Heimath, Stuttgart.

Uffhausen, Dietrich (Hrsg.) (1989): Friedrich Hölderlin, »Bevestigter Gesang«, Die neu zu entdeckende Spätdichtung bis 1806, Stuttgart.

Universitätsstadt Tübingen (1977): Hölderlinturm, Dokumente zu Ernst Zimmer und zur Geschichte des Hölderlinturms (Kleine Tübinger Schriften, Heft 10), 2. Aufl., Tübingen.

Vogel, Thomas (1997): »Komm! Ins Offene, Freund!« Theater Lindenhof, Melchingen, Tübingen.

Volke, Werner / Ingrid Kussmaul / Brigitte Schillbach (Hrsg.) (1989): »O Freyheit! Silberton dem Ohre …« Französische Revolution und deutsche Literatur 1789–1799, Marbach.

Volke, Werner (Hrsg.) (1999): »Warlich ein herrlicher Mann …«, Gotthold Friedrich Stäudlin, Lebensdokumente und Briefe, Stuttgart.

Vopelius-Holtzendorff, Barbara (1989): Susette Gontard-Borckenstein. In: Hölderlin-Jahrbuch 26 (1988–1989), S. 383–400.

Wallner, Georg Wolfgang (2009): »Der junge Gontard war sehr freundlich mit mir«. Ein Treffen der Familien Gontard und Meyer Ende Mai 1802. In: Hölderlin-Jahrbuch 36 (2008–2009), S. 261–264.

Wallner, Georg Wolfgang / Jean Lafitte (2010 a): Par des rues fleuries, allant silencieux …, Blanquefort.

Wallner; Georg Wolfgang (2010 b): Hölderlin in Bordeaux. Unveröffentlichtes Typoskript.

Wandel, Uwe Jens (1981): Verdacht von Democratismus? Studien zur Geschichte von Stadt und Universität Tübingen im Zeitalter der Französischen Revolution, Tübingen.

Weber, Klaus (2004): Deutsche Kaufleute im Atlantikhandel 1680–1830. Unternehmen und Familien in Hamburg, Cádiz und Bordeaux, (Schriftenreihe zur Zeitschrift für Unternehmensgeschichte, Bd. 12), München.

Willms, Johannes (2005): Napoleon: eine Biographie, München.

Wittkop, Gregor (Hrsg.) (1993). Der Pflegsohn. Texte und Dokumente 1806–1843 mit den neu entdeckten Nürtinger Pflegschaftsakten, Stuttgart.

Wittkop, Gregor (1994): Anmerkungen zu Aktennummer 215/493. In: Peter Härtling / Gerhard Kurz: Hölderlin und Nürtingen (Schriften der Hölderlin-Gesellschaft, Bd. 19), Stuttgart / Weimar, S. 129–139.

Wittkop, Gregor (1999): Hölderlins Nürtingen. Lebenswelt und literarischer Entwurf, Tübingen.

Wolf, Gerhard (1982): Der arme Hölderlin. Darmstadt und Neuwied.

Zimmermann, Horst (2007): Wege zu Hölderlin und Mörike. Ein literarischer Führer durch Nürtingen, Nürtingen.

Zimmermann, Horst (o.J.): Der Tod fürs Vaterland, Nürtingen.

Internetquellen

www.frankreich-sued.de/bordeaux-server/Marquis%20de%20Tourny.htm (30.4.2011)

www.habsburg.net (28.9.2009)

www.slavevoyages.org (10.03.2011)

Abbildungsverzeichnis

10
Schattenriss Hölderlins von 1789, wohl als Titelblatt für sein Stammbuch entworfen. Deutsches Literaturarchiv Marbach.

12
Friedrich Schiller, Pastellbild von Ludovike Simanowiz, 1793. Deutsches Literaturarchiv Marbach.

13
Thalia, 4. Teil, 6. Stück, 1793. Deutsches Literaturarchiv Marbach.

15
Friedrich Jakob Ströhlin, Ölbild. Vorlage: WLB, Hölderlin-Archiv Stuttgart –
Christian Landauer, Miniaturmalerei auf Elfenbein, um 1820. Deutsches Literaturarchiv Marbach.

16
Brief Christian Landauers an Hölderlin vom 22. Oktober 1801. WLB, Hölderlin-Archiv Stuttgart.

21
Ansicht von Nürtingen, Lithografie, ca. 1869. Stadtmuseum Nürtingen.

22
Johanna Christiana Hölderlin, Ölgemälde von 1767. Deutsches Literaturarchiv Marbach –
Ausgabenliste der Mutter Hölderlins »vor den L. Fritz«. Stadtarchiv Nürtingen, Foto: Rainer Möller.

25
Das Schulhaus in Nürtingen, Plan des Umbaus von 1767. Stadtarchiv Nürtingen, Foto: Rainer Möller.

27
Neckarlandschaft bei Stuttgart, Stahlstich von S. Lacey nach einer Zeichnung von Louis Mayer, 1835. Deutsches Literaturarchiv Marbach –
Denkendorf: Klosterkirche von Osten, um 1830, Bleistift auf Papier von Carl Alexander von Heideloff. Staatsgalerie Stuttgart, Graphische Sammlung, Inv.Nr. C 1970/1779 (KK).

32
Die Familie Landauer: Schattenrisse des Ehepaars Landauer und ihrer vier Kinder. WLB, Hölderlin-Archiv Stuttgart.

33
Haus Landauers um 1800, Kolorierter Stich von Wenzel Pobuda nach einer Zeichnung von Friedrich Keller, um 1800. Württembergische Landesbibliothek Stuttgart.

35
Brief von Leo von Seckendorf an Justinus Kerner vom 7. Februar 1807. Deutsches Literaturarchiv Marbach.

39
Erstdruck des Gedichtes Andenken im Musenalmanach für das Jahr 1808, herausgegeben von Leo von Seckendorf. WLB, Hölderlin-Archiv Stuttgart.

41
Andenken, Gedichtentwurf in der Handschrift Hölderlins. Stadtarchiv Bad Homburg v.d. Höhe

42
Tübingen zu Hölderlins Studienzeit, Aquarell um 1790 von Johann Friedrich Partzschefeldt aus dem Stammbuch von Christian Friedrich Hiller. WLB, Hölderlin-Archiv Stuttgart.

48
Der Hölderlin-Turm um 1830, Bleistiftzeichnung, aquarelliert, Schreinermeister Ernst Friedrich Zimmer zugeschrieben. Stadtmuseum Tübingen – Portrait Ferdinand Gottlob Gmelin (1782-1848), Öl auf Leinwand, gemalt 1848 von Heinrich Leibnitz (Universitätszeichenlehrer). Professorengalerie Eberhard Karls-Universität Tübingen, Foto: Landesmedienzentrum Stuttgart.

52
Brief Hölderlins an seine Schwester Rike von Mitte November 1790. WLB, Hölderlin-Archiv Stuttgart –
Friedrich Hölderlin, Getuschter Schattenriss, wohl 1797. Deutsches Literaturarchiv Marbach.

53
Friedrich Wilhelm Joseph Schelling, Foto nach dem Pastellbild von Tieck. Deutsches Literaturarchiv Marbach –
Georg Wilhelm Friedrich Hegel, Lithografie von F.W. Bollinger nach Christian Xeller. Deutsches Literaturarchiv Marbach.

54
Das theologische Seminarium zu Tübingen, Kupferstich von Rupp, um 1820. Stadtmuseum Tübingen.

56
Karl Friedrich Reinhard, Stahlstich o.J.

59
Eintrag Hölderlins im Stammbuch Hegels. Universitätsbibliothek Tübingen, Mh 858 fol.32.

65
Brief Hölderlins an Casimir Ulrich Böhlendorff vom 4. November 1801 in der Abschrift Issak von Sinclairs vom Dezember 1801. Landesbibliothek Mecklenburg-Vorpommern, Schwerin –
Scherenschnitt Casimir Ulrich Böhlendorff. Staatsarchiv Bremen, StaB 7,20-70 –
Isaak von Sinclair, Ölgemälde von Favorin Lerebours, 1808. Stadtarchiv Bad Homburg v. d. Höhe.

67
Gustav Schwab: Die Neckarseite der Schwäbischen Alb, Wegweiser und Reisebeschreibung, 1823. Württembergische Landesbibliothek Stuttgart –
Gustav Schwab, Kopie nach dem Ölgemälde von K.J. Th. Leybold, 1825. Deutsches Literaturarchiv Marbach.

73
Portrait Hölderlins, Pastell von Franz Karl Hiemer, 1792. Deutsches Literaturarchiv Marbach –
Pass Hölderlins für die Reise von Nürtingen nach Regensburg, 28. September 1802. Deutsches Literaturarchiv Marbach.

77
Der Wanderer, Handschrift der 2. Fassung von Hölderlin. WLB, Hölderlin-Archiv Stuttgart.

80
Ihr sichergebauten Alpen, Handschrift Hölderlins. WLB, Hölderlin-Archiv Stuttgart.

82
Die Stadt Oppenau auf einem Zunftbrief 1804. Heimatmuseum Oppenau.

84
Brief Ernst Zimmers an die Mutter Hölderlins vom 19. April 1812 mit dem Gedicht An Zimmern. WLB, Hölderlin-Archiv Stuttgart.

89
Straßburg in der Ansicht von Matthäus Merian, 1644 –
Das Quai St. Nicolas und Umgebung in der Ansicht von Jean Hans, um 1800. Musée Historique de Strasbourg, Cabinet des Estampes et des Dessins.

93
Carl Philipp Conz, Gouache um 1800. Deutsches Literaturarchiv Marbach.

94
Erstdruck der Gedichte von Carl Philipp Conz, 1792.

97
Musenalmanach fürs Jahr 1792, herausgegeben von Gotthold Friedrich Stäudlin. WLB, Hölderlin-Archiv Stuttgart –
Gotthold Friedrich Stäudlin, Ölbild von Philipp Friedrich Hetsch. Deutsches Literaturarchiv Marbach –
Brief von Gotthold Friedrich Stäudlin an Friedrich Schiller vom 20. September 1793. Deutsches Literaturarchiv Marbach.

109
Das Schloss von Mömpelgard Ende des 18. Jahrhunderts, Suprarporte eines anonymen Malers. Musées de Montbéliard, Geschenk aus dem Jahr 1902 des Dr. Jules Beurnier an die Stadt Montbéliard.

110
Georges Cuvier, Ölgemälde von François-André Vincent.

111
Eintrag Hölderlins im Stammbuch Leo von Seckendorf. Universität Basel, Öffentlich Bibliothek, Autographen-Sammlung Geigy-Hagenbach, Nr. 2342.

126
Was ist der Menschen Leben ..., Handschrift Hölderlins auf der Rückseite eines Briefes von Susette Gontard. WLB, Hölderlin-Archiv Stuttgart.

134
Napoleon auf der Consulta zur italienischen Republik in Lyon 1802, Gemälde von Nicolas-André Monsiau, 1808. Musée national du Château de Versailles.

137
Brief Hölderlins an seine Mutter aus Lyon vom 9. Januar 1802. WLB, Hölderlin-Archiv Stuttgart –
Ansicht des Saône-Ufers in Lyon, Ölgemälde von Charles-François Nivard, 1804. Lyon Musées Gadagne, No. inventaire: 409.

148
Friedrich Hölderlin. Vom heiligen Reich der Deutschen, Eugen Diederichs Verlag: Jena 1935. Archiv des Verfassers –
Hölderlin. Feldauswahl, Cotta-Verlag: Stuttgart 1943. Archiv des Verfassers –
Hölderlin: Poèmes / Gedichte, trad. de Geneviève Bianquis, Aubier: Paris 1943. WLB, Hölderlin-Archiv Stuttgart.

162
Karte der Gironde um 1802. Vorlage: Groupe d'Archéologie et d'Histoire de Blanquefort.

166
Der Hafen von Bordeaux, Gemälde von Pierre Lacour, 1804-1806. Bordeaux Musée des Beaux-Arts,- Vorlage des M.B.A. de Bordeaux / Foto: Lysiane Gauthier.

169
Friedrich Johann Lorenz Meyer: Briefe aus der Hauptstadt und dem Innern Frankreichs, Zweiter Band, Tübingen 1802 –
Johanna Schopenhauer: Reise von Paris durch das südliche Frankreich bis Chamouny, Zweite Auflage, Zweiter Band, Leipzig 1824.

173
Konsul Daniel Christoph Meyer, Ölbild von Mathilde Meyer. Vorlage: WLB, Hölderlin-Achiv Stuttgart –
Anne Marie Henriette Meyer, Ölbild von Mathilde Meyer. Vorlage: WLB, Hölderlin-Achiv Stuttgart.

175
Die Familie Meyer (?) im Hafen von Bordeaux, Ausschnitt aus dem Gemälde Der Hafen von Bordeaux Pierre Lacour, 1804-1806. Bordeaux Musée des Beaux-Arts, Vorlage des M.B.A. de Bordeaux / Foto: Lysiane Gauthier.

178
Das Hôtel Meyer in Bordeaux, allées de Tourny, Stich. Bibliothèque municipale de Bordeaux – Adresse Hölderlins in Bordeaux, Handschrift Hölderlins und eines unbekannten Schreibers. WLB, Hölderlin-Archiv Stuttgart.

182
Jacques Leblond de l'Étang, Zeichnung von 1834, signiert Ris. Sammlung der Familie Duret, Original verschollen –
Marie Françoise Eugenie genannt Amélie Leblond de l'Étang, Selbstportrait um 1803. Sammlung Madame S. Raeth –
Mathilde Meyer, Miniatur von Pierre Latour. Sammlung Madame S. Raeth.
Vorlagen: Groupe d'Archéologie et d'Histoire de Blanquefort.

186
Pass Hölderlins für die Rückreise von Bordeaux vom 10. Mai 1802. WLB, Hölderlin-Archiv Stuttgart.

190
Château de Fongravey in Blanquefort, Zeichnung von Henri Duphot, um 1880. Vorlage: Groupe d'Archéologie et d'Histoire de Blanquefort –
Karte mit den Besitzungen des Konsuls Meyer in Blanquefort, Ausschnitt aus dem Plans des Geometers E. Ferchaud von 1808. Vorlage: Groupe d'Archéologie et d'Histoire de Blanquefort.

195
Wäscherechnung aus der Tübinger Turmzeit mit Handschrift Hölderlins auf der Rückseite (Bruchstück 85), kurz nach 1806.
WLB, Hölderlin-Archiv Stuttgart.

198
Büste der Susette Gontard von Landolin Ohnmacht, Alabaster, um 1795. Archiv Liebieghaus Skulpturensammlung, Frankfurt.

200
Hinterhaus nach dem Garten des Gebäudes »Zum Weißen Hirsch«, Lithographie von A. Fay, vor 1872. historisches museum frankfurt,
Foto: Horst Ziegenfusz.

201
Jakob Friedrich Gontard, Miniatur, um 1790. Vorlage: WLB, Hölderlin-Archiv Stuttgart –
Susette Gontard, Miniatur von Margarethe Elisabeth Sömmering, um 1798. Vorlage: WLB, Hölderlin-Archiv Stuttgart.

203
Brief Susette Gontards (Nr. 12) an Hölderlin vom Herbst 1799. WLB, Hölderlin-Archiv Stuttgart.

207
Ansicht des Adlerflychthofs vom Öderweg her, Gouache von Johann Georg Meyer, 1779. historisches museum frankfurt,
Foto: Horst Ziegenfusz –
Erstausgabe des Hyperion von 1797/1799, Widmungsexemplar Hölderlins an Susette Gontard. Deutsches Literaturarchiv Marbach.

209
Das Gedicht Diotima in der Abschrift Susette Gontards. WLB, Hölderlin-Archiv Stuttgart.

214
Nürtingen. Gouache eines unbekannten Künstlers C.P., 1815. Stadtmuseum Nürtingen.

217
Portrait Friedrich von Matthisson, gemalt von Ferdinand Hartmann, 1794. Gleimhaus Halberstadt.

218
Wenn aus der Ferne …, Handschrift Hölderlins. Deutsches Literaturarchiv Marbach.

Sollten Bildrechte Dritter irrtümlich übersehen worden sein, so ist der Verlag selbstverständlich bereit, rechtmäßige Ansprüche nach Anforderung abzugelten.

Impressum

Bibliografische Information der Deutschen Nationalbibliothek
Die Deutsche Nationalbibliothek verzeichnet diese Publikation
in der Deutschen Nationalbibliografie; detaillierte bibliografische
Daten sind im Internet über http://dnb.dnb.de abrufbar.

© 2019 · Klöpfer, Narr GmbH
Dischingerweg 5 · D-72070 Tübingen

Das Werk einschließlich aller seiner Teile ist urheberrechtlich geschützt. Jede Verwertung außerhalb der engen Grenzen des Urheberrechtsgesetzes ist ohne Zustimmung des Verlages unzulässig und strafbar. Das gilt insbesondere für Vervielfältigungen, Übersetzungen, Mikroverfilmungen und die Einspeicherung und Verarbeitung in elektronischen Systemen.

Satz, Layout und Einbandgestaltung: Uli Braun, Konstanz.

Internet: www.kloepfer-narr.de
eMail: info@kloepfer-narr.de

Druck: CPI books GmbH, Leck
ISBN 978-3-7496-1009-9